유아 미술 교육의 실제

유아 미술 교육의 실제

1999년 6월 30일 1판 1쇄 발행
2009년 2월 20일 2판 2쇄 발행

지은이 권상구
발행인 김현표
발행처 미진사

주 소 서울시 마포구 서교동 464-41 미진빌딩
전 화 336-6084(代)
팩 스 338-5391
홈페이지 www.mijinsa.com
이메일 mijinsa@mijinsa.com

등록번호 제1-159호

값 22,000원
ISBN 978-89-408-0282-3
ISBN 89-408-0282-9

미술치료 증보판

유아 미술 교육의 실제

권상구 지음

머리말 a preface

어린이 미술 교육의 목적은 어린이로 하여금 그림을 잘 그리는 직업 화가로 만드는 것이 아니라, 정서 함양에 의한 어린이의 바람직한 성장에 보탬을 주는 데 있다.

어린이의 세계는 백지와 같이 때묻지 않은 순수함을 간직하고 있다. 어린이들은 항상 즐겁고 무한한 가능성을 가지고 있으며, 그들의 눈동자는 티없이 맑고 수정같이 고운 빛을 띠고 있다. 영원히 지워지지 않을 아름다운 추억을 이들 머릿속에 어떻게 남겨 주어야 할 것인가. 교사의 행동이나 말씨, 표정 등은 이들의 성장에 매우 큰 영향을 준다. 무한한 가능성을 가진 그들의 세계를 백지 위에 자유롭게 표현하게 함으로써 지적 성장과 정서적 성장은 물론, 새로운 환경에 적응할 수 있는 사회성과 창조성을 계발시켜 나가는 것이 무엇보다 중요하다고 할 수 있다.

이 책은 물질 문명의 뒤안길에서 상실되어 가는 인간성 회복과 국제화 시대에 부응할 수 있는 새로운 인간상을 구현하기 위해 미술 교육의 바람직한 지도 방향을 제시하고자 서술되었다. 〈제1부 이론편〉과 〈제2부 실기편〉으로 나누어 편집하였는데, 이론편에서는 미술 교육의 개론, 유아의 그림 분석, 아동화의 발달

단계, 미술치료의 이론과 미술치료 프로그램 사례, 미술 지도 원리, 창작품의 감상, 평가 등을 다루었고, 실기편에서는 그리기 · 찍기 · 붙이기 · 꾸미기 · 만들기로 나누어 어린이들과 함께 조형 활동을 할 수 있도록 70여 가지의 다양한 기법을 영역별로 엮었다. 그중 유어의 그림 분석이나 아동화의 발달단계별 예시 작품은 필자가 그동안 교단에서 유아 미술을 지도하며 모은 자료와 한국교육미술협회에서 주최한 〈국제 청소년 미술대전〉에 출품된 18,000여 점의 그림 중에서 선정한 작품이다.

나름대로는 체계적으로 다루었다고 생각하나 아직도 미비한 점이 많다. 앞으로 계속 보완하도록 노력할 것을 약속하면서, 어린이 미술 교육에 직접적인 스승이 되는 부모님들과 교육 현장에서 애쓰시는 선생님, 유아 미술 교육을 공부하는 학생들에게 이 책이 다소나마 참고가 될 수 있다면 더없는 보람이 될 것이다.

끝으로 이 책이 나오기까지 여러 가지 자료를 제공해 준 한국교육미술협회 관계 회원 여러분과 대구산업정보대학 유아교육과 학생들, 그리고 출간을 맡아 주신 미진사에 심심한 감사를 드린다.

2006년 12월

권상구

차례 contents

5장 미술 교육의 지도 원리

6장 창작품의 감상

7장 창작품의 평가

8장 미술 교사의 요건

제2부 **실기편**

1장 그리기

2장 찍기

3장 붙이기

4장 꾸미기

5장 만들기

제1부

이론편

1장 미술 교육 개론

1. 미술 교육의 의의

교육 활동의 목표로서 인간성의 발견이 곧 감정 표출의 교육, 창조력의 육성, 개성의 확립을 통하여 성취되는 것이라고 한다면 이는 예술 교육, 즉 미술 교육과 직접 관련이 있다고 본다.

미술 교육은 생활 감정의 표출이나 인간의 내면 세계를 구체화하고 아름다움을 추구하는 학습 활동이다. 그러므로 미술 교육은 생활 감정의 표출을 통한 미적 인간 형성이요, 지각과 정서를 균형 있게 발달시키고 인간의 순수한 감정을 육성하는 교육이다. 그러면서도 실제로 미술 교육은 인간의 감정을 표출하는 동시에 창조하는 예술의 근본적인 본질을 떠나서는 가능할 수 없다. 즉 대상이 지닌 새로운 뜻이나 가치를 감각하고 표현할 수 있는 행위에서 가능하기 때문에 미술 교육을 일컬어 창조성의 교육이라고 말하는 것이다. 표현과 감상의 활동을 통하여 인간의 폭넓은 감정을 체험하도록 지도함은 오늘날 미술 교육이 당면하고 있는 과제라 할 수 있다.

예술 교육에 따르는 장애가 있다면 그것은 예술 활동 그 자체에 대한 인식의 부족이라 할 수 있다. 흔히 주위에서 인식되고 있는 교육적 · 사회적 통념으로서의 예술가란 특수한 재능을 가진 드문 존재로 인식되어 보통의 사람은 도저히 도달하기 어려운 것으로 생각하기 때문이다. 현대 미술 교육의 보편적 의의를 강조하는 첫번째 전제는 미술은 '특수한 사람의 것' 이 아니라 '모든 사람은 그의 내면에 예술적 바탕을 가지고 있다' 는 확신에서부터 시작한다.

미술 교육은 육체에 필요한 생리적 호흡과 같은 구실을 하고 있으며, 따라서 모든 사람을 위한 교육이어야 한다. 허버트 리드(Herbert Read)는 "미술 교육은 성장을 조성하고 성장의 법칙을 발견하는 조화적 진보"라고 말했으며, 자크 마리탱(Jacques Maritain)은 "예술 교육은 정신을 자유롭게 하며 창조적 통찰을 표현케 하여 지식, 가치와 훈련, 도야에 내면적 통일을 가져오게 하는 것"이라고 하였다.

미술 교육의 결과는 어린이가 생활 속에서 스스로 선택하고 결정할 수 있도록 하며, 사회적 행동에 대한 책임을 질 수 있도록 하여야 한다. 미술 교육은 교육의 기본으로서 인식되어야 하며 읽기, 쓰기, 셈하기 등의 영역에 영향을 미쳐 서로 연관되어야 한다. 최근에 들어 전체 교육 과정에서 창작 표현 활동의 역할을 중시하게 되었으며, 읽기와 언어 발달의 영역에서도 그 가치를 인정하게 되었다. 클라이드 마틴(Clyde Martin)은 어린이들이 그림을 그려 놓고 그들의 그림에 관해서 이야기할 때 언어 영역의 학습 준비도가 높은 수준이었음을 밝혀내었다.

누구나 한번쯤 "너는 왜 공부는 안하고 그림만 그리고 있느냐"라는 말을 들은 적이 있을 것이다. 이처럼 대부분의 부모는 예술의 중요성에 관하여 입으로만 동조할 뿐 어린이의 상상력과 표현력, 심미적 감수성, 창의성에 관한 수준은 생각하지 않고, 읽기와 셈하기 등의 기초적인 기능에 관해서만 신경을 쓴다. 이러한 두 가지 이상의 학문이 상호 작용하는 데 있어 창작 표현 활동이 어디에 어떻게 적용되는가 하는 토의에서 젠 베너(Gene Wener)는 다음 세 가지 점에서 상호 관련이 있음을 발표하였다.

첫째, 창작 표현 활동의 경험은 '상호 관계' 활동에 있어 '협력'의 의미를 가지는 모든 분야에서 높은 수준을 보인다는 것이다.

둘째, 창작 표현 활동은 창의적인 문제 해결을 통하여 다른 학과나 영역에 관련될 수 있다는 것이다.

셋째, 창작 표현 활동에서 성공감을 맛보게 되면 다른 활동에서도 태도의 변화를 가져오게 되어 성공적인 학습이 이루어질 수 있다는 것이다. 성공감은 어린이를 자기 지향적, 자아 존중, 자신감 있는 행동으로 이끄는 데 도움을 주기 때문이다.

미술 활동은 학습을 위한 효과적 도구로 사용되어야 하며, 모든 어린이의 삶에 가치를 형성하는 상호 접근의 학습 영역으로 사용할 수 있다. 최근 몇 년 동안 미국에서는 창작 표현 활동으로 내용이 풍부한 미술 교육이 주류를 이루어, 많은 어린이들이 참여할 수 있도록 실제적인 창작 활동 프로그램을 강화하고 확장하는 데 노력을 기울이고 있다.

우리는 창작 표현 활동을 통해서 사상을 전달하고, 감각을 통해서 지식과 정보를 받아들이며, 이와 같은 내용을 설명하는 데 언어를 사용한다. 지각과 의사 전달의 학습에 있어서 창작 표현 활동은 기본적이며, 설명적인 언어의 훈련보다 더 많은 것을 함축할 수 있다. 미술가나 공예가 같은 예술가들은 작품을 감상하는 사람들에게 비언어적이긴 하지만 시각적인 언어를 통해 메시지를 보내며, 그들의 작품은 우리들의 감각을 훈련하고, 환경을 조직화하며, 정서 활동을 풍요롭게 하는 이상적인 도구가 된다.

창작 표현 활동을 지지하는 학자들은 미술 교육이 모든 감각을 동원하므로 어떤 다른 영역보다 개인적 발달에 기본이 된다는 것을 주장하고, 그렇기 때문에 교육 과정에 그 기본을 첨가하여야 한다고 말하고 있다. 또한 읽고 쓸 줄 아는 능력의 개념이 단어를 습득하는 기술 그 자체를 떠나서 소질 계발의 교육이 되어야 함을 주장하며, 미술 교육은 모든 교사의 관심인 학습의 동기 유발과 학습의 두 영역에 크게 영향을 줄 수 있다고 진술하고 있다.

미술은 우리의 눈을 맑게 해준다. 생각하고 만드는 일, 이해하며 고쳐 가는 일, 잠재력을 불러일으키는 일, 서로간의 조화를 이루는 일, 흐트러진 상태를 아름답게 구성하는 일, 합리적인 형태를 보는 일 등은 인간을 풍부하게 만든다. 첨단 기술을 자랑하는 기계 조작도 인간 두뇌에서 출발한다. 아무리 전자 두뇌라 한들 인간의 정서적 두뇌에 비교할 수 있겠는가. 그 힘은 오직 인간의 창조적 행위이다. 즉 미술 교육의 역할이자 바로 기능인 것이다.

인류는 계속적인 미술 활동을 통하여 그의 개인적인 생활과 지역 사회를 건설하고 기름지게 해 왔다. 유아기에 시작되는 창작 표현 활동의 경험은 어린이들이 세계를 수용하고, 보고 느낀 것에 대해서 반응하며, 다양한 자아를 통하여 정서 · 감정 · 통찰력을 표현하도록 하고, 개인적인 이해에 도움을 주는 것이어야 하며, 그들을 향상시키고 보호하려는 욕구가 충족되도록 이끌어가야 한다.

2. 미술의 분류

미술이란 미(美)를 재현하거나 표현하는 것을 목표로 하는 여러 재주, 또는 기예를 뜻하는 프랑스어 보자르(beaux arts)를 번역한 말로서, 영어의 파인아트(fine art)도 같은 뜻이다.

특히 시각에 호소하는 예술로 회화 · 조각 · 건축 등을 말한다. 그러나 '순수미술(fine art)' 이란 본래 조형예술만을 뜻하는 것이 아니라 예술 전반을 포함한 것이며, 그 역어로서의 '미술' 은 개념이 명확하지 않다고 할 수 있다. 아무튼 미술이라는 말은 그 원어 본래의 의미를 떠나 현대에 이르기까지 활발히 사용되고 있다. 미술이란 무엇이냐 하는 본질적인 개념을 정의하기란 매우 어려우며 시대와 장소, 또는 그때의 사회현상에 따라 개념이 변천하는 경향이 있다. 유럽에서는 광의의 의미로 건축 · 조각 · 회화 등의 공간 예술과 문학 · 무용 · 음악 등의 시간 예술까지 포함되나, 프랑스의 경우에는 특히 아카데미의 제도화와 더불어 '미술 아카데미' 의 구성대상인 조각과 회화가 주체가 되고 있다. 건축은 실용적인 성격을 갖는다고 하여 제외되었고, 문예나 음악도 각기 별개의 아카데미 하에 두게 되었으며, 미술은 오직 시각 예술 · 조형 예술을 의미하게 되었다.

고차원적인 창조로서의 미술이라는 이념은 대체로 어디서든 회화 · 조각 아카데미 설립을 수반하는데, 이 아카데미는 루이 14세에 의하여 1648년 파리에 세워진 왕립 회화 · 조각 아카데미를 효시로 하나, 이것도 이념과 같은 차원의 것은 아니었다. 그의 치세 동안 왕궁과 왕궁을 흉내 낸 기관 등에 회화와 조각을 과다하게 장식하여, 아카데미 회원들은 예술작품의 제작뿐만 아니라 장식미술에도 많은 관심을 가지게 되었다. 미술은 조형 예술, 시각 예술, 공간 예술 등으로 표현하기도 한다.

조형 예술이라는 것은 미술이 예술적 표현을 공간적 형성을 바탕으로 하여 이룬 예술, 즉 안료, 돌, 나무, 금속 등 실질적인 물질을 표현의 매개로 하여 눈으로 볼 수 있는 일정한 공간 형성을 갖추는 것을 말한다. 시각 예술은 청각 예술과 대립되는 개념으로 사람의 시각 작용을 바탕으로 성립되는 예술이라는 뜻이고, 공간 예술이라는 것은 예술을 시간 예술과 공간 예술로 대별할 때 미술이 조형 공간의 예술이라는 뜻이다.

이처럼 미술은 발생 배경이나 시점의 차이가 있어 말의 표현은 달라도 그들이 원래 의미하고자 하는 것은 어디까지나 미술이라는 고유의 개념을 중심으로 하고 있다. 즉 미술이란 사람의 사상이나 감정을 형태, 색채, 재료 등에 의하여 생명의 의미를 형성하고 창조하는 과정이라고 정의할 수 있다.

1 l 예술의 종류

01_ 시간 예술

음악 · 무용 · 영화 · 문학 등으로 시간적 질서에 의하여 창조되고 감상될 수 있는 예술을 말한다.

02_ 공간 예술

미술, 즉 회화 · 조각 · 공예 · 건축 · 디자인 등으로 예술적 표현이 공간적 형성을 바탕으로 이루어지는 예술을 말한다.

03_ 종합 예술

낱낱의 예술을 종합하여 대규모로 통일된 예술이다. 연극은 문학 · 무용 · 미술 · 음악 · 건축 등 여러 단일예술의 요소를 모두 종합한 예술이다.

2 I 미술(공간 예술)의 분류

01_ 순수 미술

비실용적인 시각 예술 또는 주로 미의 창조에 관련된 예술을 말한다. 일반적으로 회화 · 조각 · 건축을 포함하며 때로 시 · 음악 · 무용까지 포함하기도 한다. 엄밀한 의미의 순수 미술은 실용성을 목적으로 하는 벽화 · 도예 · 직조 · 금속세공 · 가구제조 등과 같은 장식 미술이나 공예와 구별되기도 한다. 대중 예술 · 원시 예술, 그리고 중세 말까지의 예술은 순수한 미적 향수 이외의 어떤 목적을 위한 예술이었다. 예술가와 기능인의 구별은 르네상스 이전에는 거의 없었으며, 순수 미술이란 명칭도 18세기 중엽에 와서야 생겨난 것이다. 당시 독자적인 아카데미들의 설립으로 조형 예술이 부차적 문제에 얽매이지 않는 보다 고상한 창조물이라는 인식이 생겨났다. 순수 미술과 응용 미술에 대한 엄격한 구별은 19세기에 와서야 이루어졌다.

- 회화(painting):한국화(동양화), 서양화
- 조소(sculpture):환조, 부조, 심조, 투조
- 판화(printing):볼록판화, 오목판화, 평판화, 공판화
- 서예(calligraphy):한글, 한문, 사군자, 문인화, 서각, 전각
- 사진(photography):순수 사진, 상업 사진, 보도 사진, 자연 경관

02_ 응용 미술(applied art=industrial design)

회화 · 조각 등의 순수 미술 또는 자유 미술에 대해서 실용성 · 유용성 등에 근거를 둔 미술로서 공예 미술 전반, 장식 미술, 현대의 디자인 등을 포함한다. 실용

성을 목적으로 하는 점에서 건축을 포함시키기도 한다. 또한 산업 디자인이 독립된 조형 활동으로 응용 미술의 폭을 넓혔다. 그런가 하면 일부에서는 '응용 미술' 이라는 이름 아래 실용성을 고려하지 않은 자유로운 조형을 시도하려는 움직임도 일고 있다.

• 시각 디자인(visual design)

원래 디자인 행위 자체가 시각을 통해 수용되는 것을 전제로 하지만, 특히 비주얼 디자인 또는 시각 디자인으로 일컫는 경우는 커뮤니케이션 분야에 관련된 디자인만을 의미한다. 이것이 지시하는 영역은 대부분 상업 디자인이나 그래픽 디자인으로 통칭되어 왔다. 그러나 상업 디자인과 그래픽 디자인의 개념이 공공광고 등의 비상업적 디자인과 간판 · 영화 · 텔레비전 등의 비인쇄 디자인을 포괄하지 않으므로 이를 위해 시각 디자인이라는 용어가 등장했다. 이것은 커뮤니케이션을 디자인의 본질적 의의로 추구하려는 적극적 태도의 표현이며, 근래에 와서 눈부신 발전을 보인 공공시설과 역 구내의 안내표시 등은 시각 디자인에 대한 이러한 관점을 발판으로 이루어진 성과이다. 그래픽 디자인과 광고 디자인, 포장 디자인, 편집 디자인, 캐릭터 디자인, 타이포그래피, CI 디자인, 일러스트레이션, 정보 디자인, 영상 디자인 등은 모두 시각 디자인 범주 안에 들어가는 것으로 인쇄를 통하여 제작한다는 차원에서는 그래픽 디자인이라 총칭할 수도 있는 것이다. 또한 광고의 목적으로 만들어질 경우 광고 디자인이라고 할 수도 있다.

• 제품 디자인(product design)

공예제품 디자인과 공업제품 디자인으로 나누며, 공예(handicraft)라는 용어는 옛날 중국에서 사용되었다. 당시에는 오늘날의 예술 개념으로 사용되었으나, 그 내용이 점차 한정되어 오늘날에는 실용목적을 가진 미적인 제품 행위를 가리키게 되었다. 공업 디자인이란 대량생산을 하기 위해서 제품을 분석 · 개발 · 창조하는 실천을 말한다. 공업 디자인의 목표는 타당한 가격과 폭넓게 공급할 수 있는 가격으로 생산될 수 있어야 하며, 대량으로 투자하여 생산하기 전에 반드시 보장할 만한 형태로 형성되어야 한다. 제품 디자인을 크게 소비자제품 디자인, 공공용품 디자인, 산업장비 디자인, 수송 · 교통설비 디자인 등으로 나눈다.

• 환경 디자인(environment design)

현대인에게 환경이란 개념은 우주공간 개념으로 확대되고 있다. 인구가 증가하고 자연환경이 파괴되면서 파생되는 각종 공해 때문에 인간이 살아갈 환경에 대한 문제는 심각하게 대두되었다. 환경에 대한 기본적인 사고는 인간이 살아가는 삶의 현장이기 때문에 인위적인 유기체로서 통합 디자인의 개념으로 받아들여야 하며, 모든 디자인이 재구성되어 환경으로 통합되어야 한다. 환경 디자인에는 도시환경 디자인, 거리시설물 디자인, 도시계획 디자인, 주거환경 디자인, 건축 디자인, 실내 디자인, 조경 · 환경설비 디자인, 교통부대설비물 · 공공환경설비물 디자인, 디스플레이 등이 있다.

3. 미술 교육의 목적

유아들의 창작 활동을 격려하는 일은 각자의 개성을 충분히 발산시켜 균형 잡힌 성장을 도모하는 데 그 의의가 있다고 본다. 어린이 미술 교육의 목표는 학자마다 그 주장이 다르지만, 미국의 교육학자 로슨(D. Lawson)은 분석적 고찰을 통하여 바람직한 미술 교육의 목적이 "작품을 만들어 내는 데 있는 것이 아니고, 아동의 성장 발달을 돕는 데 있다"라고 했다. 기계적이고 도구적인 관점에서 벗어나 미술을 통한 인간 형성을 이루게 함이 근본 목적이 되는 것이다. 이처럼 유아 미술에 대한 새로운 인식과 발견이 있어야 하며 어린이의 심리, 능력, 개인의 이상에 맞도록 경험시켜 주는 것이 중요하다.

영재성은 유아들의 높은 지능만으로 이루어지는 것은 아니다. 새로운 아이디어를 창조해 내는 능력, 새로운 연구방법을 만들어 내는 능력, 새로운 사실을 발견해 내는 능력을 어려서부터 길러 주는 것이 중요하다. 이러한 능력은 일찍부터 어린이들의 자유로운 사고를 유도하고, 인정하며, 격려하는 분위기 속에서 길러진다. 어린이들의 영재성은 지적 능력, 창의적 능력, 과제 집착력의 세 가지를 필요로 하고 있다. 이 세 가지의 능력은 문제를 발견하는 능력, 적용하고 검증해 보는 태도, 전혀 무관하게 보이는 사실을 관련 짓고 그 관계를 발전적으로 생각하는 능력, 당연히 여겨지던 사실이나 사물을 새로운 눈으로 보는 태도 등의 다양한 행동으로 나타난다. 미술 교육이 유아들의 영재성을 계발하고 어린이 생활의 통합된 부분으로서 그 가치를 달성하는 것이라 할 때 그 목적을 세분하면 다음과 같다.

1 | 미적 감각을 기른다

미술가는 무질서한 본능적 충동의 해소 방법을 공상에서 추구하여 표현으로 승화한다. 미술에 있어서 표현이란 점 · 선 · 면 · 형태 · 색채 · 재료 등의 미의 요소와 통일 · 변화 · 균형 · 비례 · 율동 · 조화 등의 미의 원리를 결합하여 미적 감각을 길러내는 것을 말한다. 표현력과 감상력을 높이기 위해서는 이것을 지탱하는 조형감각을 높이는 일이 무엇보다 중요하다.

미적 감각이란 조형에 관계되는 모든 감각을 말하며 시각 · 지각 · 촉각 · 운동감각 등의 감각이 조형 활동의 경험과 자극에 의하여 길러진다. 조형 활동을 통하여 아름다움을 느끼고 미적 질서를 직접 체험함으로써 미적 가치와 조형 감각을 기르게 한다.

2 | 정서를 풍부하게 한다

정서(emotion)란 기쁨 · 슬픔 · 노여움 · 놀람 · 공포와 같은 격심한 마음의 움직임을 가리킨다. 인간은 진선미(眞善美)를 추구하고자 하는 감정을 지니고 있다. 이러한 감정을 키우기 위한 교육이 정서 교육이다. 정서 교육이란 인간의 희로애락(喜怒哀樂)의 감정을 순화시키는 교육이라고 할 수 있다. 정서에는 지향하는 가치에 따라 진리를 탐구하려는 과학적 정서, 선을 구하는 도덕적 정서, 미적 정서, 종교적 정서 등이 있다. 지식이나 기능 습득이 중요시되던 근대교육에서는 정서에 대해 비교적 무관심했다.

오늘날 복잡한 과학문명 속에서 인간의 정서와 순수성은 상실되어 가고 있다. 미술 교육은 감정을 풍부하게 해주고, 풍부한 감정은 풍부한 생각과 창조적

◎ 정서 교육의 효과적 지도방법

- 자기가 그린 그림에 대하여 다른 사람 앞에서 이야기하게 한다.
- 다른 사람의 그림을 보고 생각나는 것에 대하여 상상하여 이야기하게 한다.
- 자기의 감정을 낙서와 같은 그림을 통해 자유롭게 나타내게 한다.
- 경험한 것 중 재미있었던 일을 생각하여 그리게 한다.
- 기쁘고 슬프고 화날 때의 감정을 그림으로 표현하게 한다.
- 주변 상황에 따른 적절한 대응을 행동으로 옮기게 한다.
- 다른 사람의 입장에서 그 상황을 생각하게 한다.
- 모든 일에 낙관적이고 긍정적인 태도를 갖게 한다.
- 얼굴 표정이나 목소리, 몸짓 등을 적절히 사용하는 법을 연습시킨다.
- 남의 말을 경청하고 자기 의사 표현을 명백히 할 기회를 준다.

인 생활을 만들어간다. 조형 활동은 표현 감각이나 기술 능력을 습득하도록 해 줄 뿐만 아니라, 미적 체험을 통하여 내면적인 정서를 기르고 새로운 환경에 적응할 수 있는 인격을 형성하며, 새로운 사실에 대한 호기심을 자극하여 감성지수(EQ, emotional quotient)를 높여줄 수 있다.

3 I 창의성을 기른다

미술 교육에서 무엇보다 중요한 것은 창조적인 표현능력을 기르는 일이다. 아동 스스로 생각하고 계획한 것을 적극적으로 표현하는 태도를 기르는 것이 중요하다. 미술 교육은 아동을 장차 화가로 만들기 위한 것도 아니요, 어떤 전람회에서 상을 받도록 하기 위한 것도 아니다. 아동이 지닌 미적 정서와 생명력을 소중히 길러 인간다운 인간을 육성하는 데 있다.

과거 미술 교육에서는 그들의 낙서나 자유로운 표현을 무시하고 정서를 억압하는 주입식 교육을 해왔다. 그러나 최근의 미술 교육은 그들의 순수한 감정표현을 새로운 가치관으로 인정하고 그들의 자유로운 내면적 세계를 표현하도록 유도하는 아동 중심 교육으로 바뀌어 가고 있다. 창조 활동에는 과학적인 지적 창조와 정서적인 미적 창조가 있다. 유아기에는 지적 창조보다 미적 창조의 육성이 더 효과적이다.

◎ 헨드릭슨(J.B. Hendrickson)의 견해

창조적 사고의 저해요인은?

- 활동의 중점을 안전성에만 두려는 태도.
- 질문과 탐구의 제한 및 통제.
- 남녀 성 차이에 따른 억압이나 전통문화에 대한 귀속.
- 학습과 놀이 활동의 엄격한 분리.

창조적 표현능력을 향상시키려면?

- 아동 개개인의 독창적 아이디어에 중점을 둔다.
- 모든 생활 경험을 다양하고 풍부하게 해준다.
- 표현의 유형, 재료, 기법 등을 다양하게 경험시킨다.
- 하나의 과정에서 얻는 지식을 다음 과정에 응용하게 한다.
- 교사의 창의성으로 아동의 사고를 계발한다.

4 | 표현능력을 기른다

아동들에게 동기유발을 시키기 위하여 이야기를 해줄 때에는 보다 자세히 묘사해주는 것이 좋다. 아동들은 어떤 사물에 대해 알고 있는 것보다는 머릿속에 느끼고 있는 것을 표현하게 된다. 이야기를 들려주거나 실물을 보여주고, 또 상상활동을 통하여 표현하고자 하는 욕구를 자극시켜 주어야 한다. 아동들은 생활경험에 의해 그들 나름의 생각을 가지고 있는데, 즐거운 표현 활동을 통하여 내재하고 있는 아름다운 욕구를 얼마나 잘 끄집어내느냐가 중요하다. 이들의 그림은 서툴고 낙서 같다. 그러나 이러한 표현 활동을 교사는 격려하고 칭찬해서 표현의 즐거움과 자신감을 갖도록 해주어야 한다.

5 | 잠재능력을 계발한다

조형 활동을 통하여 아동들의 잠재능력을 계발하는 것은 무엇보다도 중요하다. 아동들의 조형 놀이나 표현 활동은 그들의 인지 능력이나 사고력, 창의력 등 다양한 감각을 계발할 수 있게 한다. 아동들의 오염되지 않은 마음과 두뇌는 새로운 지식과 능력을 받아들이는 데 강한 집중력을 발휘한다. 아동의 두뇌 활동이 활발하게 성장하도록 도와주기 위해서는 감각적인 자극을 많이 줄 필요가 있다.

유아기의 두뇌는 주로 지각적인 것보다 감각적인 경험을 더 민감하게 받아들이는 본능이 있다. 아동의 지능계발은 사고능력을 길러주는 데서 이루어질 수 있다. 아동의 잠재능력을 계발시키는 방법으로 사물의 이름 말하기, 같은 것끼리 분류하기, 순서대로 배열하기, 퍼즐놀이, 다양한 표현기법 등이 있으며, 이를 통해 사물과의 관계를 이해하고 창조적인 조형 활동을 펼칠 수 있다.

6 | 합리적 생활태도를 기른다

무엇이든지 아름답게 꾸며 보려는 욕구는 인간의 본능이다. 미의식과 표현 활동을 통하여 꾸미고, 만들고, 그리는 조형 능력을 생활 속에 연결시킴으로써 장식의 욕구를 만족시킬 수 있는 것이다. 미술 교육은 새로운 미의식의 발견과 창조적 생활, 인격체의 자질 함양이 무엇보다 중요하다고 할 수 있다.

인간은 자기 생활이 가장 합리적이고 새로울 때 행복과 기쁨을 느끼게 된다. 아무리 아름답고 새롭다 하더라도 합리적이지 못할 때는 불편을 느끼게 된다. 다시 말하면 가장 아름다운 것은 곧 가장 합리적인 것이 될 수 있다. 조형 활동을 통하여 그리고, 찍고, 만들고, 꾸미는 작업을 생활 속에 연결시킴으로써, 생활의 즐거움과 행복을 맛볼 수 있게 해주어야 한다.

4. 미의 기본 요소

조형을 이루고 있는 것은 요소들이며, 각 요소들간의 구성과 조화에 의해 조형 예술이 이루어진다고 볼 수 있다. 조형 예술의 효과적인 표현을 위해서는 조형 요소에 대한 이해가 필요하며, 각 요소의 이해를 통하여 조형 감각을 길러야 한다.

1 I 점(spot)

점에 대한 일반적 의미는 눈의 목표를 세우는 표식, 조그마한 존재, 미세한 것 등이다. 이러한 것을 요약하면 점은 크기가 없고 위치를 표시하는 것이다. 그러나 구체적인 표현으로는 어느 일정한 크기나 형으로서 표시하지 않으면 안된다. 사람이나 또한 자동차일지라도 넓은 환경 속에 놓이면 점처럼 작게 보인다. 따라서 크기가 있는 형태일지라도 그것이 놓인 환경 조건에 따라서 충분히 점으로 지각될 수 있으며, 지면의 크기와 점의 관계, 점의 양, 위치 관계 등에 따라 같은 점일지라도 그것을 느끼는 방법이 달라진다. 따라서 점으로서의 특성을 갖고 있느냐 어떠냐를 알고 난 후에 그때그때의 상황에 따라서 감각적으로 판단해야 한다.

2 I 선(line)

선은 한 물체를 묘사할 때 그 윤곽이 되기도 하며, 형태를 암시하기도 하고, 그 물체에 나타난 감정을 표현하기도 한다. 따라서 평면을 장식하는 요소가 되기도 한다. 선을 크게 나누면 직선과 곡선이 있고 거기에 방향을 바꾸면 수직선, 수평선, 사선, 와선 등의 선으로 나타난다. 이와 같이 선은 자체의 성질에 따라 감정을 가지고 있기 때문에 선에 의하여 자기의 감정을 자유롭게 표현할 수 있다.

■ **선의 상징적 의미**

직선	수직선 : 남성적, 장엄, 강직, 견실, 긴장, 엄숙 수평선 : 여성적, 안정, 평화, 서정, 회고, 이지 사선 : 운동, 변화, 반항, 공간, 단순, 불안
곡선	기하 곡선 : 확실, 세련, 유순, 우아, 신중 자유 곡선 : 화려, 매력, 자유 분방, 섬세, 예민 와유 곡선 : 수축, 팽창, 방향, 몰입, 긴장
선의 굵기	굵은 선 : 힘차다, 둔하다, 신중하다 가는 선 : 예민, 신경질적, 날카롭다 잡등선 : 초조, 불안정, 심상치 않다

3 | 면(plane)

면은 선을 그 기본 요소로 하고 있다. 선이 사선으로 출발해서 일정한 형태를 만들 때의 면은 원근감을 표현할 수가 있으며 평범한 면들의 경우라도 풍부한 재질감의 포함이라든지 색채의 효과에 의한 공간감 내지는 입체감을 나타내는 특징을 가지고 있다. 이러한 면은 선에 있어서의 접속의 무한성만큼이나 형태의 무한성을 가지고 있으며 그 한계가 상당히 크다고 본다.

면은 선의 길이나 곡률에 절대적 지배를 받게 되며, 최소한으로 축소되거나, 최소 곡률의 선으로 이루어질 때는 점으로 환원되는 또 하나의 특성을 갖고 있다. 면은 수십 내지는 그 이상의 면으로 전개될 수 있으며 그 출발은 정삼각형의 삼극면으로부터 시작된다.

4 | 형태(shape, form)

형태는 자연에서 볼 수 있는 구상적 형태와 그렇지 않은 추상적 형태가 있다. 추상적 형태는 기하학적인 것과 비기하학적인 것으로 분류할 수 있고, 구상적 형태는 자연주의적 형태와 표현적 형태로 크게 나눌 수 있다. 자연주의적 형태는 지적, 비조형적, 사진적, 정적인 것으로 광선 밑에서 고정 관점에 의하여 형성되는 음영과 투시법적 표현이 그 주된 요인이고, 표현적 형태는 구상과 추상의 중간적 존재로 파악된다. 예를 들어 인간을 그리면 어떤 개개인의 특질을 그리는 것이 아니라, 인간으로서의 일반성을 나타내는 형태로 단순화된 상징적, 감정적, 조형적, 비사진적, 동적인 것을 표현한다.

형태는 입체적인 경우와 평면적인 경우에 따라 그 이름이 다르다. 평면의 형태는 선의 이동에 따라 이루어진다. 평면의 형태는 셰이프(shape)라고 부르고, 입체의 경우에는 폼(form)이라고 한다. 셰이프는 물건 표면상의 면적이나 실루엣(silhouette, 밝은 바탕 위에 검정색으로 윤곽만을 나타낸 그림)의 도형이다. 이들 형태는 우리들이 만든 디자인에도 있고 자연물로 된 것도 있다. 형태의 심리적 특징은 각각 형태가 형성된 윤곽선이 가지고 있는 심리적 특징을 보다 현저하게 특징지어 주고 있다. 형태의 분류는 기하학적인 형태와 비기하학적인 형태로 나눌 수도 있고, 또 고유한 형과 변형한 형, 창조한 형으로 구분할 수도 있다.

그림을 그리면서 먼저 선에 의하여 화면에 어떤 형태를 그리게 된다. 인물이나 풍경, 동물 등을 그릴 때 그 형태를 있는 그대로 묘사할 수도 있고 때로는 변형해서 표현할 수도 있을 것이다. 회화에 있어서의 형태는 사실적 표현이든 추상적 표현이든간에 작가가 자연 속에서 발견하고 표현하는 데 있어 다음과 같이 나누어 생각할 수 있다.

■ 형태의 상징적 의미

직선형	기하 직선형 : 안정, 신뢰, 확실, 강력, 명료, 질서, 간결 자유 직선형 : 강렬, 예민, 직접적, 남성적, 대담, 활발, 명쾌
곡선형	기하 곡선형 : 직선보다 부드러우나 수리적인 질서가 느껴진다. 명료, 자유, 이해, 확실, 정연 자유 곡선형 : 기하학적인 질서를 갖고 있지 않은 곡선이기에 아름답고 매력적이지만 추한 형도 많다. 우아, 매력적, 여성적, 유연, 불명료, 무질서

• 고유한 형:자연의 모습 그대로 작가의 감각으로 강조하거나 변형하지 않은 형태로서, 자연주의나 사실주의 화가들이 주로 추구하는 표현 방법이다.

• 변형한 형:자연의 형체를 기본으로 하여 그리는 사람의 감정을 표현하기 위하여 강조하거나 생략하여 표현한 형태로, 대상을 상징 · 과장 · 단순화하는 방법으로 변화시켜 표현하는 유형이다.

• 창조한 형:자연을 묘사한 것이 아니라 작가의 개성에 의하여 창작된 형태이다. 이러한 표현에는 여러 가지가 있으나 기하학적 · 추상적인 것과 일정한 법칙이 없는 형태로, 형태 그 자체로 어떤 감정을 가지게 한다.

5 I 색채(color)

물체는 각기 고유한 색을 가지고 있고 색은 가장 시각적이며 과학적인 동시에 구성적인 표현 방법을 가지고 있다.

• 고유색:물체의 고유색은 변하지 않는 것으로서 자연 그대로, 보이는 대로 표현하는 색이다.

• 인상에 의한 색:물체의 고유색을 부정하고 광선이 시시각각으로 변하는 시각 인상에 의한 색채로 표현한 색이다. 이러한 색은 직접 자연을 보는 바와 같이 생생한 신선미와 생동감을 나타내 준다.

• 창조에 의한 색:형태나 선에 여러 감정이 있듯이 색에도 보는 사람에게 주는 감정이 있다. 빨강은 정열적이고, 녹색은 평화롭고 시원한 느낌을 주며, 주황은 파랑보다 넓게 보이는 등, 이러한 색의 감정을 이용하여 작가의 기분이나 감정에 따라 화면을 구성하는 표현이다.

6 | 명암과 음영(value & shadow)

• 명암:명암은 화면에 표현되는 무수한 명도의 단계를 말한다. 명암은 회화의 요소 중에서 가장 특수한 것이다. 밝은 곳에서 어두운 곳에 이르는 점차적인 광선의 변화는 신비로움을 느끼게 하며, 가장 밝은 부분을 하이라이트(highlight)라 한다.

• 음영:음(陰)이란 그 물체에 생기는 그늘을 말하고, 영(影)이란 그 물체 때문에 다른 물체 위에 생기는 그림자를 말한다. 그늘은 빛의 강약, 물체면의 종류, 반사 광선 등에 따라 여러 가지 변화를 가지며 가장 어두운 부분을 다크 라이트(dark light) 또는 다크 사이드(dark side)라 한다.

7 | 양감(volume)

회화에 있어 양감은 조각에서와 같이 실물대로 입체를 표현하는 것이 아니고 형태, 명암, 색채에 의해서 실물과 같은 실재감을 가지게 하는 중요한 요소이다. 르네상스 이후 서양의 회화는 사실에 대한 연구가 발달하여 양감을 기반으로 하여 자연을 명암으로 표현했으나, 현대에 와서는 형태나 색채 혹은 질감을 통하여 양감을 표현하기도 한다.

8 | 질감(texture, matière)

모든 물체는 그 표현이 부드럽다, 딱딱하다 또는 투명하다, 불투명하다 등의 성질을 가지고 있다. 이것은 그 물질의 성질을 결정하는 것으로 시각적이며 촉각적이다. 또 사용되는 재료에 따라 독특한 질감이 있는 것이다. 유화나 수채화에 따라 다른 질감이 있고, 현대 회화에서는 모래를 섞는다든가, 긁어 낸다든가, 물감을 두껍게 발라 거칠게 한다든가, 다른 재료를 붙인다든가 하여 여러 가지 질감을 구사하고 있다.

9 | 공간(space)

공간에는 미술 작품이 차지하는 물리적인 공간과 작품 속에 표현되어 있는 조형적인 공간이 있다. 공간은 상하, 전후, 좌우로 무한하게 펼쳐져 있어 자연의 대상을 에워싸고 있으며 질서, 비례, 균형, 조화, 동세 등은 한 물체의 형태의 특성을 형성하여 이 공간을 구성한다. 따라서 하나의 입체가 형성될 수 있는 기본적 요소로 공간은 절대적인 것이다. 그러므로 사방이 공간으로 둘러싸인 조각에서는 공간의 중요성을 인식하고 괴체와 아울러 다루어져야 한다.

조형 예술에서의 공간은 공간 의식을 구성하는 감각에서 운동 공간, 촉공간, 시공간으로 구분할 수 있다.

- 운동 공간: 동정(動靜), 신축, 지속, 원근 등의 지각을 동반하는 위치적인 방향의 공간이기 때문에 시간성과 불가분의 관계가 있다.
- 촉공간: 냉온(冷溫), 예둔(銳鈍), 경연(硬軟), 경중(輕重) 등의 지각을 동반하는 2차원적인 면의 공간이기에 언제나 덩어리로 의식되고 있다.
- 시공간: 색광(色光), 형태 등의 복잡한 지각 내용을 포함한다. 운동 공간이나 촉공간까지도 재생 감각을 통하여 종합적으로 파악할 수 있는 조형 예술에 있어서의 기본적인 공간이다.

10 I 구도(composition)

구도는 건축에 비유한다면 설계도와 같은 형태와 색채의 짜임과 계획이다. 평면 위에 조형 요소로서 표현할 때 화면을 구성하는 계획으로, 화면에서 변화 있고 통일성 있는 아름다움을 느끼게 하는 큰 역할을 한다. 변화가 너무 많으면 혼란해지고 너무 없으면 단조롭게 되므로 질서, 조화 등의 통일성을 이루게 하는 것이 좋은 작품이라 할 수 있다. 구도란 일정한 법칙이 있는 것은 아니지만 유아들의 그림에 나타나는 몇 가지 구도의 예를 들면 다음과 같다.

- 화면을 2등분한다(base-line).
- 주제를 화면 중앙에 배치한다.
- 원근이 무시되어 평면적으로 나타난다.
- 옆으로 길게 늘어놓는다.
- 원형으로 둥글게 늘어놓는다.
- 수평선 위에 늘어놓는다.
- 대칭형으로 배열한다.

5. 미의 기본 원리

미의 기본 원리는 점, 선, 면의 3요소 그 자체로서 형태를 꾸미고 조형상의 통일과 질서를 가지게 하는 형식미를 추구하는 활동을 말한다.

이러한 형식미를 결정하는 원리를 미의 원리 또는 형식 원리라고 한다. 이 형식 원리의 개념은 미학의 문제로서 과거부터 지금까지 많은 것이 제시되어 왔으며 그 내용으로 다음의 몇 가지를 들 수 있다.

1 | 통일(unity)

통일은 감각적으로나 또는 실제적으로 형태, 색채, 양, 재료 및 기술상에서 미적 관계의 결합과 질서를 말한다. 미의 조직에서 많은 요소들 중 가장 우세한 요소가 주조가 됨으로써 통일을 이룰 수 있다.

미의 요소나 그 부분의 관계에 있어서 이질적 요소가 강하고 극단으로 변화에 치우치면 혼란과 무질서를 초래한다. 이것은 인간 생활에 있어서도 마찬가지로 주조가 깨어지고 변화가 심한 생활은 감정적으로 분열되어 근심, 무기력, 무감각, 무질서, 불안, 공포, 신경질 등 혼란 상태를 낳고 생활이 산만해지게 된다. 그러나 통일에 지나치게 치중하면 단조롭고 무미건조해지기 쉽다. 그러므로 적당한 변화와 통일이 있어야 한다.

2 | 변화(variety)

변화는 통일과 떼어놓을 수 없는 관계이다. 즉 변화가 되는 가능의 한계는 통일의 구속을 받게 되며 통일은 변화의 요소가 없다면 재미가 없어질 것이다. 필요 이상의 복잡한 변화로 질서가 없다면 우리들의 주위는 산만해질 것이며, 통일에 너무 치중하면 단조로운 시각의 정지 상태를 가져온다. 그러므로 작품이나 생활에서도 적당한 변화는 새로운 활력을 느끼게 한다.

3 | 균형(balance)

균형이란 형태상으로 대칭과는 달리 변화가 있는 상하 좌우 비대칭형으로 시각적 또는 정신적으로 얻는 안정감을 말한다. 미의 시각 요소의 조직은 다만 선, 면, 형태, 크기, 방향, 재질감, 색채, 명도 등 시각 요소의 배치량, 성질 등의 결합에서 표현되며 동적 균형(dynamic balance) 또는 정적 균형(static balance)의 감정이 표현된다.

균형이 무시되었을 때는 전체적 힘과 시각적 균형이 불안정하게 된다. 균형은 질서와 안정, 통일감을 이루는 요소가 된다.

4 | 율동(rhythm)

율동은 통일성을 전제로 한 동적 변화이다. 각 요소들의 강약이나 단위의 장단이 주기성이나 규칙성을 가지면서 연속되는 운동을 말한다. 리듬은 반복되는 악센트, 순환하는 강약, 시각적 자극 사이의 간격이라고 할 수 있으며, 리듬에는 일종의 질서와 분위기가 조성되어야 한다. 정적인 것과 동적인 율동은 이러한 규칙과 요구에 따라 이루어진다.

작품에서 율동이 무시되었을 때는 질서와 운동감을 느끼지 못하게 되며, 화면이 딱딱하고 어색한 느낌을 준다. 이 점은 음악이나 인간 생활에 있어서도 율동적인 면이 있어야 생동감을 느낄 수 있는 것과 같다.

5 I 비례(proportion)

단위형에 비례 혹은 비율이라는 규칙적 운동의 변화를 주어서 부분과 전체의 관계를 좀더 풍부하게 하는 변화를 말한다. 좀더 구체적으로 말할 것 같으면 비례의 기준은 크기나 길이의 장단의 차이에 대한 비를 말하며 균형과 직접 관계가 있다. 똑같은 반복이나 대칭과는 달리 질서의 변화를 갖게 하는 원리인 것이다. 또한 인체 각 부분 길이의 비례는 가장 신비한 비례를 갖고 있다. 대칭형은 비교적 단순한 관계이지만 비례는 보다 복잡 다단한 중에 일층 명쾌한 수적 비율의 질서가 있다고 생각해도 무방하다.

고대 건축가들은 분할을 신비한 미의 상징으로 여겨 건물에서 시각적 비례를 중요시하였다. 가장 아름다운 비례는 황금 분할(golden-section)이라 하며 시각 미술에서 중요한 역할을 하고 있다.

6 I 강조(accent)

강조란 어떤 주변 조건에 따라 특정한 부분을 강하게 하여 변화 있게 하는 요소이다. 이것은 전체적 통일감을 얻기 위한 부분적 방법이나, 때에 따라서는 가장 강한 통일감을 나타낼 수도 있다.

강조의 방법으로는 한 부분만 검게 하든지 희게 하든지 주목성이 높도록 명시도가 높은 색을 사용한다. 이러한 강조가 한 개 이상 주어지면 그 힘의 발휘는 오히려 적어지고 크기 또한 필요 이상 확대될 수 없는 제한성이 있다. 강조 부분을 전체 화면에서 하나만 사용할 때는 단조롭고 운동감을 느끼지 못하게 되며, 형태 · 색채 · 명도 등도 강조가 무시되었을 때는 시각적 효과가 적어진다.

7 I 조화(harmony)

조화란 둘 이상의 요소 또는 부분의 상호 관계에 대한 미적 가치 판단으로 그것들이 서로 분리하거나 배척하지 않고 통일된 전체로서의 각 요소가 고도의 표현

효과를 발휘할 때에 일어나는 현상이다. 통일의 조건이 될 수 있는 조화는 전체적으로 질서를 잡아 주는 역할을 하며, 다양의 통일성 또는 변화의 통일성과 같이 양면에서 작용하고 있다. 이러한 양면 작용은 형태의 적합성이나 색채 전반에 걸친 문제점을 해결하게 된다. 조화가 부족한 형식은 다른 원리가 충실했다 해도 총괄적 통일감이 없는 산만한 느낌을 주게 된다.

8 I 대비(contrast)

대비는 단위형, 즉 형태 또는 색채 같은 요소에 대비를 줌으로써 변화를 일으키는 원리이다. 또한 의도하고자 하는 주제의 주조와 보조를 대조시켜 줌으로써 전체적으로 그 종속 관계의 통일을 갖게도 한다. 대비는 성질 혹은 분량을 달리하는 둘 이상의 것이 공간적으로 또는 시간적으로 접근하여 나타날 때 일어나는 현상이다. 대비는 강도 있는 변화를 효과 있게 나타낸다.

9 I 점증(gradation)

점이 또는 점진이라고도 하며 질서 있는 순서에 따라 변화하는 단계를 말한다. 점증의 조형적 효과는 무엇보다도 원근의 효과라든가 평면상에 입체적 효과로 나타낼 수 있는 시각적 요소라고 할 수 있다. 이런 점은 자연의 현상에서 찾아볼 수 있는데 물의 파문이라든가 규칙적인 계절의 변화와 밤낮의 되풀이 등도 일종의 점증으로 지각할 수 있다.

10 I 반복(repetition)

일정한 간격을 두고 단위가 되풀이되는 것을 반복이라 한다. 반복은 음악, 무용, 시 등에서는 시간적 간격으로 생긴다. 단순한 반복은 단조롭고 용이하지만 시각적 반복의 변화를 가진 연속적인 리듬을 되풀이할 경우에는 매력적인 것으로 되며 이러한 복잡한 연속 리듬에 의한 반복을 교차라고도 한다.

같은 형태나 색채 등이 화면에 균형적으로 반복되면 통일감과 안정감을 갖게 해주며, 반복이 지나칠 경우에는 흥미가 없어지고 지루하거나 싫증을 내게 된다. 같은 생활의 반복이란 어떤 의미에서 발전을 가져올 수 없는 것이 되지만, 좋은 의미에서의 반복이란 조건 반사에 의한 학습을 이루어 주는 중요한 요인이 되기도 한다.

11 I 대칭(symmetry)

균제라고도 하며 상하 좌우로 동일한 형태가 마주 위치한다. 대응하는 모든 형태가 상호 등거리로 유지되는 질서에 의해 안정된 통일감을 이룬다.

이와 같이 대칭은 가장 단순한 표현이고 인간의 성격에 비유해 보면 솔직 담백하고 질서 정연하나 융통성이 부족한 성격으로 볼 수 있다. 또한 변화가 적기 때문에 너무 정적이고 소극적이어서 적응이 잘되지 않는 경우도 있다. 대칭의 종류에는 선 대칭, 회전 대칭, 이동 대칭, 확대 대칭 등이 있다.

12 | 변형(déformation)

자연계의 모든 현상은 너무나 변화가 많고 복잡하다. 그러나 모두가 일정한 질서 아래 움직이고 있다. 질서는 전체의 통일과 안정을 위해서 필요한 것이다. 여러 가지 형태의 느낌을 더욱 강하게 나타내기 위해서 주제의 특성을 변형하여 표현한다.

우리는 자연의 형태를 자연 그대로의 형과 자연을 변형한 형, 창조에 의한 형으로 구분해서 볼 수 있다. 자연 그대로의 형보다는 변형된 형이 작가의 사상이나 감정을 강하게 나타낸다.

13 | 착시(optical illusion)

착시란 눈의 생리 작용에 의해 일어나는 시각적 착각을 말한다. 하나의 형태에 있어서 그 형태를 만드는 선이 다른 선의 간섭을 받는 경우에 일어나는 현상이고, 이러한 착각은 여러 가지 현상에 의해 일어날 수 있다. 길이의 착각, 넓이의 착각, 색의 착각, 위치의 착각, 속도의 착각 등으로 나타난다.

6. 현대 아동 미술 교육의 동향

1 | 심리학에 의한 아동 미술의 인식

19세기 말 아카데미 미술이 쇠퇴하고 그 대신 다양한 색채를 사용하는 후기인상파의 회화가 유입됨에 따라, 처음으로 어린이와 성인의 미술에 대한 비교가 가능해졌다. 이를 계기로 아동 미술, 원시 미술, 미개종족 미술은 미숙한 것이 아니라, 감수성이 강하고 표현력이 풍부한 미술의 한 형식이라는 인식도 열리게 되었다.

아동 미술 교육은 성인의 그것과 달라야 한다는 시각은 루소의 『에밀』(1762)에서 그 원류를 찾을 수 있다. 이는 지젝과 비올라에게 그대로 계승되어 두 사람 모두 자연 그대로의 아동 미술을 성인의 영향력으로부터 지켜 나가기에 주력하였다. 또한 페스탈로치, 프뢰벨 등 유럽의 여러 교육자들이, 어린이에게는 그 특성과 발달단계에 적합한 특별한 교육 형태가 필요하다는 루소의 견해를 수용하였다. 최근 프랑스 국립교육연구소 안마리 사르티에 교수의 견해에 따르면, 1950년대 이후 프랑스 유아 교육계에서 "아이는 태어나 독립적으로 주변 환경을 파악해 나간다"는 피아제의 이론이 각광받았으나 최근에는 러시아 심리학자 비고츠키(Lev Vygotsky) 이론의 영향을 많이 받고 있다고 소개했다. 비고츠키는 피아제와 달리 아이의 인지발달은 언어를 통해 이뤄지는 엄마와의 공동작업이기 때문에 엄마의 이성적이고 합리적인 의식과 의사표현이 중요하다고 주장한다. 사르티에는 프랑스 교육의 기본이념은 창의성 교육으로 창의성은 21세기를 살아갈 아이들에게 가장 필요한 자질이라고 했다. 유치원에서는 창의성 향상에 필요한 환경을 만들어주는 것이 중요하다고 강조하고 있다.

한편 19세기 말과 20세기에 들어서면서 아동 심리학자들은 그들의 중요한 연구 자료로 어린이들의 미술표현에 관심을 기울이기 시작하였고 통제나 간섭이 없는 자유로운 자기표현을 강조하기에 이르렀다.

2 I 최근의 아동화 지도 경향

최근 유치원이나 초등학교에 현저하게 나타나고 있는 아동화 지도 경향은, 일반적인 발달단계에 비춰볼 때 훨씬 높은 수준의 표현을 요구하고 있다. 또한 현장의 일부 교사들은 그러한 의도를 충족시키기 위해 나름대로 많은 지도와 노력을 기울이고 있고, 그에 따라 완성된 작품도 얼핏 보면 대단히 잘 그린 그림처럼 보인다. 그러나 그 이면을 보면 커다란 문제가 내재해 있다. 그 대표적인 예로 지금까지 수많은 대규모 아동화전이 열렸지만 전시회의 수상작품 대부분이, 자유로운 창의성을 표방한다는 취지와는 다르게, 실은 엄격한 기술지도에 의해 완성되었다는 모순을 들 수 있다.

이러한 모순의 발생 배경에는 다음과 같은 문제도 개입돼 있다. 허버트 리드의 『예술을 통한 교육』이 출판된 이래, 그의 사상과 이론은 세계적으로 많은 미술 교육 관계자들에게 커다란 영향을 미쳤지만, 이 이론의 가장 큰 취약점이 지도 방법론의 부재에 있었다는 점이다. 창의성을 중시하는 미술 교육은 어린이들의 자유로운 표현활동을 통해 그들 속에 내재하는 창의력을 계발 · 신장시킬 것을 목표로 하고 있으므로 자연히 그 지도방법은 어린이의 자유를 존중하고 가능한 한 간섭을 피하도록 요구할 수밖에 없었다. 따라서 교사는 어린이들의 활동을 지켜보기만 하면 되는 것으로 여겨졌고, 완성된 작품도 잘되고 못된 것의 차가 격심하거나 각양각색의 다른 경향을 띠기도 하여 그것들을 어떻게 판단 · 평가해야 할지 모호하기만 했다. 이러한 구체적인 지도방법과 평가기준의 결여가 현장의 교사들에게 안겨준 교육상의 어려움은 매우 큰 것이었다.

결국 학교 미술 교육이 어린이들의 창의성 계발을 최우선의 목표로 삼는다는 미명 하에 거의 무방비 상태로 방임해온 사이, 빠른 속도로 일반화된 미술학원의 지도 경향이 학교 교육과는 다른 방향에서 영향력을 행사하는 극단적인 현상이 초래되고 말았다. 오히려 현행 교육제도상 실질적인 미술 교육은 학교보다 일반 미술 교육 기관 쪽으로 무게중심이 옮겨지고 마는 것이 아닐까 하는 우려마저 든다. 특히 더 심각한 문제는 양극화된 지도목표 중 어린이의 자유로운 창의성 신장보다는 표현기능 위주의 미술교육이 강세를 보이고 있다는 점이다.

이러한 지도 경향은 아동 특유의 추상적 표현방식인 선의 질, 공간 파악의 방식, 즉 깊이와 거리감각을 무시한 평면적인 나열이나 기저선(基底線, base line)을 통한 땅과 하늘의 설정방법 등을 부정한다. 모처럼의 추상적인 공간설정의 방법이 잘못된 것이라 하여 정정되고 있는 것이다. 문제는, 그러한 처사가 어린이들의 장래에 어떠한 영향을 미칠지 고려되지 않고 있다는 점이다. 표현기능은 지능의 발달과 반드시 일치하는 것이 아니고, 갑자기 높은 수준에 도달하는 일은 종종 있는 일이다. 물론 할 수 있다면 그렇게 되도록 하는 것이 좋다고도 생각될 수 있다. 그러나 그것은 어디까지나 발달의 필연에 부응하여 고려할 수 있는 것이지, 발달의 단계를 무시한 전혀 특수한 기능을 주입하는 일은 실제로는 가능할지 몰라도 교육적으로는 무의미하고도 유해한 일이라 할 수 있겠다.

3 | 아동 미술 교육의 바람직한 지도 방향

그렇다면 대체 어떠한 지도가 바람직한가 하는 의문이 제기되는데, 그러한 지도의 어려움 때문에 결국 단편적인 기능지도가 지금까지 성행해왔던 것이다. 그러나 그것이 어렵다 할지라도, 우리는 어린이의 발달을 고려한 바람직한 지도가 어떤 것인지를 명확히 해나가야 할 필요가 있다. 올바른 지도란 발달단계에 적절한 지도를 행하는 일이다.

오늘날 일반적으로 빠지기 쉬운 지도상의 폐해는, 지도자가 작품의 완성도에 집착하여 어린이의 작품을 표현상의 우열기준에 맞추고 어린이의 욕구에는 적합하지 않은 기법을 강요하는 등의 처사에서 비롯되고 있다. 이러한 결과주의는 지도자의 아동발달에 대한 이해의 부족에서 연유한다. 즉 어린이의 표현이 발달에 따른 필연적인 활동이라는 점에 대한 인식의 결여에서 오는 것이다. 다음으로 눈에 띄는 것은, 지도자가 자신의 조형적 표현의욕을 무의식중에 어린이의 손을 빌려 만족시키려 한다는 점이다. 그 결과 아동작품은 지도자의 표현의욕을 충족시킬 만한 형태의 일률적인 경향을 나타내게 되는 것이 일반적이다.

또한 제3자가 어린이 표현활동의 진정한 의미를 이해하지 못하고, 아동화를 단순히 작품으로 간주하는 일에 대해 아무런 의혹도 품지 않으며, 아름다운 작품을 낳는 지도자를 역량 있는 교사로 인정하는 경향에도 그 원인이 있다. 결국 그러한 교사는 자신의 성공에 도취되어 점점 더 결과주의로 빠져들게 된다. 우리는 어린이의 전 생활을 포함한 자연스런 발달 속에서 그들의 표현활동의 존재방식을 생각하고, 그에 맞는 적절한 지도를 모색해야 한다. 그럴 때 창의성 있는 아동화가 탄생할 수 있는 것이다.

2장 유아의 그림 분석

유아들의 그림은 소재나 형태나 색깔 등이 제각기 다르게 나타나고 있다. 이것은 각자의 생김새나 성격, 환경이 다르기 때문에 당연한 것이다. 성격이나 환경, 연령 등이 각기 다른 집단별로 나타나는 유아들 그림의 특징을 비교 · 관찰함으로써 세밀한 연구가 가능하고, 그러한 분석을 바탕으로 그림 지도가 이루어질 때 바람직한 미술 교육의 방향을 제시할 수 있을 것이다.

필자가 수년간 전국 어린이 미술 공모전을 통하여 모아 온 많은 작품을 연령별 · 성별 · 특징별 · 유형별로 분류하여 연구 분석한 결과로서, 유아 그림에 나타나는 표현의 특징을 다음과 같이 분류하고자 한다.

1. 유아 그림에 나타나는 표현의 특징

1 | 미분화 표현

미분화란 사물과 사물의 관계가 구분되지 않은 상태를 말한다. 어떤 대상끼리의 관계, 즉 상하 좌우, 원근, 크기, 위치 등이 혼돈되어 열거식으로 나열되어 나타난다. 미분화적 표현은 난화기를 거쳐 5~6세까지 나타난다.

어린이가 여러 가지 사물을 관련짓는 능력이 미숙할 때는 집보다 더 큰 꽃을 그리며, 친구보다 꽃을 더 크게 그리기도 하고, 말 탄 사람을 그릴 때 말 위에 붕 떠 있는 것같이 그리기도 한다.

이와 같은 표현은 도식기로부터 사실기까지 계속되기도 한다. 이러한 현상은 어떤 물건이든지 개별적으로는 잘 인식되나 물건과 물건간의 구성력이 발달되지 않았기 때문이다. 그러므로 이 시기에는 공간 구조적인 제작 활동의 경험을 갖도록 배려해야 한다.

2 l 의인화 표현

유아의 표현에는 생활 경험만을 소재로 하는 것이 아니라 그들의 공상이나 환상도 풍부하게 나타나고 있다. 그러한 공상이나 환상에서는 모든 만물이 사람과 같은 생명을 갖고 있는 것으로 여겨진다. 소위 애니미즘(animism) 현상이라고 한다. 생물이건 무생물이건간에 모든 사물에 자기와 같은 얼굴을 붙여 의인화적으로 표현한다. 이러한 표현은 좋게 말해 애정 깊은 표현이라 할 수 있으나, 지적 발달이 늦은 어린이에게 많으며 정서 과잉인 경우에도 많이 나타난다.

3 l 동시성 표현

그리고자 하는 대상은 자기 경험에 의해 알게 된 것이므로 비례, 시간, 공간, 방향, 위치 등이 하나의 평면상에 동시에 표현되는데, 이런 현상을 동시성(synchronism) 또는 시점 이동의 표현이라고 한다.

여러 가지 보았던 현상을 동시에 그리는 것이 아니고 물체 하나하나를 그릴 때마다 어린이 자신의 시각을 이동해서 본 현상을 그대로 나타낸다. 그 이유는 전체를 한꺼번에 보고 그리기가 어렵기 때문으로, 한쪽을 그리고 난 다음에 다른 쪽은 화지를 돌려 가며 그린다. 이러한 표현을 여러 시각의 동시적인 표현이라고 한다.

예를 들면, 앞면과 옆면, 평면적인 형상을 동시에 표현하는 현상인 것이다. 이렇게 동서남북, 위아래, 옆면, 앞면을 동시에 표현하는 것은 사실적 표현의 시도로서, 전도식기에 왕성하다가 도식기부터는 점차 소멸되어 간다.

이러한 표현 방법은 비단 어린이뿐 아니라 고대 이집트 사람들의 그림에서도 많이 볼 수 있다. 앞 얼굴에 옆 얼굴을 동시에 표현한 그림을 비롯해서 앞을 향해 걸어가는 몸을 표현하기 위해 옆으로 향한 다리를 그리는 독특한 표현 방식을 만들었다. 피카소의 그림을 보면 의식적으로 이런 방법을 택하여 표현하고 있음을 볼 수 있다.

이러한 표현은 3차원의 미분화에 따르는 평면과 입체의 구별이 없는 데서 나타난다. 그러나 어린이가 점차 공간 관계 및 깊이나 원근 관계를 지각하면 차츰 그 표현도 통일된다. 이와 같은 표현 방법을 보면 어린이들은 알고 있는 것을 그리는 것이 아니라 그리기 쉬운 방법으로 자신의 세계를 그린다고 볼 수 있다.

4 I 투시적 표현

뢴트겐(Röntgen) 화법 또는 엑스선(X-ray) 화법이라고도 하는데, 건물을 그릴 경우 건물 속에 있는 것까지 투시적으로 표현하는 것을 말한다. 자동차 속에 있는 사람의 다리까지 모두 그리거나 집안에 있는 사람이 벽을 통해 보이도록 그린다. 구디너프(Florence Goodenough)는 투시적으로 그리는 것을 "어린이는 보는 것을 그리지 않고 이미 알고 있는 것을 그린다"라고 했다.

한편 일본의 다카하시는 투시적 그림은 정서적으로 결핍된 현상이라고 지적하고 현실 음미력이 밖으로 보이려는 상태로서 병적 신호라고 했다. 가령 집안의 전등 불빛이 훤히 들여다보인다거나 사람 몸 속의 뼈, 위장 등이 보이게 그린다. 어떻든 투시적 그림을 그린다면 그 내용을 파악하고 있다는 것은 분명한 사실이다. 알고 있거나, 보았던 경험이 있거나, 혹은 보면서 알아 가는 것 등이 작용한다고 보아야 할 것이다.

5 I 대칭적 표현

어린이들은 화면을 십(+)자나 수직 이등분선으로 구분해서 대칭적으로 표현하든가, 또는 물체를 상하 또는 좌우로 배열하여 대칭적으로 표현하는 예가 많다. 이러한 표현은 공간에 대한 중압감 등으로 표현에 자신감이 없는 경우에 화면을 등분하여 한 칸 한 칸 계획적으로 메워 나가는 방법이며, 화면을 장식적으로 표현하고 싶은 심정에서 구성적 방법으로 표현하는 경우와 심리적 불안감, 공허감을 탈피하여 심리적 안정을 찾고 싶은 심정에서 상하 좌우의 균형을 잡아 표현하는 예도 있다.

주제가 화면 밑에서 대칭형으로 나타나면 환경에 억압당해 자기 자신의 행동에 자신감이 부족하고 소극적인 성격이며, 위쪽으로 치우치면 환경에 대한 적응력이 부족한 어린이이다. 아무튼 그림이 대칭형으로 그려지면 운동감이 없고 딱딱한 그림이 되고 만다. 불안한 정서에서 해방되어 자유로운 표현이 되도록 지도하는 것이 좋다.

6 I 과장적 표현

어린이가 그림을 그릴 때 알고 있는 것을 그렸건, 보고 있는 것을 그렸건, 아니면 느끼면서 지각되는 것을 그렸건, 그림을 그렸다는 것은 무엇을 생각하고 느끼고 있다는 사실을 의미한다. 그림이 사실과 닮았다 안 닮았다 하는 것은 문제가 되지 않는다. 어린이가 무언가 알아볼 수도 없는 것을 열심히 그리고 있는 것을 볼 수 있다. 이러한 그림에서 어린이는 과장하거나 생략하여 자기의 욕구를 표현한다.

과장은 사람의 감정을 실제보다 더욱 기쁘게, 슬프게, 가볍게, 무겁게 만드는 표현의 기술이기도 하다. 그러기에 문학, 연극, 미술 등에도 널리 도입되어 왔으며 과장이 없으면 재미가 없어지는 경우도 있다. 이렇듯 과장적 표현은 사람의 감정을 사로잡고 있는 것이다.

유아 그림에서의 과장은 어른과 달리 진실이 있고 솔직하다. 유아의 세계는 참으로 재미있고 내용이 풍부하며 강한 설득력과 호소력을 내포하고 있다. 또한 유아들은 과장적 표현의 욕구와 강하게 느낀 이미지를 나타내려 한다. 갖고 싶은 것과 하고 싶은 것 등이 잘 표현되며, 강한 인상을 받거나 중요하다고 생각되는 것은 크게 그리고, 중요하지 않은 것은 작게 그린다. 소위 원근을 무시한 표현이 나타난다. 대상의 크고 작음, 멀고 가까움 등을 무시한 채 자기 중심적으로 표현하는 경우가 많다.

7 | 초현실적 표현

유아기의 어린이들은 초현실적인 사고를 많이 한다. 현실적으로 이루어지기 어려운 일들을 생각해 내는 것이다. 어린이들은 그들의 내면의 눈이 외계보다 더 중요하다고 믿고 있기 때문이다. 내면의 눈으로 본 세계를 그들 나름대로 표현하고자 애를 쓴다. 이러한 표현을 상상화라고도 한다. 그것은 무의미한 표현이 아니라, 그들의 무한한 상상의 세계를 현실로 받아들이기를 바라는 욕구의 표현인 것이다. 그러한 표현이 상상에 불과한 것이라 할지라도 그것이 사실적으로 보이는 방법으로 그려졌을 때 보는 사람으로 하여금 흥미를 가지게 하는 것이다.

이러한 방법은 초현실주의 화가 샤갈이나 에른스트, 미로 등이 즐겨 사용했다. 비록 꿈 같은 표현이긴 하지만 그것은 놀랄 만큼 낭만적인 상상력에서 생겨난 자기 표현인 것이다. 어린이들의 표현 유형에는 그들이 경험하지 못한 상상의 세계가 환상적으로 표현되는 경우가 많다. 이러한 표현을 함으로써 미적 감각은 물론 상상력도 풍부하게 된다.

〈미분화 표현〉 장준호, 6세

〈의인화 표현〉 최성영, 6세

〈동시성 표현〉 도정석, 10세

〈투시적 표현〉 이보경, 9세

〈대칭적 표현〉 이현정, 8세

〈과장적 표현〉 최인혜, 5세

〈초현실적 표현〉 강보람, 11세

2. 유아 그림에 나타나는 표현 유형

유아들이 그린 그림의 소재나 색깔 등은 다기 다양하게 나타나고 있다. 여러 종류의 그림을 비슷한 것끼리 분류하여 정리해 보면 공통적인 내용을 발견할 수 있다. 그림을 통한 어린이의 정신적 발달 및 지능 측정의 연구는 구디너프(Florence Goodenough), 켈로그(Rhoda Kellogg), 리드, 버트(Cyril Lodowic Burt), 로웬펠드(Victor Lowenfeld) 등 여러 학자들이 해 왔다.

어린이의 그림은 예술성이 담긴 하나의 작품이 아니고 생활 감정과 정서적 반응의 표현이라고 할 수 있다. 따라서 유형별 연구는 조형성만을 강조할 수 없기 때문에 심리적인 측면과 더불어 종합적으로 고려되지 않으면 안된다.

구디너프는 어린이의 인물화 검사 결과를 다언형, 개인적 반응형, 비약형, 불균형형의 네 가지로 구분하고 그림마다의 특성을 발견하여 유아의 행동과 관련이 있다고 했다. 리드는 유기형, 인상형, 구조형, 열거형, 표현형, 장식형, 율동형, 감정 이입형으로 분류하며, 로웬펠드는 시각형과 촉각형으로 구분하고 있다. 그러나 필자는 대담형, 소극형, 열거형, 비약형, 장식형, 개념형, 진보형으로 분류하고자 한다.

1 I 로웬펠드의 유형

로웬펠드는 맹아와 약시아의 표현을 정상아와 비교하여 시각형과 촉각형으로 구분하였다.

01_ 시각형

시각형(visual type)은 감정이입형이나 통합형과 관계가 있다. 자기 주변으로부터 시작하고 일상적인 지각의 종합적 묘사인 시각 경험으로부터 이루어 나간다. 대상을 객관적, 묘사적, 외면적, 모방적으로 표현하며, 대상의 전체를 표현하고 부분을 모아서 조직하는 종합적인 방법이다.

◎ 감정이입(empathy)

20세기 초에 생겨난 용어로 'sympathy(공감)'를 본떠서 만든 용어이다. 이 용어는 항상 그렇지는 않지만 특히 심미적 경험과 관련되어 사용되는데 가장 분명한 예로는 배우나 가수가 자신이 연기하고 있는 역할을 진짜 자기처럼 느끼는 것이다. 또한 예술작품의 경우에는 관객이 일종의 내면투사 작용에 의해 감상하거나 바라보는 대상 속에 자신이 들어가 있는 듯이 느끼는 것을 말하기도 한다. 미국의 심리학자 칼 로저스가 개발한 상담기술에서 감정이입 방법은 아주 중요한 부분을 차지한다.

02_ 촉각형

자기의 내부 세계가 그림에 투사되는데 그것은 전적으로 촉각의 내부 세계이며, 몸의 내부 기관의 감각이자 외부 세계에 대한 자신의 촉각적 지각과 자기 나름의 주관적인 경험 사이의 합성을 위한 시도를 한다. 그러므로 내면적이고 감각적이고 주관적인 표현이 된다. 예를 들면 촉각형(haptic type)의 어린이가 찰흙 소조를 하는 과정은 부분을 이루어 가면서 맨 나중에 전체가 드러나게 된다.

2 l 리드의 유형

리드는 그의 저서『예술을 통한 교육』에서 표현의 유형을 여덟 가지로 분류하고 있다.

01_ 유기형(organic form)

시간 흐름에 따르며 외적 대상에 충실하다. 자연적인 비례와 구조적인 관계를 지각한다.

02_ 인상형(impressionistic form)

전체보다 관찰된 세부의 특징에 치중하며 감정적이고 기분에 얽매인다.

03_ 구조형(structured form)

자연에 대한 표현을 양식화하기보다는 자연 대상 속에 있는 양식을 지각하여 기하학적인 형태로써 양식적으로 표현한다.

04_ 열거형(enumerative form)

전적으로 대상에 의존하는 유형으로, 보고 기억한 만큼 꼼꼼하고 자세하게 기록하듯이 표현한다. 사실적이며 나열식의 표현이기 때문에 주제가 잘 드러나지 않는다.

05_ 표현형(expressionistic form)

자기 중심적인 감정을 표현하는 것이 아니라 주어진 외적 대상을 재현하려고 한다.

06_ 장식형(decorative form)

색채와 평면에 의존하여 쾌활한 무늬를 나타낸다.

07_ 율동형(rhythmical form)
관찰한 소재를 반복하여 화면에 가득 차게 표현한다.

08_ 감정이입형(empathic form)
리드는 이 형에 대한 특징을 별도로 설명하지 않고 있다.

3 I 김정의 유형

김정은 그의 저서『심리학적 유형』에서 정신 구조의 두 가지 방향과 관련을 보여주는 이상주의-사실주의, 논리주의-경험주의 등의 사이에서 역사적인 구별을 하였다. 또한 정신 구조의 두 방향을 외향성(extraversion)과 내향성(introversion)으로 칭하고 인간의 네 가지 심리학적 기능을 다시 정신 구조의 두 방향으로 분류했다.

① 사고형(thinking) ─ 외향성 / 내향성

② 감정형(feeling) ─ 외향성 / 내향성

③ 감각형(sensation) ─ 외향성 / 내향성

④ 직관형(intuition) ─ 외향성 / 내향성

4 I 권상구의 유형

필자는 지금까지 발표된 여러 학자들의 분류를 참고로 하여 우리 나라 어린이의 수준과 실정에 맞추어 다음과 같이 일곱 가지로 분류한다.

01_ 대담형(大膽型, bold type)
여러 가지 재료를 이용하여 화면이 부족할 정도로 크게 그린다. 표현하고자 하는 대상을 화면의 중심부에 크게 그려 나간다. 대담하고 힘이 있어 시원해 보이고 좋으나, 다양한 생각들이 표현되지 않는 것이 단점이다. 성격이 외향적이며 남자 어린이의 경우에 많이 나타나는데, 잘못되었다고 꾸짖거나 하지 말고 지극히 설명적인 대화로 사물에 대한 관찰이나 관심을 갖게 해줄 필요가 있다.

02_ 소극형(消極型, negative type)
대담형과는 대조적으로 물체를 작게 그린다. 그림을 한 장 그리는 데 시간이 많이 소요된다. 그림을 그리기 싫어서가 아니라 성격상 꾸물대는 형이다. 그림의 내용을 한쪽 귀퉁이에 작게 그려 놓는다. 소극형은 그리고자 하는 소재도 단순하다. 늘 같은 그림을 반복하는 예가 많다.

이러한 어린이는 화지의 여백에 대한 공포감이 있기 때문에 8절이나 16절지 정도가 알맞다. 새롭고 흥미 있는 경험을 시켜 주는 것이 좋다. 때로는 큰 종이에 수채 물감을 이용하여 큰 붓으로 낙서를 하게 하여 담력을 키워 줄 필요도 있다. 소극형은 대담형에서 발견되는 단순성과는 다르다. 어떤 면으로 보면 소극형이 대상을 더 세밀하게 관찰하고 표현하는 장점도 있으나 성격이 너무 소심하여 발전성이 적다고 볼 수 있다.

03_ 열거형(列擧型, enumerative type)

자기의 주관이나 개성보다는 전적으로 대상에 의존하려는 경향이 강하며, 대상에 대해 알고 있는 것이 많다. 기억하고 있는 대상을 한 화면에서 많이 표현하려고 하는 형이다. 꼼꼼하고 자세하게, 기록하듯이 사실적으로 표현한다. 화면을 빙글빙글 돌려 가면서 빈틈없이 물체를 그려 넣기 때문에 표현하고자 하는 뚜렷한 주제가 없으며, 통일성이 없는 그림이 되기 쉽다. 이러한 어린이에게는 한 가지 주제를 주어 화면 중앙에 크게 그리도록 지도하여 주제에 대한 강한 인식과 대담성을 길러 주어야 한다.

04_ 비약형(飛躍型, jump type)

무엇을 보면 금방 다른 것과의 연관성을 생각하고 관련되는 내용을 한꺼번에 그린다. 같은 화면에 상당히 많은 소재를 표현하여 복잡하게 그린다. 많은 이야기가 전개되기 때문에 주제가 가려져 그림의 통일성이 없어지기 쉽다. 자세히 들여다보면 나름대로는 이야기가 전부 연결되어 있다. 이러한 표현을 시간적 계속 묘사라고도 한다.

예컨대 집을 그린다고 하면 집 옆에는 나무가 있고, 나무 밑에는 꽃이 있고, 꽃 위에는 나비가 있고, 나비 위에는 하늘이 있고, 하늘에는 구름이 있고, 태양도 있고…, 계속 생각나는 대로 연결시켜 표현한다. 비약형의 특징이라고 할 수 있는 이러한 표현은 주제보다 부제에 더 많이 편중되며, 상징적인 표현이 아니고 설명적인 그림이 되고 만다. 이러한 어린이는 상상력이 풍부하여 기억력은 좋으나 미적 감각은 부족한 편이다.

05_ 장식형(裝飾型, decorative type)

그림을 그린 본인 이외의 사람은 이해하기 어려운 그림이다. 다시 말해서 객관성이 무시된 그림을 말한다. 물론 그림에서 객관성이 그리 중요한 것은 아니지만 여기서 말하는 장식형은 혼자만 알아볼 수 있는 그림으로 장난스러운 그림인 것이다.

난화기의 그림도 아니고, 도식기의 어린이가 이러한 그림을 계속 그린다면 지적 발달이 늦은 어린이로 보아야 할 것이다. 본인 위주로, 마치 어른의 세계에서 볼 수 있는 추상화 같은 그림이다. 추상화같이 멋대로 그려 놓은 그림 속에는 엄마도 있고, 아빠도 있고, 집도 있고, 꽃도 있을 수 있다.

어떤 면에서는 이러한 주관적 사고의 표현을 독창적이고 개성적인 표현으로 인정할 수도 있으나, 어린이 수준에 맞는 표현이 되어야 할 것이다. 이런 어린이에게는 이야기를 들려 주고, 사물의 모양을 기억할 수 있는 자극을 주고, 어떤 모양을 그렸을 때 칭찬하여 긍정적으로 대해 주는 것이 바람직하다.

06_ 개념형(槪念型, general type)

유아들의 표현 활동에서 개념형이란 틀에 박힌 듯한 공식화된 그림을 말한다. 늘 같은 소재나 방법으로 있는 그대로를 표현하려고 하는 것이다. 자기가 알고 있는 한 가지의 형태를 계속 그린다거나, 하늘은 파란색, 나뭇잎은 녹색, 나무줄기는 고동색, 운동장은 황토색 등과 같이 자연의 고유색 그대로를 닮게 표현하려고 애를 쓴다.

간혹 미술을 지도하는 전문 기관인 미술 학원 같은 곳에서 어린이들에게 그림을 지도할 때, 남이 그려 놓은 그림을 보고 그리게 한다든가 그림본을 떠 주고 색칠만 하게 한다든가, 여기는 이 색, 저기는 저 색을 칠하라고 주입식 지도를 하고 있는 것을 볼 수 있다. 어린이들의 감정을 자유롭게 표현하여 감정을 풍부하게 길러 주고 창의력을 길러 주는 것이 조형 활동의 목적임에도 불구하고 어린이들의 장래를 생각하지 않는 이러한 지도 방법은 안타까운 일이 아닐 수 없다.

07_ 진보형(進步型, progression type)

차츰 발전적인 방향으로 나아갈 수 있는 그림 형태를 말한다. 지나친 대담형도, 소극형도, 개념형도, 열거형도 아니면서 대담형과 비약형에다 주관적 개성을 살려 표현한 그림으로 발전의 가능성을 보여 주는 그림이라 할 수 있다. 화면 구성이 어느 한쪽으로 치우치지도 않고, 나약하지도 않고, 틀에 박힌 그림도 아니면서 자기의 생각을 대담하고 솔직하게 나타내고 있다. 이러한 그림은 점진적으로 발전할 수 있는 진보형의 그림이 될 수 있다.

〈대담형〉 손영우, 7세

〈소극형〉 곽혜인, 7세

〈열거형〉 구원준, 6세

〈비약형〉 유진주, 6세

〈개념형〉 김규민, 7세

〈장식형〉 엄소현, 8세

〈진보형〉 박양지, 11세

■ 개념화 표현의 특징

항목	유아 단계	아동 단계
전체의 내용	· 한정된 몇 개의 소재가 반복된다. · 표현 내용이 적어서 화면이 남는다. · 상식에 의한 그림을 그리는 경향이 있다. · 그린 사람의 감정, 자극, 흥분 등의 내용이 들어 있지 않고 그냥 반복적인 표현이다.	· 자신의 독특한 표현이 없다. · 모방적이거나 기계적으로 그린 흔적을 볼 수 있다. · 때로는 지나치게 기교적이거나 만화적인 그림을 그린다. · 내용의 전개가 지극히 단순하기도 하다.
주제의 내용	· 때로는 숙달된 듯한 인상을 주지만 항상 똑같은 패턴이다. · 그림의 내용이 공식화된 장면이다.	· 언뜻 보면 잘 그린 듯하지만 내용이 없다. · 어떤 극적인 감동이 없다.
화면의 구도	· 선 한두 개로 하늘과 땅을 표현한다. · 구도가 늘 반복된다. · 화면 구성이 단조롭다. · 화면 구성이 상식적이다.	· 지극히 설명적인 구도를 잡는다. · 때로는 묘화 발달 단계에 맞지 않는 지나치게 정확한 구도를 잡는 경우도 있다. · 대략적인 구도 잡기를 좋아한다. · 같은 구도를 반복해서 잡는다.
색채	· 사물에 대한 특정색을 반복해서 사용한다. · 공식화된 색이 단순하게 칠해진다. · 색깔이 늘 같은 감정이다. · 고유색에 신경을 쓴다.	· 깨끗한 색칠을 한다. · 묘화 발달 단계에 맞지 않게 지나치게 기교적인 색칠을 한다. · 도안적인 색칠을 한다.
형태	· 똑같은 주인공이 등장한다. · 예쁜 인상을 주는 모양을 그린다. · 만화로 발전될 가능성이 짙다. · 그리는 순서가 늘 같다.	· 똑같은 주제가 반복된다. · 기술적으로 사실적인 묘사를 해서 회화적인 맛을 주지 않는다. · 만화적인 묘사의 형체를 잡는다.
선의 표현	· 규격화된 선을 좋아하고 같은 표현이 되풀이된다. · 틀리면 자꾸 지워서 고치며 일정형을 좋아한다. · 다정한 맛을 준다.	· 일정한 훈련에 의한 선 표현이다. · 지극히 조심스럽고 힘이 없다. · 도안적인 인상을 주며 예쁘게 표현을 하려고 한다. · 자유 분방한 흔적이 없다.
재료	· 재료 사용이 늘 같은 식이다. · 재료 선택에는 흥미가 없다.	· 새로운 재료에 대한 부적응을 나타낸다. · 매번 같은 재료를 즐겨 사용한다.
순서	· 항상 똑같은 식으로 그린다.	· 기계적으로 반복이 되는 틀의 순서를 가지고 있다.

개념화 탈피의 유도 방법

① 재료나 기법을 바꾸어 준다.

어린이의 그림에 진전이 없으면 재료를 바꾸어 주는 것이 가장 효과적이다. 크레파스만 쓰고 있었다면 연필, 볼펜, 사인펜, 그림 물감과 붓을 사용하게 하고 또는 손가락으로 그리기, 색지 찢어 붙이기, 찍기, 번지기, 긁기 등의 다양한 기법을 가르쳐 준다.

② 색채를 제한하여 표현하게 한다.

사람의 얼굴은 살색, 머리는 검정색, 나무줄기는 고동색, 잎은 녹색, 땅은 황토색, 하늘은 파랑색 등 고유색으로만 칠하지 않도록 지도해야 한다. 운동장에 있는 사람을 그릴 때 살색 대신 다른 색으로 그리게 해본다. 빨강 사람, 노랑 사람, 녹색 사람, 검정 사람, 보라색 사람 등 얼마든지 개성 있는 싱싱한 그림을 그리게 될 것이다.

③ 사물을 여러 각도에서 관찰하게 한다.

지금까지의 자기의 생각이나 고집을 버리고 새로운 마음으로 사물을 보게 한다. 가까이서, 멀리서, 위에서, 옆에서, 밑에서, 절단, 분해, 집합, 축소, 확대, 투시 등의 방법으로 관찰하게 하면 새로운 현상을 발견하고 감동하게 될 것이다. 이러한 감동을 느꼈을 때 표현하면 창의적이고 감동적인 그림이 될 수 있다.

④ 표현 형식을 바꾼다.

그리는 순서를 바꾸거나, 오른손 대신 왼손으로 그리게 하거나, 화면을 보지 않고 그리게 하면 생각하지 않았던 또 다른 표현이 될 수 있다.

⑤ 창의적인 작품을 감상하게 한다.

창의적이고 독창적인 작품을 많이 감상하게 하여 사물의 표현 방법이나 화면 구성, 색채 사용 등 자기 그림과의 차이점을 발견하게 한다. 이때 남의 그림을 보고 모방하지 않도록 주의해서 지도해야 한다.

3. 유아의 색채심리와 색채감정

유아의 그림 속에서 색채의 선택은 생리적 조건, 심리적 감정과 정서를 표출, 반영하는 것이다. 색채를 감정 표현의 언어로 사용하며 사실적인 것보다 상징적인 것으로 사용한다. 즉 충동적인 어린이는 색채에 강한 흥미를 보인다. 충동적인 행동에서 자기 통제가 가능한 행동으로 변화해 감에 따라 색채에 대한 흥미가 줄어든다. 따라서 색채에 특징이 있는 어린이에 비해 선이나 형에 더 많은 관심을 가진 어린이가 자기 방어적이며 이성적인 경향이 두드러진다.

이와 같이 색채는 어린이의 감정과 밀접한 관계가 있다. 밝고 선명한 색깔을 주로 쓰는 어린이는 마음이 안정되어 있고 명랑한 편이며, 어둡고 침침한 색을 많이 쓰거나 화면을 더럽히는 어린이는 마음이 불안정한 상태이거나 불만, 반항의 성향을 띠고 있다. 따뜻한 색을 즐겨 쓰는 어린이는 대체로 원만하고 붙임성이 있고 누구에게나 잘 따르는 경향이 있다. 찬 색을 주로 쓰는 어린이는 타인에 대해 비판적이고 공격적이며 자기 중심적으로 지적 흥미를 가지고 있으나 어른을 잘 따르지 않고 독립적으로 행동한다.

유아의 색깔에 대한 반응은 비교적 예민하다. 그것은 인간의 본능과도 같은 것이다. 유아가 색을 알게 되는 과정은 여러 가지 경험을 통해 인지되지만, 그중에서도 먹는 것과 아주 밀접하다. 먹는 것에서부터 자동차 색깔, 농촌과 도시 풍경의 색깔까지 차츰 인식하게 된다. 색을 느끼기는 하지만 그림을 그릴 때는 엇갈리는 경우가 있다.

5세 이전까지는 물체의 색과 관계없이 그냥 칠하는 경우가 대부분이고, 5세 이후에는 물체의 색과 닮게 칠하려는 노력이 엿보인다. 로웬펠드는 착화기에는 색을 즐기는 정도에 머물며, 5~7세에 가서야 사람, 나무, 하늘, 태양 등과 같은 정서적으로 중요한 부분에 대해서만 색을 사용하게 된다고 했다.

유아의 색감각은 6세 이전까지는 대체로 비슷하나 점차 커 가면서 남녀 성의 차이를 드러낸다. 그림의 주제 자체도 성에 따라 다르게 표현되고 있다. 유아가 사용하는 색의 수도 4세 이하는 3색 정도, 5세는 4~5색 정도, 6~7세는 10색 정도로 점차 다양한 색을 즐기고 있음을 알 수 있다. 좋아하는 색의 종류도 어느 조사에 의하면 남아의 경우 파랑, 초록, 노랑, 주황, 빨강 순으로 시원한 색을 더 좋아하고 있으며, 여아의 경우 빨강, 주황, 분홍, 파랑, 살색의 순으로 따뜻한 색을 더 좋아하고 있다. 그러나 일본의 경우 남아는 노랑이 절대적이고 여아도 노랑을 선호하고 있다.

대부분의 유아들은 색을 의식하기는 하지만 우선적으로 형태에 대한 관심이 의식을 지배한다는 것을 보여 준다. 그러나 그림 몇 점으로 유아들의 심정이나 상태를 평가한다는 것은 극히 위험한 일이라고 말하고 싶다. 유아들의 그림에 나타나는 색채의 비밀을 캐내기 위해 알슐러, 아사리 월턴, 하트비크 등의 심리학자들의 연구가 끊임없이 계속되고 있다.

1 I 색채심리(psychology of color)

일상생활에서 색은 정의된 것보다 훨씬 다양하고 복잡하며 미학적 · 심리적인 반응을 불러일으키는 것은 물론 예술, 유행, 상업 등에도 영향을 미친다. 색채가 인간의 심리에 미치는 영향을 색채의 대비 현상과 기능, 두 측면에 따라 살펴보자.

01_ 색채의 대비(contrast of color)

사람들은 보통 몇 가지 색이 어우러진 색채를 동시에 보는 경우가 많다. 이때 색은 서로 영향을 주어 1가지 색을 보고 있을 때와는 다른 효과를 준다. 이러한 현상을 대비라고 하는데, 2가지 이상의 색을 동시에 볼 경우 동시대비(同時對比), 연속하여 볼 때 생기는 현상을 계시대비(繼時對比)라고 한다. 대비 현상은 색의 3가지 속성에 따라 '색상대비' '명도대비' '채도대비'로 나눌 수 있다. 일상생활에 가장 큰 영향을 주는 것은 명도대비이다. 배경의 명도에 따라 색이 밝게 보이기도 하고 어둡게 보이기도 하는데, 배경과의 명도차가 클수록 대비 효과가 크다. 멀리서도 또렷하게 인식될 수 있도록 만들어진 표지판이나 옥외광고판의 경우 대비 효과가 큰 색으로 구성되어야 하는 것이 바로 이와 같은 이치이다. 다음으로 중요한 것은 색상대비인데, 예를 들면 빨간색과 녹색을 동시에 보면 그 색깔들이 본연의 색보다 훨씬 선명하게 보이는 현상을 말한다. 색상대비 역시 배경과의 색상차가 클수록 대비 효과도 커진다. 그밖에 '잔상색'이나 '색순응' 현상도 색을 인식하는 데 영향을 미친다. 잔상색이란 흰 종이 위에 빨간 종이를 놓고 한참 동안 들여다본 뒤 빨간 종이를 치웠을 때 아무것도 없는 흰 종이 위에서 녹색을 보게 되는 경우를 말한다. 주로 반대색이 나타나게 되므로 보색잔상이라고도 한다. 색순응이란 어떤 1가지 색을 오래 쳐다보고 있으면 그 색이 점차 달라져 보이는 경우를 말하는데, 색을 들여다볼수록 채도가 점점 떨어져 처음 보았을 때만큼 선명하게 보이지 않게 된다. 이 같은 현상들은 예술작품이나 디자인 분야에서 보다 큰 효과를 얻기 위한 기본 바탕으로 활용되고 있다.

02_ 색의 기능(function of color)

색채는 인간이 색을 인식하는 데 영향을 미칠 뿐만 아니라, 조화나 감정 등 미적 효과를 발휘하는 기능을 갖고 있다. 색에 따라 온도감이나 거리 · 무게 · 크기 등의 느낌이 각각 다르며, 색채의 조화에 따라 다양한 색채감정을 가지게 되는 것이다. 어떤 색에서 따뜻하다거나 차갑다는 느낌을 받는 것은 색채가 지닌 온도감 때문이다. 빨강 · 노랑 · 주황 등의 색은 따뜻한 느낌을 주는 난색계이며, 파랑 · 녹색 · 회색 등은 차가운 느낌을 주는 한색계이다. 또한 색의 명도에 따라 밝은 느낌, 또는 어두운 느낌을 받으며, 밝은 색은 가벼운 느낌을 주고 어두운 색은 무거운 느낌을 주는 무게감을 지니기도 한다. 마찬가지로 명도가 높은 밝은 색깔은 커 보이고, 어두운 색깔은 작아 보이는데, 이것은 크기를 판단하는 데 영향을 미친다. 또한 색상과 명도의 동시효과로서 대상 물체의 색깔에 따라 멀어 보이기도 하고 가깝게 느껴지기도 하는 색채의 거리감이 있다. 주로 난색계의 색상과 명도가 높은 색이 가깝게 느껴진다. 이밖에 색채의 미적 효과를 높이는 요소로 색채의 조화를 들 수 있다. 색채의 조화란 2가지 이상으로 구성된 색채가 조화를 이루느냐 이루지 않느냐에 따라 미적 효과가 다른 양상으로 나타나는 것을 말한다. 조화를 이룬 배색의 미적 효과는 안정과 아름다움을 가져다주는 색채감정과 관계가 있으며, 부조화를 이룰 경우 불안과 어둠, 우울 등을 유발시키는 감정의 불균형을 가져온다. 배색의 조화는 실생활에서 옷이나 실내장식, 디자인 건축 등 여러 분야에서 가장 중요한 관점이 되고 있다. 이밖에도 언어권이나 문화권에 따라 색채의 인식에 많은 차이를 보이며 개인의 나이, 기분, 정신위생 등도 색채인식에 영향을 주는 요소가 된다. 따라서 개인적 특성이 비슷한 사람들이 동일한 색의 인식 및 특정한 색을 선호하는 경우가 많게 되는 것이다. 심리학자들은 개인의 색에 대한 사용이나 반응을 분석하여 그의 생리적 · 심리적 상태에 관한 정보를 얻기도 한다.

2 I 색채감정(feeling of color)

모든 조형예술의 요소 중에서 가장 감정적인 것이 바로 색채라고 할 수 있다. 그리고 색의 연상 또한 다양한 방식으로 일어난다. 이렇게 다양하게 연상되는 이유는 아마 색채와 관련되어 일어나는 느낌이 가장 원초적인 것이기 때문일 것이다. 인류의 종족은 색에 의해 구분된다. 색의 상징은 이중의 또는 반대의 의미를 갖기도 한다. 동양에서 적색은 삶과 즐거움의 상징으로 행복을 표현하기도 한다. 반면 미국에서 적색은 소란스럽고 자기 과시적이며, 불법적인 것을 연상시킨다. 색의 상징은 종종 소리와 움직임에도 적용된다. 색채연상을 하면서 움직일 수 있다는 것은 어린이들을 통해 알 수 있는데, 어린이들은 각각의 색에 맞춰 춤을 추라고 하면 그 색을 연상하여 춤을 춘다.

모든 색은 인간의 심리적인 느낌에 따라 난색과 한색으로 나뉜다. 이러한 것은 색채의 체계가 물리적인 것이 아니라 감각으로서의 색채임을 반영해 주는 것이다. 태양이나 불의 색이 붉다는 일상적 경험에서 빨강 계열의 색은 따뜻하게 느껴지므로 난색이라 한다. 그러나 실제로 온도가 높은 불꽃은 빨강보다는 파랑 쪽이다. 그럼에도 파랑은 바다나 물의 빛깔을 연상시키며 차갑게 느껴져서 한색이라 한다. 우리들은 어떤 색을 보았을 때, 그 색에 자극을 받아 여러 가지 감정을 불러일으킨다. 이런 감정은 개성과 그때그때의 기분에 따라 다르며 경험과 지식 · 민족성 · 연령 · 성별에 따라, 혹은 생활환경 · 교양 · 직업에 따라 다르게 나타나지만, 대체로 근본적인 공통성이 있어서 객관적인 경향을 알 수 있다.

01_ 빨강(red)

일반적으로 어린이들이 즐겨 쓰는 색으로, 비교적 자유로이 느낀 대로 행동하고 반응이 빠른 어린이들이 특히 즐겨 사용한다. 주위 관계가 건강하며 협동적인 성격이다. 빨강은 애정과 연관된 감정의 표현이지만 굵고 진하게 칠하는 경우는 적의가 있고 공격적인 면도 있다. 활동적이고 원만한 성격이나 굵은 선으로 다른 색 위에 덧칠하는 경우는 욕구 불만이 많고 다혈질이다. 빨강의 상징적 의미는 정열, 더위, 피, 위험, 혁명, 분노, 활력 등이다.

02_ 주황(yellow red)

주위 환경에 잘 순응하나, 공상적 놀이로 실생활에서 도피하려는 반응이 나타난다. 매사에 적극적이고 활동적이며 건강하고 명랑한 어린이가 많이 사용한다. 성격이 소극적이고 내성적인 어린이가 이 색을 많이 사용하면 원기 왕성한 생동의 충동을 느끼고 적응력이 생긴다. 지나치게 많이 사용하면 이기적이고 경박스러운 면이 있다. 주황의 상징적 의미는 원기, 희열, 활력, 만족, 풍부, 유쾌, 건강, 약동 등이다.

03_ 노랑(yellow)

이 색은 유아 단계를 나타내는 대표적인 색으로, 과잉 보호 속에 자란 어린이가 많이 사용한다. 걱정이 없고 행복하며 명랑하고 희망적이다. 이 색을 지나치게 많이 사용하면 의뢰심이 많고, 유아의 상태에 머무르고 싶어하는 욕구의 표현이다. 노랑과 파랑을 동시에 사용하면 성장하고 싶은 욕구가 있고, 노랑을 많이 사용하면 다른 사람에게 예쁘게 보이고 싶은 심정의 표현이다. 노랑의 상징적 의미는 희망, 광명, 접근, 명랑, 유쾌, 경박 등이다.

04_ 녹색(green)

자기 만족적이거나 스스로 확신을 갖는 편이다. 생각해서 행동하고 매사에 신중하다. 일상 생활에 협조적인 태도로서 질서 의식과 이해심이 많다. 자기 감정을 쉽게 표현하지 않는 성격이며 빨강을 좋아하는 어린이에 비해서 자기 억제적이다. 감정의 결여와 도피적인 성향이 있으며 엄격한 가정의 어린이가 많이 사용한다. 성격은 안정되어 있다. 녹색의 상징적 의미는 이상, 평화, 신성(神聖), 영원, 안식, 안정, 안전, 지성, 건실, 소박 등이다.

05_ 파랑(blue)

엷은 색으로 칠하는 어린이는 비교적 밝은 성격이며 주위에 잘 적응한다. 성격은 이지적이고 이상적이며 영원을 바라는 심정이 강하다. 덩어리째로 진하게 칠할 경우 자기 중심적이고 주위와 잘 조화되지 않는다. 냉철한 사고력을 가지고 있으며 자기 억제적이다. 명상에 잠기거나 냉정하고 내성적이어서 우울한 감정에 빠지는 경우도 있으나, 외적인 규범에 맞추려는 경향이 짙다. 파랑의 상징적 의미는 차가움, 심원, 명상, 냉정, 영원, 성실 등이다.

06_ 보라(purple, violet)

이 색을 고집스럽게 많이 사용하는 어린이는 불행한 느낌과 관계가 있으며 정서적으로 불안정함을 뜻한다. 친구들로부터 고립 상태에 있는 어린이가 많으며 자기의 감정을 잘 표현하지 않는다. 깊은 사색에 잘 빠지거나 사랑을 그리워하는 형이다. 감상적인 성격이어서 우울하고 고독한 감정에 잘 빠진다. 보라색은 숭고, 천사, 냉철, 천사의 사랑, 신비, 우아, 고귀, 예술, 공허, 실망, 신성 등을 나타낸다.

07_ 고동색(dark brown)

유아적 상태로서 의뢰심이 많으며 현실에의 적응력이 부족하다. 청결한 습관을 강요받거나, 너무 빨리 대소변을 가리게 하고, 지나친 결벽증으로 자유스러운 분위기와 감정이 구속될 때 이 색을 많이 사용하며, 주로 도시 어린이보다 농촌 어린이가 많이 사용한다. 조용하고 고상한 분위기를 좋아하며 이해심이 많다. 고동색의 상징적 의미는 순박, 성실, 정직, 책임감, 포용, 용서, 사색 등이다.

08_ 흰색(white)

유아기를 벗어난 어린이가 주로 사용하며 자기의 모습을 남에게 깨끗하고 예쁘게 보이고 싶을 때 흰색을 좋아한다. 두려움과 무기력도 이 색으로 표출되며, 거짓말을 잘하는 어린이는 다른 색 위에 흰색을 덮어 칠하는 경우도 있다. 흰색의 상징적 의미는 순수, 청결, 순결, 신성, 천사, 소박, 정직 등이다.

09_ 회색(gray)

회색을 많이 사용하는 어린이는 어린이답지 않은 면이 있으며 노숙하고 점잖게 보이려고 노력한다. 성격은 겸손하고 내성적이며 무난하지만 우울한 면도 있다. 적극성과 생동감이 약하다. 대인 관계가 원만치 않으며 경계심이 강하고 열등감을 많이 갖고 있으며 가정에서 억압당하는 느낌을 만성적으로 갖고 있다. 아주 밝은 회색은 흰색과 같은 상징이 나타나고 그 외의 회색은 전부 검정에 가까운 의미로 표출되나 검정이 급성적인 데 비해 회색은 만성적인 불안감의 상징이다. 회색의 상징적 의미는 겸손, 우울, 중성, 무기력 등이다.

10_ 검정(black)

자유로운 감정의 흐름이 결여되어 있고 공포나 불안을 안고 있으며 압박감을 느낀다. 공격적이고 사치스러운 경우도 검정을 많이 사용한다. 어린이가 그림을 그린 뒤에 검정 선을 두르는 것은 정서적인 결핍으로 고립된 자기 자신을 인정받고 사랑받고 싶은 심정에서 표현되는 현상이다. 색을 겹칠하는 경우에 밑의 색은 본래의 감정을 의미하고 위에 칠하는 색은 자기 감정을 외부에 노출되지 않게 숨기려는 의도적인 행동이라고 볼 수 있다. 검정의 상징적 의미는 허무, 절망, 침묵, 죄악, 주검, 암흑, 부정, 불안, 고독을 나타낸다.

4. 색채의 연상과 상징

색채에 대한 이미지 연상은 남녀 노소나 민족, 계절, 환경 등에 따라서 다르게 일어난다. 다시 말해서 색채의 연상은 생활 양식이나 문화적인 배경 그리고 지역과 풍토 등에 따라서 개인차가 심하다. 일반적으로 어린 시절에는 어떤 색을 구체적인 사물이나 풍물 또는 하늘, 바다, 동물, 식물 등의 자연 현상에 관련지어 연상하는 경우가 많지만, 나이가 들어 감에 따라서 추상적인 문화, 사회, 정치적인 것에까지 연상의 범위는 넓어진다. 그리고 여자들이 자신의 복장이나 애완물 또는 추상적 이미지에다 색을 연관짓는 데 비해서, 남자들은 자신의 소지품이나 여성에 관련된 것에다 색을 연관짓는 경향이 많다. 예를 들어서 빨강의 경우 여자들은 피나 정열 또는 위험을 연상하는 데 비해서 남자들은 입술, 연지, 처녀, 유방, 월경 등을 연상한다는 보고도 있다. 이와 같이 색에 대한 연상은 개인의 경험과 기호에 따라서 다르다.

그런데 색에 대한 경험적인 연상은 그 경험이 새롭고 인상적이었던 사건에서부터 기억된 것이 대부분이며, 중성적인 색에 대한 연상이 많지 않은 것도 특색이다. 그리고 많은 사람들은 파랑에 대하여 선호도가 높으나 자극성이 강한 빨강을 많이 떠올린다. 파랑 다음으로는 노랑과 초록을 좋아하며 흰색보다는 검정의 연상이 많다. 따라서 색의 연상은 색의 한난성, 자극성, 기호성과도 관계가 깊다.

5. 유아 그림의 상징적 의미와 진단

모든 어린이들의 환경이나 성격이나 얼굴 모양이 각기 다르듯이 그들이 표현하는 그림 역시 다르다. 어린이들은 그림을 통해 자기의 내면 세계를 솔직하게 표현하는 것이다. 어린이들의 지능, 성격, 감정이 어떻게 성장되고 있는가를 진단해 보고 싶을 때도 있을 것이다. 이것은 어린이들의 모든 행동을 직접 관찰해 가면서 아는 방법도 있고, 지능 테스트 등을 통하여 이해하는 방법도 있다.

어린이들에게 그림을 그리게 하고 그 그림을 통하여 정신 구조나 마음가짐 또는 그 어린이와 부모와의 관계까지도 관찰할 수 있다. 무의미한 관찰에서 끝나는 것이 아니라, 그러한 관찰을 지도 방법과 연결시켜야 한다. 올바른 인간성을 발견하고 탐구함으로써 어린이의 욕구를 올바르게 키워 주기 위해서이다. 어린이들이 어떻게 성장하고 변해 가는가 하는 것을 항상 주의 깊게 관찰해야 한다.

아동화를 진단하는 데는 무엇보다도 심리학적 소양이 요구되며 아동만이 갖고 있는 독자적인 세계를 이해하는 교육학적 인식이 있어야 할 것이다.

아동화는 상징적이기 때문에 무의미하게 표현되는 경우가 없다고 한다. 존 듀이는 "상징이란 아동 자신도 의식하지 못하는 추상적 사고의 표현"이라고 했다. 사람의 감정이 때때로 변화를 추구하고 있듯이, 나타나는 그림도 때로는 마음에 없는 것을 표현하는 수가 있다. 그러므로 그림 한두 장으로 어린이의 심성을 속단하는 것은 위험한 일이다. 어린이의 가정 환경을 조사한다든지, 질문을 통하여 어린이를 종합적으로 관찰하고 진단하는 것이 바람직하다.

■ 색의 상징과 치료 효과

색상	상징 및 연상	치료 효과
빨강(red)	열렬, 더위, 피, 열, 위험, 혁명, 크리스마스, 분노, 정열, 어버이날, 더위, 적기(赤旗), 일출, 저녁 노을, 물애적, 활력적, 하등 동물적, 건조, 유치	노쇠, 빈혈, 무기력, 방화, 정지 표지
주황 (yellow red)	원기(元氣), 적극, 희열, 활력, 만족, 풍부, 유쾌, 건강, 광명, 따뜻함, 가을, 양기, 약동, 하품, 초조, 감, 명랑, 온정, 환희, 천박	강장제, 무기력, 저조, 공장의 위험 표지, 공작물의 초점색
노랑(yellow)	희망, 광명, 팽창, 접근, 가치, 금(金), 금발, 명랑, 유쾌, 대담, 바나나, 경박, 천박, 냉담, 발랄, 질투	신경질, 염증, 신경제, 완화제, 고독의 위로, 주의 표지(공장, 도로), 방부제, 피로 회복
연두 (green yellow)	청춘, 평화, 위안, 친애, 젊음, 따뜻이 감싸줌, 신선, 고추냉이, 초여름, 야외, 자연, 유아, 새싹, 잔디, 희망	위안, 피로 회복, 따뜻함, 강장제, 방부제, 골절
초록 (pale blue green)	엽록소, 안식, 안정, 평화, 안전, 중성, 천기(天機), 이상(理想), 평정, 지성, 건실, 절박, 소박, 여름, 영원, 신선	안전색, 중성색, 해독, 피로 회복
청록 (blue green)	이지(理智), 지혜, 유령, 죄, 심미, 바다, 깊은 산림, 질투, 찬바람	이론적인 생각의 추진, 기술 상담실의 벽
바다색 (pale green blue)	서늘함, 하늘, 물색, 터키옥, 인애, 우울, 소극, 계속, 냉담, 고독, 박정, 투명, 비 오는 날, 차가움, 불안, 불신	격정의 진정, 침정 작용, 종기, 마취
파랑(blue)	차가움, 심원, 명상, 냉정, 영원, 성실, 추위, 바다, 무한, 깊은 물, 호수, 푸른 눈, 이상, 이지, 유구, 얼음	침정제, 눈·신경의 피로 회복, 맥박 강하, 염증, 피서
남색 (purple blue)	숭고, 천사, 냉철, 심원, 천사의 사랑, 무한, 유구, 영원, 신비	정화, 살균, 출산
보라(purple)	창조, 우미, 신비, 예술, 우아, 고귀, 고풍, 위엄, 공허, 실망, 부활제, 상품, 신전, 신앙, 신성	예술성, 신앙심 유발
자주 (red purple)	애정, 연(戀), 성적(性的), 코스모스, 복숭아, 포도주, 발정적, 창조적, 심리적, 정서적	우울증, 저혈압, 노이로제, 월경 불순
연지 (pale purple red)	열정, 정열, 요염함, 입술 연지, 핑크, 고가(高價), 열애, 감미, 환희, 우애, 루비	빈혈, 누런 피부, 황달, 정력 부족, 강한 자극제, 발정제
흰색(white)	순수, 청결, 소박, 순결, 신성, 정직, 흰 옷, 백지, 눈(雪), 설탕, 흰 모래, 구름	이발소 벽, 고독감 유발
회색(gray)	겸손, 우울, 중성색, 점잖음, 무기력, 절망, 평범, 침묵	우울한 분위기 유발
검정(black)	허무, 절망, 정지, 침묵, 부정, 죄, 주검, 암흑, 불안, 밤, 흑장미, 탄(炭), 강건, 엄숙, 비애, 냉담	예복, 상복

■ 묘화의 상징적 의미

구분	항목	상징적 의미
선	수평선을 많이 그린다.	조용하고 평화로운 감정 표현이다.
	수직선을 많이 그린다.	긍정적이고 협조적인 감정 표현이다.
	수평선 오른쪽이 올라가게 그린다.	적응력이 부족하여 너무 긴장하고 있다.
	수평선 오른쪽이 내려가게 그린다.	의지가 약하고 반항적 태도가 많다.
	선의 끝에 힘이 빠져 있다.	신체적으로 허약하고 열등 의식이 있다.
	사선을 난잡하게 그린다.	역동적이기는 하나 정서 불안을 느끼고 있다.
	와선형을 자주 그린다.	마음의 해방과 더 나은 발전을 바란다.
	원형을 많이 그린다.	미분화 상태이나 원만한 소유욕의 표현이다.
	모난 선을 많이 그린다.	날카롭고 힘있는 성격이나 공격적이다.
	네모난 윤곽을 많이 그린다.	아빠가 엄격하여 내향적 성격이다.
	어지러운 선을 많이 그린다.	걱정이 많고 괴로운 감정의 표현이다.
	끊어진 선을 그린다.	고통스러운 자극을 받은 경험이 있다.
	끊어진 선을 연결시켜 그린다.	협조적인 동시에 반항적이며 탐구적이다.
주제	대상의 모양이 정확하지 않다.	신중함이 없고 자기 통제력이 약하다.
	늘 같은 것만 그린다.	상상력이 부족하고 감정이 고갈되어 있다.
	같은 형을 반복해서 많이 그린다.	환경에의 적응력이 부족하고 단조로운 성격이다.
	중앙에 주제를 크게 그린다.	모든 일에 자신감이 있으며 대담한 성격이다.
	작은 형들을 화면 가득히 그린다.	소심하며 소유욕이 강하다.
	화지가 넘치도록 그린다.	부모의 사랑을 독차지하여 자유 분방하다.
	운동감이 없고 딱딱하게 그린다.	꾀가 많고 모방력이 강하나 창조력이 부족하다.
	하늘에 떠 있는 것을 많이 그린다.	소망이 많으나 현실 도피적 경향이 있다.
	배경이 없는 그림을 그린다.	환경의 인식 부족으로 상상력이 부족하다.
	높은 곳에 올라가 있는 것을 그린다.	성취 욕구가 강하고 용감한 성격이다.
	작은 원형을 약하게 그린다.	감기로 인한 기침이나 천식을 앓고 있다.
	원형 또는 줄로 표현할 때 하나가 이상하다.	이상한 그림의 위치에 따라 치아 질환이 있다.
	창문을 녹색 또는 보라로 칠한다.	약시이거나 결막염에 걸린 경험이 있다.
	창문에 보라색을 칠하고 흰색을 덮어 칠한다.	남의 물건을 가져 가 본 경험이 있다.
구도	대상의 배열이 불균형적이다.	환경에 대한 적응력이 부족하고 지능 발달이 늦다.
	주제가 밑으로 쏠려 있다.	정서가 억압되어 매사에 소극적이고 자신이 없다.
	주제가 위로 편중되어 있다.	주변 환경에 대한 인식이 부족하나 적극적이다.
	주제가 왼쪽으로 쏠려 있다.	의지력이 부족하고 쉽게 포기하는 성격이다.
	주제가 오른쪽으로 쏠려 있다.	경솔한 면과 공격적인 경향이 있다.
	주제가 상하로 배열되어 있다.	자신감과 계획성이 부족하고 순종하는 성격이다.
	화지의 상하 좌우 끝에서 그린다.	정서가 억압되어 있고 자신감이 없으며 세심하다.
	위로 떠오르는 느낌의 그림을 그린다.	성취욕이 강하며 모든 일에 자신감이 차 있다.
	아래로 내려가는 느낌의 그림을 그린다.	열등 의식이 많고 소극적이며 자신감이 없다.
	화면을 분할하여 그림을 그린다.	계획성이 있고 알뜰한 성격이며 소심하다.

사람	옆으로 비스듬히 누워 있는 그림을 그린다.	부모의 요구와 통제가 많고 친구가 적다.
	팔이 그려져 있지 않은 그림을 그린다.	부모의 과잉 보호로 팔의 필요성을 느끼지 않는다.
	주먹을 쥐고 있는 팔을 길게 그린다.	피해 의식으로 보복하려는 증오감을 갖고 있다.
	손바닥을 펴고 있는 팔을 그린다.	서로 이해하고 협동하며 친구를 원하는 친선의 표시다.
	사람의 뒷모습을 그린다.	억압을 당했거나 피해를 입어 미워하고 있다.
	한 사람을 크게 강조해서 그린다.	지배력이 있는 사람이나 자신을 과시하고 싶다.
	신체의 세부를 강조해서 그린다.	그 부분에 관련 있는 일에 혐오감을 느낀다.
	자화상을 잘 그린다.	자기 자신의 전시이며, 인정받고 싶은 욕구의 표현이다.
	사람을 작게 한두 사람만 그린다.	친구들로부터 소외되었거나 관계가 나쁘다.
	하체가 길고 발을 크게 그린다.	자기 건강에 대해 자신감이 있고 욕구 불만도 있다.
	머리카락, 모자 등을 보라색으로 칠한다.	복잡한 일들로 머리가 아프다는 뜻이다.
	머리, 팔, 다리를 절단하여 표현한다.	그 부분에 결점이나 열등감을 갖고 있다.
	목걸이, 팔찌 등 장식품을 많이 그린다.	호기심이 많고 사치 · 낭비 성향이 많다.
	만화와 같이 그린다.	유행에 민감하여 주관이 없다.
	사람을 기호식 선으로만 그린다.	소외감으로 열등의식이 있다.
	들판에서 일하는 모습을 그린다.	미래 지향적으로 긍정적 성격이다.
동물	맹수를 잘 그린다.	공격적, 외향적인 성격으로 아빠와 관련이 있다.
	순한 동물을 잘 그린다.	애정 부족, 내향적 성격, 엄마와 관련이 있다.
	작은 동물을 많이 그린다.	애정을 갈구하고, 애정을 주고 싶어한다.
	말을 즐겨 그린다.	공격적 · 외향적이며 재치 있고 건강한 표현이다.
	뱀을 여러 마리 그린다.	이성을 구분하며 이성에 대한 공포심이 있다.
	고슴도치, 매, 사자를 그린다.	대인공포증, 정신분열증이 있다.
	고양이, 쥐를 그린다.	대인기피증, 비행충동을 느낀다.
집	지나치게 높은 집을 잘 그린다.	자기 집에 대한 불만이나 불안감이 있다.
	지나치게 큰 집을 잘 그린다.	자기 집에 대한 만족감과 자기를 과시하려 한다.
	담장이 높고 대문이 닫혀 있다.	피해 의식이 있어 외부에 대해 경계한다.
	투시적으로 집안이 보이게 그린다.	자기의 행동이나 집안에 있는 것을 드러낸다.
	창문이 너무 작게 많이 그려져 있다.	가정 환경에 문제가 있고 억압에서 벗어나고 싶어한다.
	창문이 지나치게 크게 그려져 있다.	의뢰심이 많으면서 개방적인 성격이다.
	집을 가깝게 화면 밑에 그린다.	가족들의 기분에 동감하고 안정을 바란다.
	집을 너무 멀리 화면 위에 그린다.	타인에 대한 거부 반응과 정서적 자유를 바란다.
	불빛이 강하게 비치고 있다.	사랑과 안정과 보호 욕구를 나타내고 있다.
	창문에 검정을 칠한다.	엄마의 꾸지람에 반감을 갖고 있다.
	창문에 흰색을 칠한다.	자기 실수를 인정하고 후회하고 있다.
나무	나무줄기를 너무 굵게 그린다.	자신만만해 보이지만 열등감에 대한 반발로 자기를 과시하려 한다.
	나무줄기보다 가지가 더 굵다.	내면적인 열등 의식이나 불안감을 감추려 한다.
	나뭇가지를 너무 가늘게 그린다.	환경과의 조화가 부족하고 성격이 세심하다.
	고목만을 그린다.	열등 의식이 많아 불안감과 고독을 느낀다.
	나뭇잎을 난잡하게 그린다.	협동심이 부족하며 자신을 인정해 주기를 바란다.
	나무뿌리를 크게 그린다.	현실 지배력이 강하며 건강에 자신이 있다.

나무	나뭇가지를 너무 짧게 그린다.	자신의 욕구를 표현하지 못하는 세심한 성격이다.
	나무 열매가 많이 달려 있다.	부모의 간섭이 심하여 자유를 갈구하고 있다.
	나무 아래쪽을 가늘게 그린다.	욕구의 부족과 열등 의식 및 건강이 안 좋다.
	나무를 많이 그린다.	소유욕이 강한 어린이로 욕심이 많다.
산	산이 높고 하늘을 부분적으로 표현한다.	내적인 욕구가 강하여 외적 요인을 무시한다.
	산을 두 개 이상 크게 그린다.	부모의 간섭으로 반항심이 내재하고 있다.
	산에 작은 꽃이 많이 피어 있다.	희망과 꿈이 많을 때 나타난다.
	산의 정상이 안 보인다.	아빠의 태도에 문제가 있다는 불만의 표시이다.
	산의 정상을 둥글게 표현한다.	정서적인 안정과 애정을 바라는 욕구 표현이다.
	산의 정상에 사람을 그린다.	먼 곳의 사람을 그리워하거나 지배력의 표시이다.
	산을 화면 아래쪽에 그린다.	내적 욕구가 강하나 계획성이 부족하다.
	산의 정상을 뾰족하게 그린다.	의지는 강하나 대인관계가 부족하다.
꽃	해바라기를 자주 그린다.	아빠와의 관계와 생활 태도에 대한 표현이다.
	분홍, 보라, 녹색으로 칠한다.	가족 중 누군가가 병원 출입을 하고 있다.
	해바라기와 튤립을 나란히 그린다.	엄마, 아빠가 매우 화목하다.
	꽃을 화면 가득히 크게 그린다.	엄마, 아빠가 늘 가까이 있어 주기를 바란다.
	풍경 속에 한두 개의 꽃을 그린다.	화목한 가정의 분위기를 원하고 있다.
	튤립을 검정과 보라로 칠한다.	엄마의 성격이 신경질적으로 나타난다.
	튤립을 녹색과 검정으로 칠한다.	엄마의 신경질적인 성격이 심각하다.
	튤립을 화면에 크게 그린다.	엄마의 억압이 심하다.
	코스모스를 보라색으로 많이 그린다.	사람의 정을 그리워하고 있다.
	꽃을 채색하지 않는다.	정신분열증, 반항심이 있다.
나비	정지하고 있는 나비를 그린다.	가까운 사람이 멀리 갔거나 병중이다.
	화면 밖으로 날아가는 나비를 그린다.	가까운 사람과의 이별에 대한 쓸쓸한 감정 표현이다.
	화면 안으로 날아 들어오는 나비를 그린다.	떨어져 있던 사람이 돌아올 것이라는 희망이나 소원의 표출이다.
기차	정면을 향해 달려오는 기차를 그린다.	엄마의 성격이 완고하고 무섭게 느껴진다.
	기차의 옆 모양을 그린다.	엄마가 경제적으로 곤란을 겪고 있다.
	멀리 달려가고 있는 기차를 그린다.	엄마의 애정을 체념하는 심리의 표현이다.
자동차	자동차를 즐겨 그린다.	대담하고 자립적이며 외향적 성격이다.
	자동차 안의 사람을 그린다.	소유욕이 강하고 외출을 좋아한다.
	바퀴가 없는 자동차를 그린다.	아빠와 자주 떨어져 있어서 같이 있고 싶어한다.
비행기	낮게 날고 있는 비행기를 그린다.	자기 행동에 대해 꾸중을 들을까 걱정하고 있다.
	비행기를 많이 그린다.	엄마에게서 꾸중을 심하게 들었다.
	비행기가 배 위에 폭탄을 던진다.	엄마의 심한 꾸중에 대한 공격심과 반항심이다.
	비행기를 검정으로 칠한다.	엄마가 밉다, 보기 싫다, 원망스럽다.
배	파도를 헤치고 난항한다.	부모가 잘살기 위해 열심히 일하고 있다.
	무전기를 들고 발신한다.	가정이 위급한 상황에 처해 있음을 알리고 싶다.
	배 위에 갈매기가 날고 있다.	가정 생활에 안정과 평화, 행복을 느끼고 있다.
물고기	큰 고래를 잘 그린다.	엄마가 엄격하고 완고한 성격이다.
	물고기가 그물 또는 줄에 걸려 잡혀 있다.	엄마의 외출이 잦아 같이 있고 싶어한다.

물고기	고래 뱃속에 작은 고기가 많이 있다.	소유욕이 강한 엄마의 성격 표현이다.
	어항 속에 있는 물고기를 그린다.	엄마와 집안에서 재미나게 놀고 싶고 엄마의 애정을 갈구한다.
다리	냇물 위에 다리가 있다.	가정의 화목과 경제적 안정을 의미한다.
	다리가 세로로 나타난다.	끊어진 애정을 이으려는 소망의 표현이다.
	다리가 가로로 나타난다.	아무 문제 없는 가정 생활에 만족하고 있다.
	다리가 약하게 그려졌다.	가정 경제의 불안정과 파탄을 뜻한다.
	다리에서 사람이 떨어진다.	본인의 절망적 감정을 투영하고 있다.
	다리와 길이 연결되어 있다.	미래 암시의 표현이다.

그림 진단의 유의점

① 진단 대상의 아동화는 일주일 이상 경과되지 않은 최근에 그린 것 중에서 선택해야 한다.

② 완전히 자유로운 활동에서 그려진 그림, 즉 형태나 색채, 구도 및 주제와 시간 등이 제한되지 않은 가운데 표현된 것이어야 한다.

③ 일단 그리기 시작하면 아무런 조건이나 간섭이 없는 무의식의 표출에서 좋은 성과를 얻을 수 있다.

④ 재료는 크레용, 크레파스, 수채 화구, 색연필, 컬러 펜 등을 자유로이 선택하도록 하고 색 종류 역시 제한 없이 24색 이상 풍부히 선택할 수 있도록 하는 것이 좋다.

⑤ 올바른 진단을 하기 위해서는 동기 유발을 위한 어떠한 암시나 정서적 자극을 일체 주어서는 안된다.

⑥ 다 그린 다음 그림 뒷면에 제목, 이름, 성별, 나이, 제작 일시 등을 기록하도록 한다.

⑦ 진단 결과는 반드시 진단 카드에 기록하여 그림 지도에 참고 자료로 사용하도록 한다.

■ 태양의 형태와 상징적 의미

태양의 형태	상징적 의미
	태양의 크기에 따라 욕구의 크기가 비례하며 소유욕이 강하다.
	긴 빛살의 태양은 강한 자아 의식과 획득 욕구가 강하다.
	일방적 빛살은 아버지의 권위의식이 강하나 애정을 요구하고 있다.
	정상적인 아버지이나 완고하다. 가정에서의 대화가 부족하다.
	빛살이 점선으로 나타날 때는 아버지의 애정 부족, 사망, 병환중, 부재중. 아버지의 존재가 약하게 보인다.
	빛살이 굵고 톱니처럼 표현될 때는 권력형 아버지, 권위주의 의식이 강한 아버지의 모습.
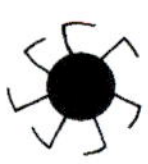	태양의 빛살이 ㄱ형으로 나타날 때는 애정이 적은 아버지, 사망한 아버지에 대한 추억.
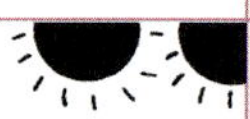	조각으로 그려졌을 때는 환경에 대한 욕구 불만, 애정이 적은 아버지, 멀리가 있는 아버지.
	물에 비친 태양은 아버지의 병, 또는 사망을 암시한다.
	태양이 둘 이상 나타났을 때는 아버지의 사망, 부모에 대한 의혹과 불만, 가정 불화가 자주 있다.
	화면 중앙에 태양이 크게 그려진 것은 화목한 가정이고 아버지가 중심이 되고 있다.

태양의 형태	상징적 의미
	태양의 위치가 낮을 때는 아버지와 정신적 거리가 있다. 아버지를 존경하지 않고 있다는 암시적 표현.
	강한 빛살의 태양은 자기 과시와 독점욕이 강한 아버지이다.
	태양 윤곽의 검은 선은 대인 관계 불량과 정신의 불안정, 병적인 아버지.
	태양의 빛살이 엉클어진 표현은 무서운 아버지, 화를 잘 내는 아버지.
	빛살이 수양버들처럼 늘어진 표현은 귀찮게 하고 행패 부리는 아버지.
	태양은 있고 빛이 없을 때는 애정이 적고 부재중인 아버지, 가족 간에 대화가 적은 아버지.
	태양이 화면 구석에 그려진 표현은 아버지의 사망, 부재중, 멀리 있는 아버지.
	태양이 둥근 산머리에 걸쳐 있을 때는 애정이 적은 아버지, 아버지가 부재중, 먼 곳에 계신 아버지, 곧 돌아온다는 희망.
	구름에 가려진 태양은 가정 내에 문제가 생겼을 때, 무엇인가 애정이 차단되어 있는 아버지의 표현.
	아버지에 대한 거리감이 있고, 아버지와 어머니가 애정이 멀어져 가고 있다는 암시적 표현.
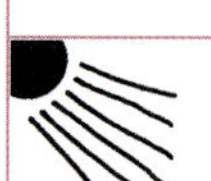	태양이 화면 구석에서 빛살이 길게 그려진 것은 아버지의 존재가 약하나 아버지의 사랑을 바라고 있다.

그림 진단 카드

No:

<table>
<tr><td colspan="2">이 름</td><td></td><td>남/여</td><td>생년
월일</td><td colspan="6">년 월 일생</td></tr>
<tr><td colspan="2">주 소</td><td colspan="3"></td><td>전 화</td><td colspan="5"></td></tr>
<tr><td colspan="2">작품 주제</td><td></td><td colspan="2">제작 장소</td><td colspan="6"></td></tr>
<tr><td colspan="2">제작 일시</td><td>년 월 일</td><td colspan="2">나 이</td><td>만 세</td><td>A</td><td>B</td><td>C</td><td>D</td><td>E</td></tr>
<tr><td rowspan="6">진
단
항
목</td><td>관
찰
력</td><td colspan="4"></td><td></td><td></td><td></td><td></td><td></td></tr>
<tr><td>상
상
력</td><td colspan="4"></td><td></td><td></td><td></td><td></td><td></td></tr>
<tr><td>표
현
력</td><td colspan="4"></td><td></td><td></td><td></td><td></td><td></td></tr>
<tr><td>창
의
력</td><td colspan="4"></td><td></td><td></td><td></td><td></td><td></td></tr>
<tr><td>정
서
성</td><td colspan="4"></td><td></td><td></td><td></td><td></td><td></td></tr>
<tr><td>사
회
성</td><td colspan="4"></td><td></td><td></td><td></td><td></td><td></td></tr>
<tr><td colspan="2">그림의 특징</td><td colspan="9"></td></tr>
<tr><td colspan="2">지도 내용</td><td colspan="9"></td></tr>
</table>

진단일시: 년 월 일

진단자: (인)

3장 아동화의 발달단계

미술을 통해서 바람직한 교육을 성취하려면 먼저 아동의 성장 변화에 따른 표현의 발달 단계와 표현 유형, 그리고 인지 및 창의성과의 유기적 관계를 알아보는 것이 중요한 과제이다. 그들의 성장과정은 과정마다 그 특징을 드러내고 있으며, 그림의 발달에도 순서와 단계가 있다. 그 순서와 단계는 개인의 성장속도, 환경, 교육, 소질, 개성 등의 차이가 있으므로 일률적으로 규정하기는 어렵다. 유아기의 어린이들은 언어나 다른 전달 수단에 의한 의사소통이 자유롭지 못하므로 낙서와 같은 그림을 통하여 자신의 내면적인 감정이나 갈등 등의 심리 상태를 나타내고 있다. 그러므로 아동이 발달단계에 따라 자신의 심리를 어떻게 표현하는지를 탐구하는 것은 아동 미술의 올바른 이해를 위해 매우 중요하다 하겠다.

아동 미술 표현에 관한 그동안의 연구는 보통 네 범주로 묶을 수 있다. 첫째로 아동은 자신이 아는 것을 그린다는 관점인 인지발달 이론, 둘째로 아동은 자신이 느낀 것을 그린다는 개성표현 이론, 셋째로 아동은 자신이 본 것을 그린다는 지각발달 이론, 넷째로 아동은 전형적인 이미지를 발생시키고 반복적으로 그린다는 발생반복 이론이다.

네 범주 중 인지발달 이론의 관점은 아동의 미술이 인지적 과정의 결과이며, 그들은 자신들이 아는 것만을 표현한다는 입장이다. 인지발달 이론은 일반적으로 아동의 심리를 인지적 발달로 해석하는 피아제의 발달단계 이론을 수용한다. 이 이론은 아동이 알지 못하거나 개념화할 수 없는 것을 그린다는 것은 불가능하다는 입장이다. 따라서 그들이 아는 것을 조직하는 방법은 예측할 수 있고 단계별로 뚜렷하다는 것이다.

아동발달에 대한 여러 교육학자들의 이론 중 몬테소리와 피아제의 이론은 아동의 성장과 발달은 낮은 단계를 거쳐 점차 높은 단계로 진행하므로 이에 따른 단계별 특성을 고려하여 연계성 있는 교육이 이루어져야 한다는 이론을 기초로 한다. 따라서 아동의 연령에 따라 변화하는 발달단계를 아동발달에 관한 교육심리학적 입장에서 구분하고 있다.

그러면 아동화와 미술 교육이 지닌 의미는 무엇일까? 로웬펠드는 그림의 시초라고 단정할 수는 없으나 최초의 묘화라는 것은 인생의 출발과도 같은 훌륭한 의미를 지니고 있다고 했고, 브리테인(W.L. Brittain)은 어린이가 그림을 그리는 일은 지극히 자연 발생적인 역할이며 어린이는 조형 활동을 통해 표현 욕구를 발산하며 큰다고 했다. 또한 피아제는 이 단계를 지각적 사고 단계라고 하는데 이때 처음으로 상징적 활동을 시작한다고 했으며, 주변 사물들의 형태를 사고로써 잘 처리해 나간다고 했다. 그러므로 환경의 상징적 표현에 의해서 더 많이 지시를 받게 된다고 하였다. 프뢰벨은 "아동 발달은 내부적인 자아 표현 또는 경험에 의하여 자연적인 과정을 밟아야 하며, 아동의 창의적인 구성 활동은 자발성과 사회적 제약을 조화시키는 힘이 된다"고 주장하면서 '유희(놀이)'와 '구성'을 중요시하였다.

리드는 『예술을 통한 교육』에서 "미술 교육은 아동 속에 잠재하고 있는 모든 지각 및 감각을 자유롭고 꾸밈 없이 외부로 발현할 수 있도록 환경을 조성하고 조화시켜 주는 일이다"라고 하여 창의성 계발에 중요성을 부과하였다.

이러한 견해들을 종합해 볼 때 무엇보다 아동들의 조형 감각을 발달시키고 창의성을 계발하기 위해서는 먼저 아동의 창의적 세계를 인정하고 그들이 즐겁게 표현할 수 있는 분위기를 만들어 주는 것이 중요하다 하겠다.

필자의 견해로는 특히 유아들의 미술 표현을 이해하는 데는 최초의 끼적거림으로부터 인물 표현으로 발전하기까지의 과정을 세밀히 분석한 로웬펠드나 켈로그의 연구가 많은 도움이 되리라 생각한다. 그 밖에 어린이 미술 표현 발달의 흐름을 파악하기 위한 연구의 기저가 되었던 버트의 연구와 루켄스(H. Luckens), 리드, 구디너프, 린스트럼, 김정, 아오키 등의 많은 연구가 있다. 이들의 발달단계를 분석하고, 덧붙여 필자의 연구를 밝히고자 한다.

1. 몬테소리(Maria Montessori)

몬테소리는 이탈리아의 교육학자로 1907년 3~6세까지의 노동자 자녀들을 위

◎ 학자별 아동화 발달단계 비교

1. 몬테소리(Maria Montessori, 1870~1952, 이탈리아)
① 무의식적 감각의 단계 ② 논리적 사고의 단계 ③ 추상적 사회성의 발달단계 ④ 성숙한 인간이 되는 단계

2. 피아제(Jean Piaget, 1896~1980, 스위스)
① 감각운동기 ② 전조작기 ③ 구체적 조작기 ④ 형식적 조작기

3. 로웬펠드(Victor Lowenfeld, 1903~1960, 미국)
① 난화기 ② 전도식기 ③ 도식기 ④ 또래집단기 ⑤ 의사실기 ⑥ 결정기

4. 리드(Sir Herbert Read, 1893~1968, 영국)
① 낙서 시기 ② 선묘 시기 ③ 묘사적 상징기 ④ 묘사적 사실기 ⑤ 시각적 사실기 ⑥ 억압의 시기

5. 버트(Sir Cyril Lodowic Burt, 1883~1971, 영국)
① 난화기 ② 선화기 ③ 서술적 상징기 ④ 서술적 사실기 ⑤ 시각적 사실기 ⑥ 억제기 ⑦ 예술적 부활기

6. 켈로그(Rhoda Kellogg)
① 모형의 시기 ② 형상화 시기 ③ 디자인 시기 ④ 인물화 시기 ⑤ 초기회화 시기

7. 린스트럼(Miriam Lindstrom)
① 낙서 시기 ② 개념적 회화기 ③ 사고적 회화기 ④ 도식적 양식기 ⑤ 도식적 양식 탈피기 ⑥ 미적 관심의 쇠퇴기 ⑦ 사춘기

8. 아오키(青木誠四郎, 일본)
① 착화의 시기 ② 얼굴 흥미의 시기 ③ 팔 · 몸통 · 다리 묘사의 시기 ④ 의복 묘사의 시기 ⑤ 신체 각부 묘사의 시기

9. 김정(金正, 1940~, 한국)
① 신생아기 ② 난화기 ③ 전도식기 ④ 도식기 ⑤ 여명기 ⑥ 의사실기 ⑦ 사춘기

10. 권상구(權相玖, 1947~, 한국)
① 난화기 ② 상징기 ③ 도식기 ④ 여명기 ⑤ 의사실기 ⑥ 과도기 ⑦ 부활기

한 유치원 '어린이의 집' 을 열어 이른바 몬테소리 법에 의한 교육을 실시하였다. 그는 감관(感官)의 훈련이야말로 모든 정신발달의 기초가 된다고 생각하고 갖가지 놀이도구를 고안하여 감관을 훈련시키고자 하였다. 몬테소리의 철학은 자기교육(self-education)을 기본으로 하는 개인의 자발성과 자기통제가 특징이다. 때로는 교사가 특수한 '교수자료' 를 마련해서 설명하기도 하지만, 교사는 기본적으로 뒤에 남아 있고 아이들이 스스로 그것을 조작하게 한다. 몬테소리 교육방법은 생물학적 · 정신적 성장과 관련을 맺고 있다.

1 I 제1단계(0~6세) : 무의식적 감각의 단계

창조적 단계라 불리는 이 단계에서는 모든 감각으로 학습하는 시기로서, 항상 무의식적이고 활발한 움직임과 느낌으로 학습하는 시기이다. 이 시기 적합한 보조도구로 풍부한 자극을 제공하면 인지발달을 촉진할 수 있다.

2 I 제2단계(6~12세) : 논리적 사고의 단계

6~7세 아동들의 지적 관심은 구체적인 것에서 추상적인 것으로 옮겨가게 되는데 구체적으로 만질 수 없는 것에 대한 질문을 하고 철학적 질문을 하게 된다. 교육적으로 좋은 교재와 독자적이고 적극적인 활동을 통해 아동들이 스스로 관찰 대상과 재료를 찾아낼 수 있도록 해야 하며, 세상을 탐색하려는 아동들의 욕구가 채워질 수 있는 교육환경이 제공되어야 한다. 7~8세 이후에는 인간에게 추상적 · 논리적 사고와 시간이나 공간에 대한 이해가 가능하도록 하는 두뇌의 신피질이 발달된다. 신피질의 성장은 사춘기와 함께 성장을 멈추는데 아동의 모든 경험이 이 신피질의 발달에 영향을 미친다.

3 I 제3단계(12~17세) : 추상적 사회성의 발달단계

이 단계에는 개인적이고 구체적이던 사회성이 추상적인 사회성으로 발달된다. 공동생활의 과정을 통해 육체적 · 정신적인 경험을 하면서 공동체 임무를 받아들이며 자신의 능력에 대한 인정, 가치관 확립, 자립심 등이 형성된다.

4 I 제4단계(18세 이후) : 성숙한 인간이 되는 단계

이 단계는 이전의 단계를 거쳐서 도달하게 되므로 상호 이해와 의식 속에서 생활할 수 있는 성숙한 인간이 되는 시기이다. 몬테소리는 진정한 자유가 추구될 때 평화로운 공동생활이 가능하다고 주장하면서 이 시기에 진정한 자유인으로 완성될 수 있는 기초가 마련된다고 보았다.

몬테소리 교육은 단순하고 기본적인 도구사용으로부터 출발하여 점차 세분화되고 복잡한 도구를 사용하게 되는데, 아동들은 다양하게 작업하고, 깊이 생각하고, 실험해보고, 변화시켜 보고, 서로 토론을 해보면서 감수성과 의지력이 형성되고 자신을 표현하는 방법을 터득하게 된다.

2. 피아제(Jean Piaget)

피아제의 인지발달에 관한 연구는 아동의 미술 표현 발달단계 연구에 중요한 근거자료가 되고 있다. 피아제는 인간의 인지활동은 지각한 환경에 대한 지적 조직의 활동이며 동시에 지적 적응의 활동이라 하였다. 변화된 환경에 대처하며 자신을 계속해서 변화시켜 나가는 과정이 다음과 같이 설명되고 있다.

첫째, 도식은 적응에 필요한 생물학적 수단의 인지적 구조로서 어떤 사실을 공통된 특성에 따라 그룹으로 분류하는 지적 · 심리적 구조이며 다양한 경험을 통해 분화되고 발달되는데, 이러한 도식의 변화는 동화와 조절이라는 두 기능과 밀접한 관계가 있다.

둘째, 동화는 새롭게 지각된 사실이나 대상을 이미 가지고 있던 도식에 통합되게 하는 인지과정이다. 즉 동화는 새로운 자극을 이미 가지고 있는 도식에 가져가 도식의 성장에 영향을 주는 것이다.

셋째, 조절이란 새로운 도식을 만들거나 기존의 도식을 새로운 자극에 알맞게 변형하는 활동으로 도식의 발달을 가져온다. 즉 조절은 동화와 반대되는 개념으로 새로운 자극이 기존의 도식에 맞지 않을 때 도식을 만들거나 수정하는 활동이다.

넷째, 평형이란 동화와 조절 간의 균형으로 평형화란 동화와 조절의 상호작용을 통해 인지상태가 균형으로 유지하도록 하는 과정을 말한다. 아동의 이러한 평형화 활동은 새로운 인지구조를 형성시키게 된다. 또한 피아제는 아동의 감각운동 능력, 사고능력, 추리능력, 문제해결 능력 등을 중심으로 인지발달 단계를 제시하였다. 인지발달은 네 단계를 거쳐 진전되고 모든 사람의 인지는 같은 과정과 단계를 거쳐 발달하며 새로운 단계에서는 앞 단계에서 형성된 인지적 구조가 질적으로 향상된다는 견해를 토대로 다음과 같은 발달단계를 구분하고 있다.

1 | 감각운동기(0 ~2세)

출생 이후 2세까지 신체적인 감각이나 운동을 통하여 자신의 세계를 탐색하는 시기로 4개월부터 8개월 사이에는 보는 것과 만지는 과정이 이루어지며, 8개월 이후부터는 대상의 영속성의 개념이 생기면서 유사한 2가지 도식들을 새로운 문제해결을 위해 연합하기도 한다. 또한 생후 만 1년이 지나면서 유아는 실제적 경험을 통하여 문제해결을 위한 새로운 행동 유형을 만들어내며 만 2세가 될 무렵에 아동은 내면적 사고를 시작하므로 현존하지 않는 사람이나 사물에 대한 정신적 내면화가 가능하게 된다.

이러한 능력은 아동이 감각운동적 문제해결을 표상적 · 상징적 활동을 통해 해결할 수 있도록 하는 기초가 되며 따라서 2세를 전후로 지적 발달에 감각운동적 활동보다는 표상적 · 상징적 활동이 더 지배적으로 된다. 이 시기의 아동은 위상적 · 평면기하학적 · 투시적 공간관계를 조금씩 이해하기 시작하지만 아직 질서가 잡히지 않은 상태이다.

2 | 전조작기(2~7세)

이 시기 아동은 정신적 표상에 의한 사고가 가능하게 되며 상징적인 활동이 증가하게 되어 언어의 사용 빈도가 급속히 증가한다. 어휘도 광범하게 되며 사고와 언어가 아직도 자아 중심적인 상태에서 벗어나지 못하고 있으나, 사회적 행동이 증가함에 따라 자아 중심적 사고와 언어가 점차 감소하게 된다. 직관적 사고를 하기 때문에 논리적인 사고와 추리를 완벽하게 할 수가 없으며 행위의 의도보다는 결과를 중시하고 현실과 꿈, 환상을 명확히 구분하지 못한다. 또한 위상적 · 평면 기하학적 · 투시적 공간관계의 질서를 어느 정도 지각할 수 있게 되며 기본적인 원근관계를 알게 된다. 그리고 형태 개념에 대한 이해와 복잡한 기하학적 형태 묘사 능력이 발달한다.

3 | 구체적 조작기(7~11세)

이 시기에는 논리적인 사고를 어느 정도 하게 되어 구체적인 문제를 논리적으로 해결할 수 있게 된다. 자기중심적인 사고에서 탈피하여 다른 사람들의 견해를 생각하게 되고 어떤 행동을 거꾸로 소급하여 생각하는 사고능력이 생기게 된다. 이 시기의 사고는 전조작기의 사고를 질적으로 향상시켜서 계열화 분류와 같은 도식들이 나타나며, 인과성 · 공간 · 시간 등의 개선된 개념들이 발달한다.

이 단계 아동들은 자기 주변의 공간에 하나의 질서를 수립하기 시작하며 화면이 유기적이고 통합적인 생명과 질서를 갖는다. 도식적 표현이 상징화되고 공간을 구분 짓게 되며 원근, 중첩 등을 눈에 보이는 대로 표현하려 한다.

4 | 형식적 조작기(12세 이후)

인지구조의 발달이 절정에 달하는 시기로서 12세 이후에 해당하는 단계이다. 눈에 보이는 것뿐만 아니라 추상적 · 가상적 문제까지도 논리적으로 해결하려 한다. 구체적 조작기의 아동이 조작을 서로 조정하지 못하는 반면 형식적 조작기의 아동은 가능성을 체계적으로 검증하는 종합적 사고가 가능해져 통합된 방법으로 문제를 해결하게 된다. 환상적이고 공상적인 표현보다는 구체적이고 사실적인 대상을 논리적이고 형식적으로 나타내기도 하고 추상적인 의미를 여러 가지로 상징화하여 나타낼 수 있다.

몬테소리와 피아제 두 학자의 발달단계를 정리하여 보면 몬테소리의 2단계까지는 피아제의 3단계인 구체적 조작기에 해당이 되고, 12세 이후의 단계인 3, 4단계와 형식적 조작기를 같은 단계로 연관 지을 수 있다. 두 단계 모두 감각적이며 무의식적인 활동에서부터 시작하여 점차 자기중심성을 탈피하고 구체적인 사고에서 12세 이후에는 추상적이고 논리적이며 철학적인 사고를 하게 된다.

3. 로웬펠드(Victor Lowenfeld)

로웬펠드는 1950년대와 1960년대의 미술 교육에서 가장 영향력 있었던 학자이다. 그의 사상은 해방 이후 미국의 피버디 사절단을 통해서 우리나라 교육에 스며들었다. 따라서 우리나라 미술 교육의 방법은 종래의 도제 중심, 모방주의 접근에서 체계화된 방법으로 바뀌게 되었다. 또한 현재에 이르기까지 1차에서 6차 교육과정까지 개정되었는데 그때마다 미술 교육과정 개정 저변에 깔린 사상은 로웬펠드의 사상이라 할 수 있다.

어린이 미술 표현에 대한 관점, 창의적 자기 표현, 발달단계, 어린이 미술 표현 유형 등과 같은 그의 업적은 현재 미술 교육자들이 연구에 인용하고 있으며, 또한 미술교육 연구가와 교육과정 개편자들이 실제의 접근에서 받아들이고 있는 실정이므로 그의 사상 및 미술 교육 방법론에 대한 검토가 반드시 필요한 것이다.

로웬펠드 사상의 배경은 크게 2가지로 요약할 수 있다.

첫째, 경험주의적 심리학자였던 점을 들 수 있다. 정신분석학자 프로이트의 영향을 받은 그는 심리학적 지식과 배경을 토대로 어린이 미술 표현의 발달단계와 시각형, 촉각형 이론을 확립하였으며, 어린이의 작품 속에 나타난 자기 표현과 창의적 가능성에 대하여 연구하였다.

둘째, 순수 미술을 경험한 화가인 점을 들 수 있다. 그가 살았던 빈은 유럽 미술의 중심지로 초현실주의와 표현주의의 영향을 받아 그의 작품에는 표현주의와 입체파의 경향이 드러난다. 로웬펠드는 그림의 시초라고 단정할 수는 없으나 최초의 묘화라는 것은 인생의 출발과도 같은 훌륭한 의미를 지니고 있다고 했다.

1 | 난화기(亂畵期, the scribbling stage, 2~4세) : 자아표현의 시작

무엇인가 그린다는 목적보다는 손의 근육 운동과 그 결과로 생긴 선들을 발견하고 즐기는 단계로, 점차 발전되면서 회전 형태가 나타난다. 불규칙한 선은 수평, 수직, 파형, 혼합형 등 상하 좌우로 회전되며, 어떤 상징적 의미가 나타나는 형태가 그려진다. 이 시기의 그림은 미분화 상태의 표현이다.

2 | 전도식기(前圖式期, the pre-schematic stage, 4~7세) : 재현의 시도

무의식적 표현 과정으로부터 점차 의식적 표현 과정으로 옮겨지는 상징적 도식의 기초 단계이다. 이 시기에는 대상에 대해 그들이 가지고 있는 어떤 이미지 또는 대상의 감정을 상징적으로 묘사한다. 인물을 주로 그리는데, 처음에는 원형과 팔다리, 몸통, 발 등이 그려지다 점차 발전해 웬만한 사물의 형태는 풍부하게 잘 그린다. 자기 중심적이며 동화적 꿈이 담긴 내용이 많다.

3 | 도식기(圖式期, the schematic stage, 7~9세) : 형태개념의 습득

독자적인 표현이 나타나며 도식적인 그림이다. 사물의 특징을 객관화시키려는 노력이 엿보이며, 인물이나 사물에 대한 개념이 부족해서 자꾸 반복하려는 경향이 있다. 공간 개념이 싹트기 시작하며, 공간에 대해 분명한 질서가 이루어져서 기저선으로 땅과 하늘을 구분하고 모든 사물을 기저선 위에 그린다. 거기에 비해 주관적인 공간 표현에 속하는 겹친 그림이나 평면과 입면이 함께 나타나는 그림, 투시(X-ray) 그림 등이 나타나며, 시간 표현에 대한 독특한 방법으로 기저선을 두 개 써서 연속적으로 일어나는 사건을 보여 주는 그림도 나타난다.

4 | 또래 집단기(集團期, the gang age stage, 9~11세) : 사실표현의 시작

도식적인 표현에서 탈피하여 객관적이고 사실적인 묘사로 접근하는 시기로서 유희기라고도 한다. 이 시기의 아동은 의식이 확대되어 감에 따라 시각적 개념으로 현실을 재현하고자 한다. 사회적 독립을 깨닫고 또래 집단과 어울려 상호 관계를 형성하며, 비로소 성(性)에 눈뜨게 된다. 시각과 지각의 발달로 거의 객관적인 상태에서 사물을 관찰하며, 주위 환경에 관심을 가진다. 그림을 그리는데 대담성이나 자신감을 점차 잃어 가는 경향이 있다.

사물을 보다 객관적이고 실제적으로 표현하는 리얼리즘의 시초 단계로서 색채도 사실적인 양상을 강하게 보여 주며 의복 표현에도 관심을 보인다. 사실적 표현에 미숙한 아동들이 미술 표현에 흥미를 잃어버리는 현상이 나타나기 시작하는 시기이며 흥미를 잃어버린 아동은 그림에 자신감을 잃고 점차로 미술을 멀리하는 경향을 보이게 된다.

5 I 의사실기(擬寫實期, the pseudo-naturalistic stage, 11~13세) : 합리적 표현

난화 활동에서 이 단계에 이르면 순수한 아동화 분위기는 점차 사라지고 논리적 사고와 지각의 발달로 부분에 대한 지식과 신체 부위들간의 비율에 대한 관심이 나타난다.

이 시기의 색채는 시각적인 인상을 표현하거나 주관적 경험을 표현한다. 모든 묘사에서 운동감이 많아지며 3차원적 표현이 가능해진다. 본 것을 그대로 그리는 시각형과, 느낌과 감정을 그리는 감각형으로 나타난다. 어린이가 그의 작품에 대해 점차 비판적으로 되어 자발적인 활동으로서의 표현은 마지막 단계이다. 그림이 잘되고 잘 안되는 어린이의 차이가 점차 드러나게 된다.

6 I 결정기(結晶期, the period of decision, 13~17세) : 창의적 활동의 위기

창의력이 왕성한 시기로서 자기 개성을 작품에 반영한다. 진정한 의미의 창조적인 그림을 그릴 수 있는 시기이다. 그러나 이 시기의 청소년들은 대부분 그림에 흥미를 잃어버리게 된다. 신체 발달과 언어 발달이 극도로 왕성해지고 외계에 대한 인식 지능과 표현 기능이 따라가지 못하는 데 갈등을 느껴 미술 표현이 점차 침체되는 시기이다.

이 시기에는 환경을 창의적으로 받아들이며 객관적 · 인식적 표현이 지배적인 시각형과 주관적이거나 감정적인 표현을 주도하는 촉각형, 이 2가지 표현특성이 모두 나타나는 중간형 등 3가지의 표현 유형이 결정된다. 시각형의 청소년은 그의 환경과 자신의 눈을 통해서 알고 느낀 것을 표현하고, 촉각형의 청소년은 근본적으로 그의 신체 감각이나 감정적으로 느끼는 주관적인 경험에 의한 것을 표현한다. 두 유형의 체질상에 맞는 교육이 필요한데도 일률적으로 1가지만 시행해서 청소년들이 흥미를 잃는다고 지적하고 있다.

4. 리드(Sir Herbert Read)

리드는 제1차 세계대전에 종군하고 전후(戰後)에는 빅토리아와 앨버트 미술관에 근무, 미술비평을 시작하였다. 1929년부터 케임브리지 대학교, 에딘버러 대학교, 리버풀 대학교, 하버드 대학교 교수를 역임했다. 처음에 시인으로 출발하여 창작, 문예비평 활동도 하였다. 미술비평, 예술학 분야에서는 S. 프로이트, C.G. 융, W. 보링거의 영향을 받았고, 미학적으로는 B. 크로체의 영향을 받았으나, 산업 디자인이나 예술 교육의 영역을 포함하여 조형 미술 전반에 걸쳐 뛰어난 연구 실적을 남겼다.

1930년대부터 현대 예술의 본질을 탐구하여 사회적 요구의 선구적 역할로서의 예술 표현을 발견하고, 본능적으로 감각과 본능에 기초한 유기예술(有機藝術)의 이론을 전개하였다. 그리고 예술을 과학이나 철학과 같이 유익한 지식의 자주적 형식이라고 논했으며, 현대 예술은 지능의 생명적 중심을 발견하고, 의식 영역의 확대를 추구하는 것이라고 규정지었다. 그의 저작은 강한 철학적 경향과 예술의 모든 문제에 대한 이론적이고 정열적인 접근을 특징으로 한다.

리드는 『예술을 통한 교육』에서 미술 교육은 아동 속에 잠재하고 있는 모든 지각 및 감각을 자유롭고 꾸밈없이 외부로 발현할 수 있도록 환경을 조성하고 조화시켜 주는 일이라고 하여 창의성 계발의 중요성을 강조하고 있다.

1 | 낙서 시기(scribbling, 2~4세)

무의미한 끼적거림이 나타나는 시기로, 차츰 무엇인가를 생각하는 의미 있는 끼적거림으로 발전해 간다. 이때의 특징을 네 단계로 나눌 수 있다.

01_ 맹목적 낙서: 어깨에서 시작되는 순수한 근육 운동에서 오는 것으로 아무런 목적이나 의식 없이 마구 휘젓는 행동의 결과로 보았다. 이때는 대개 오른쪽에서 왼쪽으로 그어 대는 형태가 많이 나타난다.

02_ 유목적 낙서: 휘젓는 낙서에 어떤 목적이 생기기 시작하는데 이것은 어른들이 생각하는 명확한 형태의 목적이 아니며, 나름대로 끼적거리는 행동에 그림을 그린다는 의미를 두고 막연하나마 주제도 생각하게 되는 시기이다.

03_ 모방적 낙서: 여러 가지 근육 운동이라고 할 수 있는 행동에서 점차 팔의 움직임으로 옮아 가는데 그것은 단순한 팔목의 운동이 아니라 어느 정도 의식적인 사물의 묘사 행동인 것이다. 이것은 사실적 묘사에 중대한 영향을 끼치며 어떤 형태가 나타나기 훨씬 전에도 가능하다. 끼적거리기의 형태에도 의도하는 바가

있어 의도적인 끼적거림이 표현된다.

04_ **국부적 낙서**:사물의 부분을 점차적으로 묘사하려는 뜻이 담겨 있고, 이러한 행위는 다음의 묘사 단계로 옮기려는 행동으로서 의도적인 끼적거림으로 나타난다. 추상적이며 상징적인 도형으로 현실감이 있고 생명력을 가진 형태를 만들려고 한다. 이러한 현상은 계속되거나 다른 형태를 만들어 가려는 경향으로 나타난다.

2 I 선묘 시기(line stage, 4세)

시각적인 조절이 진보하고 사람의 모습을 많이 그리는 시기이다. 그 표현은 원으로 된 머리, 그 속에 두 점으로 표현되는 눈, 한 쌍의 선으로 이루어진 다리 등으로 되고, 조금 더 나아가서는 몸을 나타내는 원과 팔을 나타내는 두 개의 선을 그릴 수 있게 되는데, 보통 손보다 다리를 먼저 그리는 경우가 많다. 그러나 각 부분의 완전한 형태가 이루어지지 않고 있으며 조립이 되지 못한 상태가 된다. 그리고 구태여 그렇게 하려고 들지도 않는다.

3 I 묘사적 상징기(description symbolism, 5~6세)

모양은 점차로 정돈되나 소박한 상징적인 낙서를 하는 시기이다. 사람의 묘사는 정확하게 할 수 있는 단계이지만 아직은 미숙하고 묘사력이 부족해서 상징적 도식일 뿐이고 얼굴의 모습도 매우 혼란스러운 묘사에 그친다. 그러나 사물에 대해서는 자기 중심적인 사고가 지배하기 때문에 자기가 느끼는 대로의 자신의 형태를 만든다. 대체로 이 도식의 형태는 각 어린이마다 조금씩 다르게 나타나는데 이러한 도식들은 상당히 오랫동안 반복되어 사용된다. 자기가 좋아하는 형은 언제나 즐겨서 반복해 가며 그리는 경향이 있다.

4 I 묘사적 사실기(description realism, 7~8세)

사물을 보고 그릴 수 있을 정도로 대상을 인식하게 되지만, 보이는 대로 그림을 그리는 것이 아니라 주관적인 지식에 의해 자신이 기억하고 있는 것을 그리며 어린이 자신이 기원하는 모습을 묘사하게 된다. 이것도 자기 중심적인 경험의 표현이며, 현실의 대상물 중에 관심이 가는 것이 세부적인 묘사 대상이 된다.

5 I 시각적 사실기(visual realism, 9~10세)

자기 중심적 생각에 의한 그림에서 점차 탈피하여 자연물에 관심을 기울이기 시작하면서 사물에 대한 관찰력이 예민해진다. 조금은 대상을 닮게 그리려고 윤곽선을 바르게 그리는 것뿐만 아니라 2차원의 시기를 거쳐 3차원의 시기로 발전하게 되는 과정으로, 평면적인 표현에서 벗어나 어느 정도 명암을 넣어 입체적인 면을 나타내려고 하며 중복과 투시법에도 주의를 기울인다. 또한 멀리 있는 것과 가깝게 있는 것을 표현해 내려는 원근법을 알게 된다. 명암의 의미를 알게 되므로 풍경화도 그릴 수 있다.

6 | 억압의 시기(repression, 11~14세)

대부분의 어린이들이 자연스럽게 열심히 그리던 자신의 그림에 환멸 같은 것을 느껴 그림을 그리기 싫어하게 되며 흥미를 언어 매체로 돌리는 시기이다. 이는 자신의 그림에서 객관적인 사실을 추구하게 되는데, 표현 능력의 부족으로 인해 그림이 대상과 다르게 표현되었음을 인식하여 실망을 느끼게 되는 발달 단계의 한 과정이다. 이로 인해 그림에 흥미를 잃게 되는 아동의 수가 상당히 많게 되는데, 드물게 도안이나 사람의 모습에 계속해서 흥미를 느끼는 어린이들도 있다. 또한 언어를 소재로 한 동화, 소설 등의 줄거리가 그림에 나타나는 경향이 곧잘 보인다.

5. 버트(Sir Cyril Lodowic Burt)

버트는 옥스퍼드 대학교와 뷔르츠부르크 대학교에서 공부한 뒤 1913년 영국 정부가 임명하는 최초의 교육심리학자가 되어 영국에서 처음으로 아동상담소를 이끌었다.

1909년 심리검사에 작용하는 요인들의 종류를 밝히기 위해 요인분석법을 사용했다. 그 결과 사회적 요인과 환경적 요인도 지능발달에서 부차적인 역할을 할 수 있지만, 지능은 주로 유전에 바탕을 두고 있다는 연구결과들을 발표했다.

1 | 난화기(scribbling, 2~4세)

난화기 아동들을 발달 정도에 따라 4단계로 나누었다.

01_ 목적이 없는 난화:무엇을 그리겠다는 뚜렷한 목적이 없이 선을 긋는다. 이때 근육 운동은 어깨에서 시작하여 팔 전체를 포함한 것이며 헤엄치듯이 그린다.

02_목적이 있는 난화:연필 끝에 관심을 가지고 사물을 그려 나간다.

03_ 모방적인 난화:관심 있는 것을 모방하여 그린다.

04_ 국부적인 난화:관심 있는 사물의 특징 부분을 열심히 묘사한다.

2 I 선화기(line stage, 4세)

시각 조절이 어느 정도 진보되는 시기로서 사람의 형태를 주로 그린다. 이때 인물의 얼굴은 원으로, 두 눈은 점으로, 다리는 두 개의 선으로, 몸체는 사각형으로 표현되거나 두 개의 원을 결합하여 나타내기도 하며, 팔과 손가락, 머리카락 등도 선으로 나타낸다.

3 I 서술적 상징기(descriptive symbolism, 5~6세)

아동들이 좋아하는 특정한 양식에 장기간 집착하려는 경향을 보이며 상징적인 그림을 그린다. 사람의 모습은 엉성한 도식으로 나타낸다.

4 I 서술적 사실기(descriptive realism, 7~8세)

시각적인 그림보다는 개념적인 그림을 즐겨 그린다. 즉 눈으로 실제 본 것을 본인의 경험대로 소화시켜 앞면과 옆면이 동시에 나타나는 그림도 그린다. 즉 앞면과 옆면의 인물이 한 화면에 나타나기 시작하며 원근, 명암 등이 아직 무시되고 있다.

5 I 시각적 사실기(visual realism, 9~10세)

기억이나 상상을 주로 그리는 시기를 지나 주위 환경 및 자연 현상에 관심을 가지고 이를 그리려는 단계로 접어든다. 투시적 표현이나 원근법이 시도되며 풍경화를 즐겨 그린다.

6 I 억제기(repression, 11~14세)

미술 표현이 침체하고 그림 대신에 언어적 매체에 흥미를 느낀다. 인물보다는 자연 풍경이나 과학 등에서 소재를 찾는다. 시 · 지각의 발달로 눈으로 발견한 대상들을 사실적으로 닮게 그리지 못하는 자신에 대한 불만을 느끼고 그림을 그리는 일에 의욕을 상실하게 된다.

7 I 예술적 부활기(artistic revival, 15세 이후)

예술적 재능을 꽃피울 수 있는 시기이며, 남녀의 성별에 따라 다른 차이를 발견할 수 있다. 여자는 색깔이 다양해지며 우아하고 장식적인 그림을 즐겨 그린다.

6. 켈로그(Rhoda Kellogg)

켈로그는 자발적인 어린이의 창작 표현 활동은 읽기를 성공적으로 이끌 수 있는 지식 과정을 자극시키며, 그러한 학습활동이 전개되었을 때 학교생활에 생동감이 생기고 모든 학습이 향상되었다고 하였다.

1 I 모형의 시기(2세 전후)

끼적거림은 모든 인간에게 공통적인 능력이다. 이때의 끼적거림은 의미가 없으며, 하나의 선 혹은 여러 선을 사용하여 끼적거리는 데 20가지의 형이 있다. 이것은 예술에 있어서 벽돌과 같은 역할을 한다.

01_ 초보적인 낙서

2세를 전후해서 어린이는 눈의 통제 없이도 다음과 같은 20가지의 낙서를 할 수 있게 된다. 이 표지(mark)는 어린이 미술의 기초가 되고 유아들의 작업에 대해 자세하고 광범위한 설명을 제공하기 때문에 중요하다.

1		점	2		수직선	3		수평선
4		사선	5		곡선	6		반복된 수직선
7		반복된 수평선	8		반복된 사선	9		반복된 곡선
10		개곡선	11		폐곡선	12		파로선
13		고리선	14		반복된 고리선	15		달팽이선
16		반복되어 덮인 원	17		반복된 원	18		펼친 원
19		교차된 원	20		불완전한 원			

■ 낙서의 배치 형식에 따른 유형

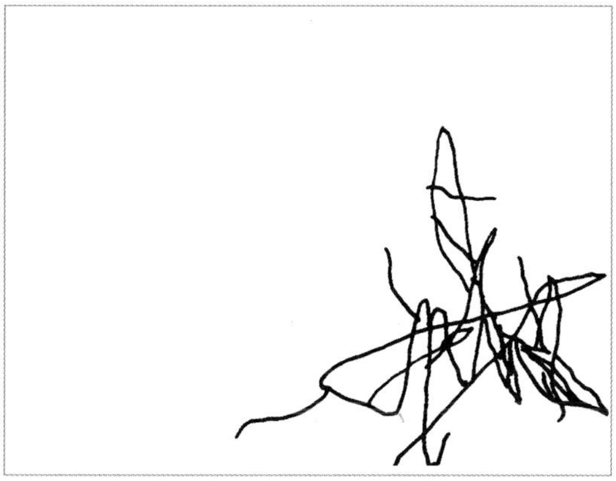

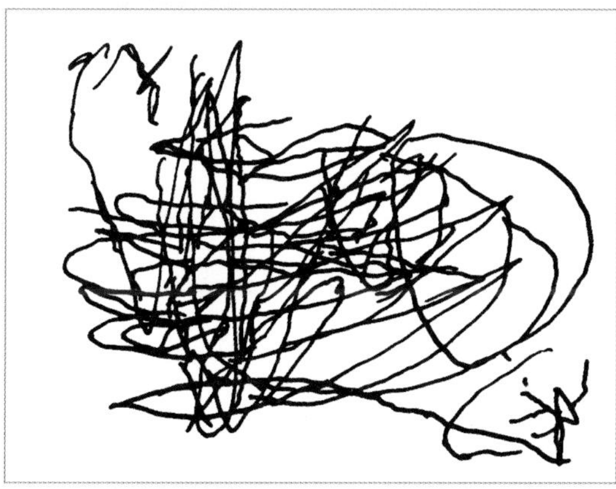
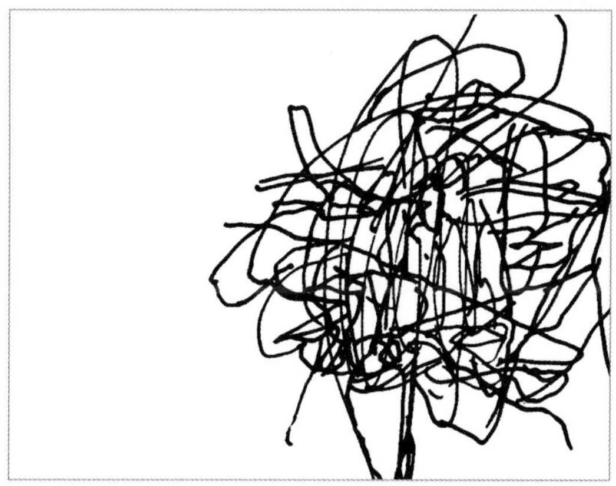

02_ 기초 도형(emergent diagram)

어린이들은 3세가 되면 단순한 선에 교차되는 형태와 원, 삼각형 그리고 또 다른 모양을 붙여서 새로운 형태를 만들게 되는데, 이것을 기초 도형이라 한다.

끊어짐이 없이 반복되는 교차

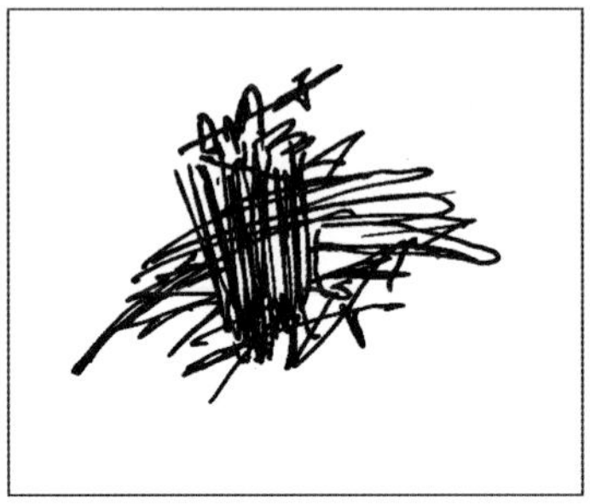

끊어지면서 반복되는 교차

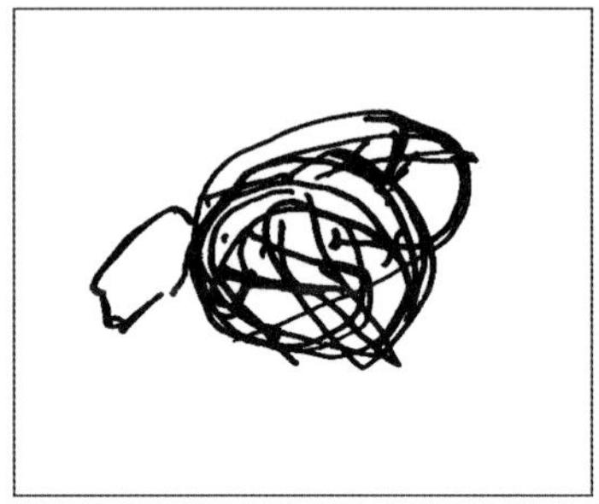

짧은 선이 다른 선에 교차되는 작은 교차

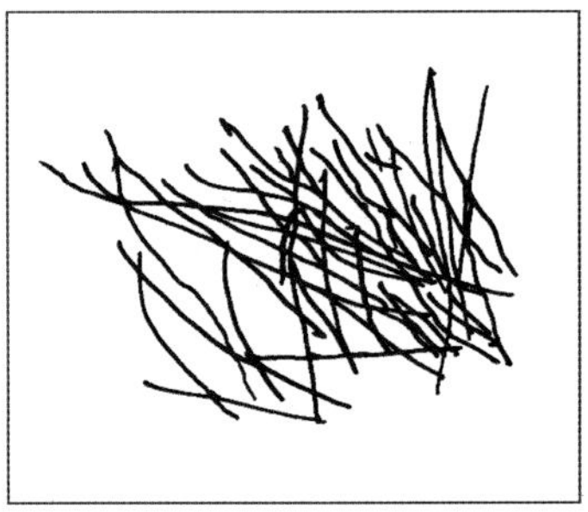

십자 선

나란히형의 교차 선

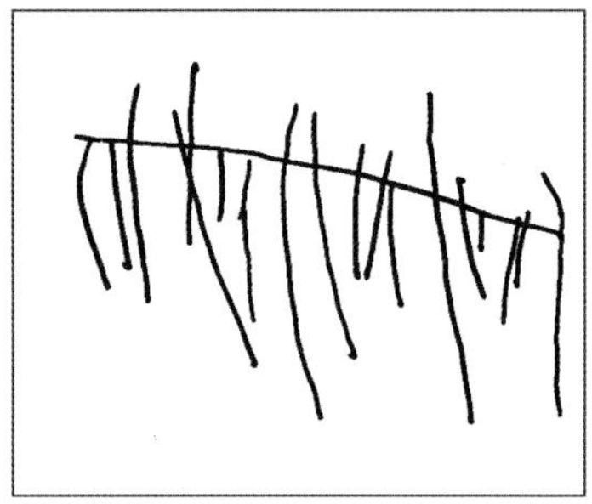

반복 교차된 선

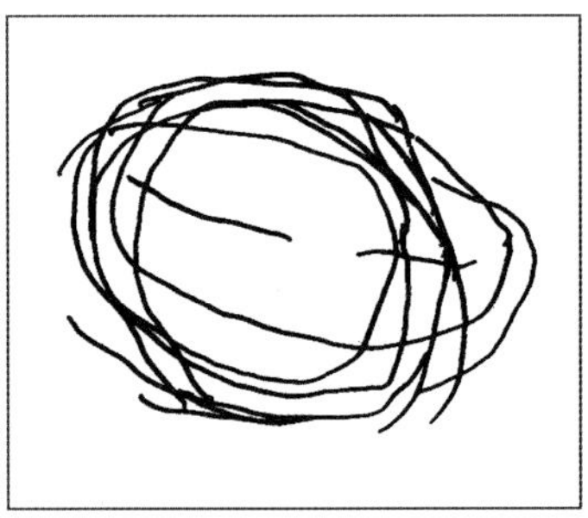

첨가되는 선의 교차

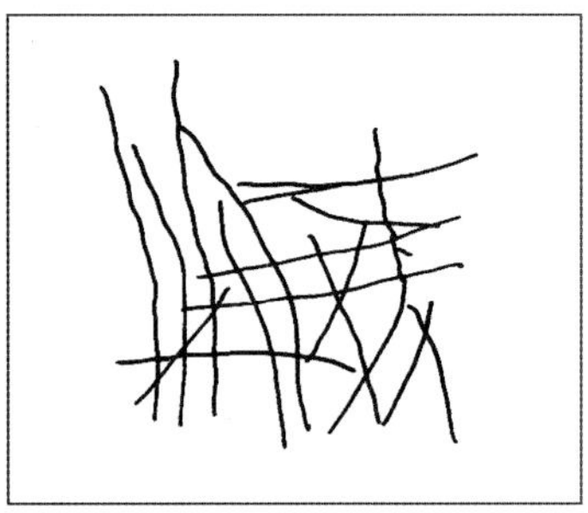

선의 교차로 이루어진 사각형

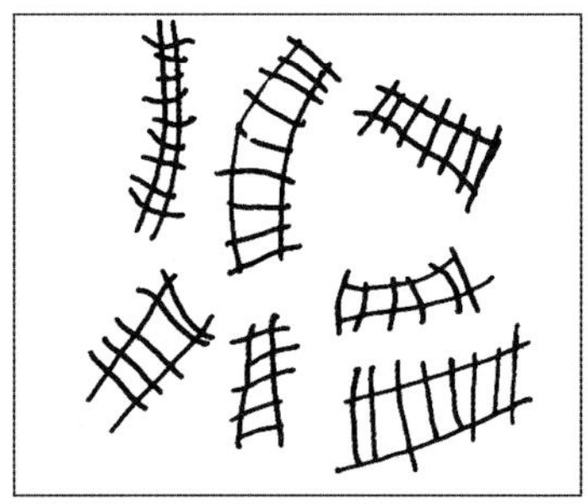

사다리가 교차된 사각형

2 | 형상화 시기(2~3세)

이때는 모양에 대한 인식을 하며 중앙의 의미를 알게 된다. 이 시기는 유사 도형 시기와 도형 시기의 중간에 나타나며 17가지로 분류할 수 있다. 도형 시기에는 기초적인 선묘 형태의 도식, 즉 십자, 동그라미, 삼각, 사각 등과 같은 형태가 나타난다. 이러한 도식 중 두 가지가 모여서 모양을 이룰 때 연합이라 하고, 도식이 세 가지 이상 혹은 연합이 여러 가지 모양으로 이루어지는 집합이 있는데 66가지의 기본 도형을 가지고 있다.

01_ 도형(diagram)

기초 도형이 이루어지면서 어린이의 그림은 여섯 가지 기본 도형에 의해 분석될 수 있다. 이 도형들은 원, 사각형, 삼각형, 십자형, 대각선 등의 다섯 가지의 기하학적인 형태와 불규칙한 형태(일종의 다양한 폐곡선)를 합친 여섯 가지이다.

02_ 연합(combination)

두 개의 도형이 함께 나타난 것을 뜻하는데, 이러한 연합형은 어린이 스스로가 배워 익힌 미술이 진전됨에 따라 차츰 시각적으로 선 구성의 체계가 이론적으로 잡혀 가게 된다. 또 연합은 어린이 스스로가 배워 익힌 미술 과정의 중요한 부분이 된다.

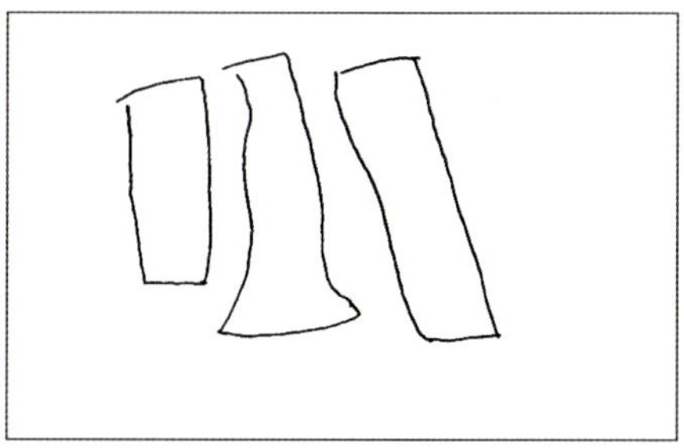

사각형으로 이루어진 집합(37개월)

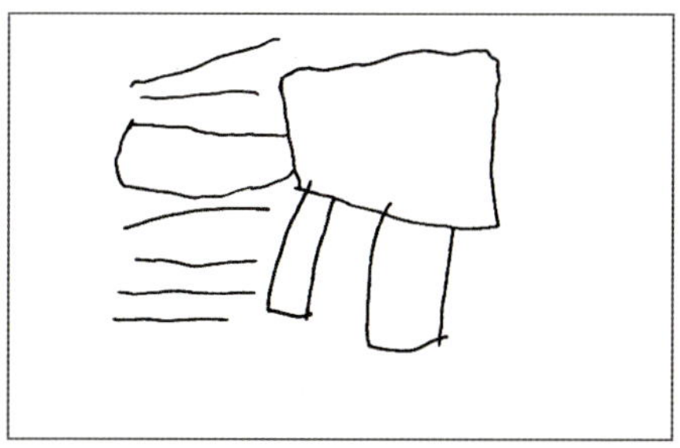

반복 교차된 집합(48개월)

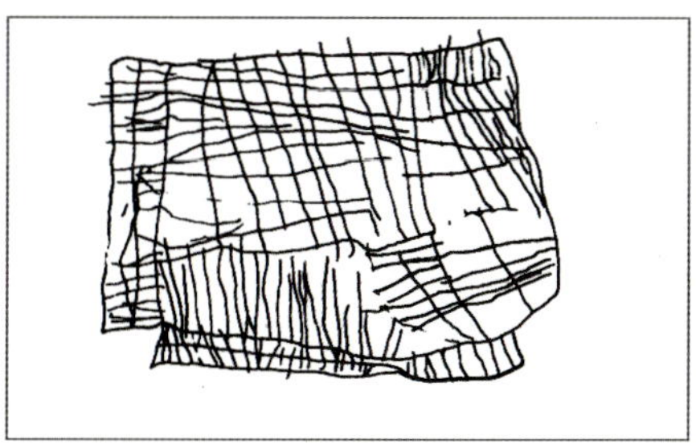

사각형으로 이루어진 집합(41개월)

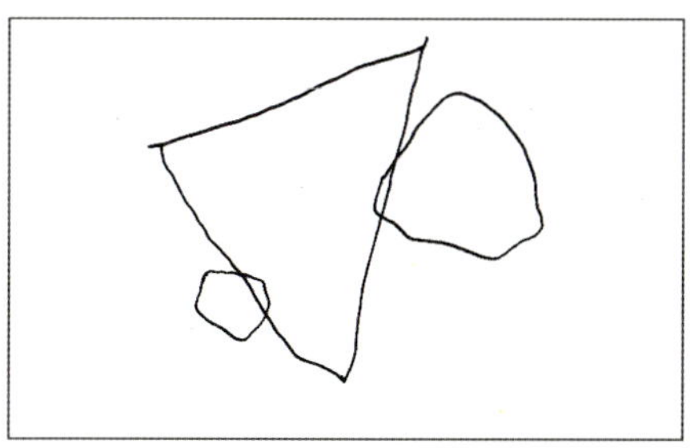

도형의 구성(37개월)

03_ 집합(aggregate)

셋이나 그 이상의 도형 단위를 집합이라 한다. 가능한 집합의 수는 무한대이며, 보통 2~3세에 이루어지나 복잡한 집합은 3~4세에 만들어진다.

어린이는 그림을 스스로 배워 익혀 감에 따라 자기가 가장 좋아하는 효과를 낼 수 있는 근육의 압력이나 사용을 위해 가장 손쉬운 방법을 알게 된다. 이러한 도형의 구성은 3~5세 사이에 꾸준히 계속된다.

3 I 디자인 시기(3~4세)

이 시기에는 아동이 행동의 결과로 나타난 도형을 조작함으로써 나타나는 추상적이지만 어느 정도 균형이 잡힌 그림이 보인다. 이때의 특징적인 형태로는 세 가지가 있는데 다음과 같다.

01_ 만다라형(mandala)

만다라란 산스크리트어로 원이라는 뜻인데, 동양 종교에서 원 같은 형태에 주로 기하학적인 여러 가지 선으로 구성되어 있는 것을 나타낸다. 즉 여섯 종류(원, 사각형, 삼각형, 대각선, 십자형, 폐곡선)의 도형 모두를 하나의 구조 속에 포함시켜 이룬 것을 말한다.

켈로그는 만다라 형태가 도식기의 추상적인 형태로 이끄는 중요한 연속적 부분이 된다고 보았다.

◎ 만다라

밀교에서 발달한 상징의 형식을 그림으로 나타낸 불화를 말한다. 신성한 단에 부처와 보살을 배치한 그림으로 우주의 진리를 표현한 것이다. 원래는 '본질을 소유한 것'이라는 의미였으나, 밀교에서는 깨달음의 경지를 도형화한 것을 일컬었다. 그래서 윤원구족(輪圓具足)으로 번역한다. 윤원구족이란, 낱낱의 살[輻]이 속바퀴측에 모여 둥근 수레바퀴를 이루듯이, 모든 법을 원만히 다 갖추어 모자람이 없다는 뜻으로 쓰인다.

02_ 방사형(radial)

십자가가 세 개 이상 모여 중심의 한 점을 지나가는 것을 말한다. 이것은 끼적거림이 반복되면서 나올 수 있다. 한 점 혹은 한 구역에서 주위를 향해 여러 개의 선을 방사하는 것이다. 유아의 미술에 있어서 인간형의 분석에 앞서 특별한 기술을 요하는 추상적 · 비회화적 형태가 한 가지 더 있는데, 그것이 곧 방사형이다. 이 방사형은 어린이가 사람을 그릴 때 팔과 다리의 구성에 영향을 준다.

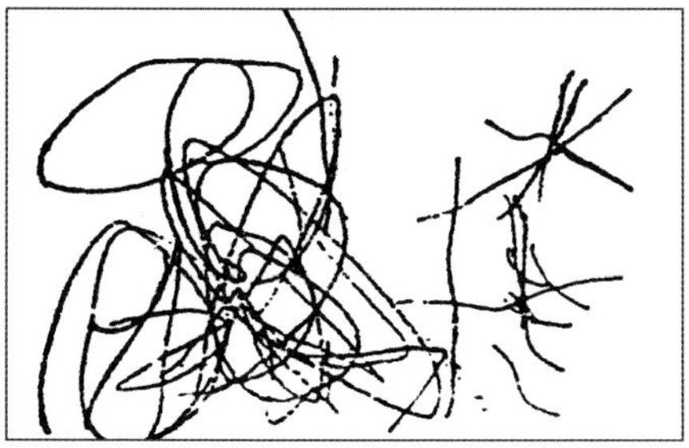

방사형의 시도

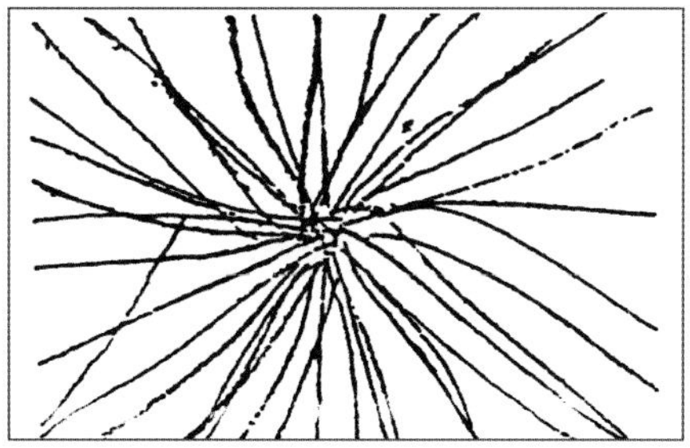

완전한 방사형(4세)

03_ 태양형(sun)

어린이는 그림을 원과 직선으로 그리다가 3, 4세가 되면 선들을 태양 모양으로 사용한다. 처음부터 태양을 그리겠다고 마음먹고 그림을 시작하지는 않았을 것이다. '무엇인가 표현한 것' 에 어른이 명칭을 붙여 주었을지도 모른다. 이 태양형 역시 어른과 어린이의 그림에 함께 나타나는 미술의 형태이며 아동화의 연구 대상으로 큰 관심을 끌고 있다.

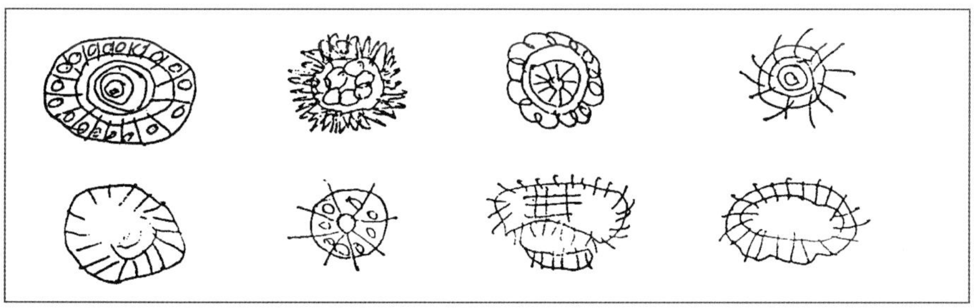

여러 가지 형태로 보이는 태양(4세)

고리 모양으로 태양을 나타낸 모양

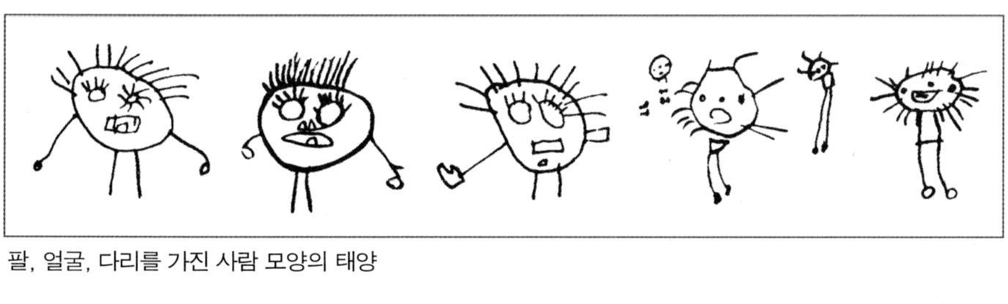

팔, 얼굴, 다리를 가진 사람 모양의 태양

심리학자인 융은 "인간이 조상 대대의 과거로부터 물려받은 잠재적 기억 흔적의 저장소가 집단 무의식"이라고 말했다. 이것은 인간의 진화 발달의 정신적 잔재로 모든 인간은 공통된 보편적 원형(archetype, 原型)을 갖고 있다. 태양은 인간에게 있어서 가장 기본적인 원형의 하나이다. 그것은 원시 시대의 그림이나 신화, 종교에서 잘 나타내 주고 있다. 일출과 일몰의 현상은 일화적 사건이 아닌 가장 확실한 현실적 반복 행위로서 인간의 생존과 직결되는 가장 중요한 의미를 지닌다.

그러므로 유아의 만다라형에서 태양형에 이르는 조형의 변화는 바로 인간형 창조의 예고이며 인간의 의식 속에 내재된 집단 무의식의 보편성(universality)을 잘 표현해 주는 과정이기도 하다.

04_ 사람(person) 그림

어린이가 처음 그리는 '사람 그림'의 발단은 낙서에서 시작되어 그것이 나중에 원 도형이 되고 얼굴 집합까지 진화되는 것이다.

얼굴이라는 신체 부분의 묘사에서는 낙서에서 시작해 모든 도형을 소재로서 이용하기 시작한다. 이것이야말로 아동의 낙서와 도형을 연결해 가는 방법이며, 이것을 이용해 '사람' 특유의 외관을 나타내고 모든 그림이 가능해진다. 어린이가 초기에 사람을 그릴 때는 사람을 관찰해서 그리는 것이 아니라 새로운 형태를 그리려는 발명적인 생각(inventive mind)에서 그린다.

머리 꼭대기에 표시를 가진 사람들

4 | 인물화 시기(4세)

초기의 인물화는 아동이 주위의 인간을 관찰해서 시각적으로 얻은 결과이기보다는 과거의 반복된 도형들에서 얻어내는 형태이다. 아동의 그림이 회화로서 차츰 인정받게 되는 것은 인물화에서부터이다. 디자인 시기에 나타나는 만다라 모양으로 인물화의 발생을 예고할 수 있으며 점차 태양 모양으로 변하여 인물화에 이르게 된다. 이 시기에는 자신이 그린 그림에 이름 붙이기를 좋아한다.

5 | 초기 회화 시기(4~5세)

사실적인 그림을 그리기 시작하는 시기로서 사람과 구별하기 힘든 동물의 모습, 식물, 건축물, 수송 기관 등을 주로 그린다. 또 얼굴 모양과 비슷한 다른 도형들이 나타나는데 태양 모양, 만다라 모양, 방사선 모양들을 변형시킨 그림들이다. 이런 그림들을 발전시켜 구체적으로 그릴 수 있게 되며 장식적인 형태도 보이게 된다. 이렇게 우연히 도형들이 집합하여 어떤 형상이 만들어지고, 아동 자신이 실재 사물과 비슷하다고 생각했을 때 미적인 경험을 하게 되어 계속해서 키워 나갈 수가 있다. 또 이 시기의 어린이들은 다양한 사물을 그림의 주제로 선택하여 표현하게 된다.

7. 린스트럼(Miriam Lindstrom)

1 | 낙서 시기(2~5세)

이 시기는 낙서를 통하여 그림을 그리는 단계로서 최초의 낙서는 팔을 상하로 움직여 활 모양의 낙서로 나타난다. 다음으로는 간단한 호를 그리게 된다. 점차 그 곡선이 완만해지고 의도적인 수평선과 수직선으로 그려진다. 초기의 연속적인 활선을 그어 대던 낙서로부터 간단한 직교의 직선으로 발전해 나가는 시기 동안에, 간격이 밀집되어 있거나 나사 모양의 선이 나타난다.

2 | 개념적 회화 시기(4~6세)

이 시기는 주로 알고 있는 것을 그리는 단계로서 모방을 통해 학습된 도식적 표현들이 나타나는데, 자기 힘으로 어떤 도식적인 형태를 창안하는 것이 모방하는 것보다 더 즐겁게 그려지게 된다. 이러한 창안된 도식들이 자주 반복되어 이용되며 이것이 자신의 첫 공식적인 형태라 할 수 있다. 이때 흔히 나타나게 되는 형태는 인물화이다.

3 | 사고적 회화 시기(5~8세)

이 시기는 사고적 그림이 가능한 단계로서 어떤 상황이나 사건을 묘사하기 위해 그들이 익혀 둔 도식들을 배합하여 여러 장의 그림을 그려 낸다. 최종적인 형태가 만들어지기 전까지 그림의 주제가 반복되어 나타난다. 어떤 추상적인 개념도 시각적인 형태로 상징화하여 나타낸다. 기억에 있는 것이나 상상에 의한 것 등 자기가 생각할 수 있는 어떠한 것이든지 모두 그려 낸다.

4 | 도식적 양식기(7~10세)

이 시기는 고정된 관념을 뛰어넘는 단계로서 대개 어린이들은 자기가 좋아하는 주제를 여러 개 가지고 있지만 똑같은 그림을 반복해서 그리기를 좋아한다. 그 이전의 시기보다는 대담성이나 모험성이 줄어들지만 대개는 고정된 도식 범위를 벗어난 표현 문제를 풀어 나가면서 표현 기술을 익혀 나간다.

5 | 도식적 양식 탈피기(8~12세)

이 시기는 남을 의식하는 경향이 생겨 자기의 그림을 다른 사람의 마음에 들게 하려는 욕망을 갖게 된다. 종래의 초보적인 공식적 상징들이 전달하고자 하는 것의 표현 방식으로 부적당하다고 깨닫게 되며, 보다 복합적이고 만족할 만한 상징들을 찾아내려고 한다. 어떤 주제 속에서 구조물간의 근본적인 관계를 살펴보고 관찰하는 법을 배우며 탐색하는 작업이 가능한 시기이다.

6 | 미적 관심의 쇠퇴기(9~11세)

일반적으로 사춘기 직전의 아동기는 미적인 관심의 쇠퇴기에 있다. 대부분의 아동들은 사실적인 표현에 미숙한 자들의 솜씨에 매우 비판적인 경향이 있다. 그러나 그림이 표현하려는 실재와는 동일해질 수 없다는 생각을 받아들이게 되며, 그림이란 개인의 감정과 정신에 따라 다르게 나타난다는 사실도 알게 된다.

7 | 사춘기(12~15세)

이 시기에는 신체적 성장에 비례하여 정신과 감수성도 신장되어 성인이 되어가는 과정이다. 각자의 능력과 이해력을 충분히 계발시켜 시각적으로 생각하게 되고 시각적 용어로 사상과 감정을 표현할 수 있게 된다.

8. 아오키(青木誠四郎)

1 | 착화의 시기(2~3세)

본능적 형태로 무엇인가 동그란 흔적을 반복적으로 긋는다. 인물도 아니고 형태도 아닌 묘화이다.

2 | 얼굴 흥미의 시기(4~5세)

처음으로 인물 그림을 그리는데 얼굴 부분을 집중적으로 그린다. 눈, 코, 입으로 상징되는 얼굴이 대부분이다.

3 | 팔, 몸통, 다리 묘사의 시기(5~6세)

얼굴이 그려진 다음에는 팔, 몸통, 다리 등으로 발전한다. 팔, 다리, 몸통을 구분하는 지능이 작용하고 있다.

4 | 의복 묘사의 시기(6~7세)

어떤 모양을 그려 내는 시기이다. 의상의 묘사에 흥미가 있고 예술적인 감각이 싹트는 무렵이다.

5 | 신체 각부 묘사의 시기(7~8세)

눈이나 귀 또는 근육 등의 특정한 부위에 관심을 쏟는 시기이다.

9. 김정(金正)

1 | 신생아기(新生兒期, 1~3세)

우리 나라의 아동은 서양 아동보다 묘화 행위가 일찍 발달하는 경향이 있다. 문화 인류학적 입장에서 다룰 일이지만 유아의 경우에는 다른 나라에 비해서 우수하다. 우리 나라의 아동들은 연필을 입에 무는 등의 무의미한 행동도 하지만 무엇인가 그리는 듯한 시늉을 보이기도 한다. 물론 묘사 행위는 불가능하지만 성장 과정으로 의미가 있다.

2 | 난화기(亂畵期, 3~5세)

그림과 낙서가 동시에 뒤섞인 형태로서 그림이라기보다는 낙서에 비중이 더 가는 시기이다. 그러나 유아에 따라서 꽤 많은 그림을 진지하게 그리는 경우도 있다.

3 | 전도식기(前圖式期, 5~7세)

그림을 의식적인 표현으로 그린다. 상당한 흥미를 수반한 그림 제작이 이루어지며 자신과 객체가 일치되는 경향을 보인다. 아직 공간 개념, 원근 관계, 대소 관계 등이 무시된 채 주관적인 사고에 의해 그려지고 있다.

4 I 도식기(圖式期, 7~9세)

이 시기에는 사람과 사물에 대한 일정한 개념을 찾아낼 수 있는 능력과 판단이 생기므로 독자적 표현이 나온다. 사물의 외면과 내면의 형태 묘사가 시도되고, 상징성이 후퇴하며, 점차 객관적 사실에 접근하려는 노력이 보인다. 그러나 표현성에 유연성을 상실하기 쉬운 이유는 주관과 객관의 틈에서 고민하는 단계이기 때문이다.

5 I 여명기(黎明期, 9~11세)

도식화되었던 기하학적 선묘법으로부터 객관적이며 사실적인 묘화로 접어드는 시기이다. 사실적 묘사 쪽으로 들어가려는 경향이 강하다. 시각과 지각의 발달로 사물의 형태를 잘 알게 되는 반면에 그림을 그리는 데 자신감이 없어지는 시기이다.

6 I 의사실기(擬寫實期, 11~13세)

이 시기에는 거의가 사실적인 그림을 그린다. 사물과 닮지 않으면 곧바로 못 그렸다거나 포기하는 상태로 변하는 시기이다. 지각이나 논리적 사고만큼 그림이 따라 주지 않기 때문에 그림에 대담성이 없어지기 쉽다.

7 I 사춘기(思春期, 13세 이후)

자신의 그림에 대해 비판적인 안목을 가지게 된다. 풍부한 상상력은 거의 쇠퇴하고 저질스러운 그림 형태가 나오며, 만화에 가까운 그림을 그린다. 그리고 일부 청소년들은 어른의 흉내를 내서 제법 기법상의 여러 조건을 터득하느라 노력하기도 한다.

10. 권상구(權相玖)

1 I 난화기(亂畵期, scribble stage, 2~3세) : 무의식적 착화 시기

난화에는 미분화, 미성숙이라는 뜻이 담겨 있으며 유아의 경우에서 볼 수 있는

난화기(이소형, 3세)

착화(錯畫) 상태를 일컫는다. 이 단계에 나타나는 것은 유아의 운동 신경조절에 대한 욕구의 표출이다. 초기의 난화기에는 아무런 목적의식 없는 본능적 욕구놀이 형식인 손놀림 흔적에 대한 호기심의 행위가 나타난다. 종이에만 그리는 것이 아니라 방바닥, 벽면, 담벼락 등에 닥치는 대로 그리는데, 이러한 특징을 심리학에서는 기능적 쾌락이라고 부른다.

이 단계의 아동이 색을 좋아한다는 것은 사실이지만 색의 사용이 운동 감각을 통합하는 데 그렇게 중요하지는 않다. 이 단계에서 가장 좋은 재료는 크레파스, 종이와 연필이면 된다. 난화기의 아동에게 많은 색을 강요하면 오히려 정신이 산만해져서 순수한 자기 감정과 자유로운 행위의 표현이 굳어지기 쉽다. 격려하는 일 외에 지나친 간섭이나 자극이나 질문도 필요 없다.

난화기에 나타나는 그림의 특징

- 동심원으로 움직임이나 욕구를 나타내려 한다.
- 무의식적인 표현으로 자기 행위의 흔적에 쾌감을 느낀다.
- 마구 그린 난화에 의미를 붙이려 한다.
- 의사전달 방법의 부족으로 인한 욕구불만을 파형적으로 표현한다.

상징기(조혜련, 4세)

2 | 상징기(象徵期, symbolic stage, 4~5세) : 상징적 표현 시기

상징기는 전도식기에 해당되는 시기로서, 이때의 표현은 착화기의 무의식적인 표현에서 의식적인 표현단계로 접어든다. 그러므로 아동들은 감정적으로 그들의 본능과 욕구에 의하여 표현하게 된다.

머리를 나타내기 위한 둥근 원과 팔다리를 나타내기 위한 긴 선을 적당히 결합시키면 사람이 된다. 이러한 상징적 표현은 사실적으로 그리려는 첫 시도이다. 착화단계의 마구 그리기가 없어지고 재현의 욕구가 생겨나서 형태를 의식적으로 창조하기 시작한다. 이때 표현의 욕구가 강하여 무엇인가 열심히 그리지만 아직까지 색에는 관심이 없고, 선묘화로 나타난다. 이 시기에는 선과 형태에 대한 관심이 더 크므로 무리하게 형태에 색칠하기, 바탕공간에 색칠을 하도록 강요하면 오히려 표현에 대한 부담감을 느끼게 된다.

자기 중심적인 경향의 시기로서 아직 미분화된 심리 상태가 나타나는 것이 특징이다. 때에 따라서는 화지의 크기, 모양, 색 등을 바꾸어 주기도 하고 연필, 색연필, 크레파스, 크레용, 그림물감, 먹물, 색종이, 헝겊, 자연물 등 다양한 재료 사용의 기회를 주기도 하여 표현에 대한 신선한 의욕을 불러일으키도록 유도해주어야 한다.

도식기(한윤제, 6세)

상징기에 나타나는 그림의 특징

- 열거식 표현과 의인화적(擬人化的) 표현이 나타난다.
- 정서적으로 가까운 대상을 상징적으로 나타낸다.
- 사람의 머리와 팔다리 모양은 태양형으로 나타낸다.
- 관심에 따라 부분적으로 강조하거나 생략하여 나타낸다.

3 I 도식기(圖式期, diagram stage, 6~7세) : 도식적 표현 시기

자기 중심적인 표현이 점차 감소되고 객관적인 사고가 차츰 나타나기 시작한다. 자기 중심성의 감소는 실천적 행동 면에서는 빨라지지만 사고 면에서는 늦어진다. 이 시기의 아동들은 개념적 사고에서 독립된 감정과 감동의 세계를 가지고 있으며, 상징적 대상을 기하학적 도식으로 나타내게 된다.

인물화는 정면화인데 점차 특징적인 방법으로 측면화가 나타난다. 신체의 각 부분이 서서히 측면으로 그려지기 때문에 정면화와 측면화의 혼합된 그림이 나타나기도 한다.

이 시기는 인물과 동물, 나무 등을 단독으로 그리는 것이 아니라 사람이 방에 있다, 나무가 산에 있다와 같은 환경의 일부가 같이 표현된다. 즉 기저선이 나타나는데, 최초로 공간 개념이 싹트게 되어 나무나 집은 기저선 위에 표현된다. 색채도 대상과 색과의 관계를 연관시켜 나타내게 된다.

이때 아동의 심신발달에서 두드러지게 나타나는 특징을 요약하면 다음과 같다.

01_ 신체적 발육과 활동이 왕성해진다.
02_ 남자와 여자의 특색이 나타난다.
03_ 자연적 · 사회적 현상에 대한 호기심이 강해진다.
04_ 비판력이 증대되고 논리적으로 생각하는 경향이 생긴다.
05_ 행동성이 강하기 때문에 서슴지 않고 자기를 표현한다.
06_ 집단을 의식하는 사고방식과 협동심이 높아진다.
07_ 어른이 하는 일에 무조건 따르지 않고 자기생각을 강하게 나타낸다.
08_ 상상의 세계로부터 외계의 실제 사물에 눈을 돌리게 된다.
09_ 사물에 대한 탐구력과 지속성이 높아진다.
10_ 사고와 판단은 아직도 자기 이해에 결부되는 수가 많다.

도식기에 나타나는 그림의 특징

- 형태를 단순화하며 평면적으로 표현한다.
- 사물과 사물과의 관계를 인식한 기저선이 나타난다.
- 보이지 않는 상상의 세계를 투시적으로 표현한다.
- 동시성의 표현이 나타난다.

4 | 여명기(黎明期, dawning stage, 8~9세) : 사실표현의 시작 시기

자기 중심성과 주객의 혼동은 서서히 사라지고, 사물을 더욱 실제적으로 취급하는 한편 자연물에 대하여 보다 많은 흥미와 관심을 가지게 된다. 그로 인해서 아동들의 인지 능력은 한층 더 증대되어 간다. 한편 사회에 대한 실제적 경험이 쌓이게 되며 또래 집단과 친구가 되고 그들과 더불어 집단적인 활동을 하게 된다. 사실주의의 시초로서 그리고자 하는 대상의 사실적 형태가 서서히 나타나기 시작하는 시기이다.

이제까지는 바지를 입은 소년, 치마를 입은 소녀와 같이 성별의 특징을 표현하는 단계에서, 옷의 주름이나 구김살 같은 것도 표현하게 된다. 이러한 묘사는 사실적 개념의 첫 걸음임에 틀림없다. 기저선 사이의 공간에 어떤 의미가 있다는 것을 발견한다. 여기에서 지평선과 어떤 물체를 다른 것 위에 겹칠 수 있게 된다. 그것은 다른 것의 존재를 인식하고 있다는 중요한 사실이다. 아동에게 색을 사용하는 방법이나 사실적인 색채지도는 좋지 않다. 이러한 지도방법은 아동의 자발

여명기(우지연, 9세)

적인 활동을 방해하고 색채경험을 불확실하게 한다. 아동의 색채 감각을 증진시키는 방법은 색에 대한 반응을 강조하는 일이다. 그들 자신의 감정을 자극할 수 있는 여러 가지 상황들을 현장에 나가서 경험시키는 것이 좋은 방법이다.

여명기에 나타나는 그림의 특징

- 그룹 속에서의 활동과 공동 제작에 대한 적극성이 보인다.
- 도식적인 표현에서 객관적 성향으로 변하고 세부묘사가 나타난다.
- 자연물에 대하여 흥미와 관심을 보인다.
- 대상의 특징을 살려 과장된 표현을 한다.

5 I 의사실기(擬寫實期, pseudo realism stage, 10~11세) : 논리적 표현 시기

여명기에 이어서 나타나는 시기로서 논리적 사고의 시기라고도 부른다. 이 단계의 아동은 자기 중심성에서부터 보다 넓은 세계의 사건이나 미래에 대한 관심을 가지게 된다. 의사실기란 사실기에 거의 가깝다는 뜻이다. 이 시기는 각자의 개성에 눈을 뜨게 되고, 논리적 사고가 성숙되어 가는 시기이다.

린스트럼은 잘 그리는 아동은 능숙한 솜씨로 발전하고, 못 그리는 아동은 만화 형식으로 그리는 현상이 나타난다고 했다. 로웬펠드는 표현의 형태를 시각형

의사실기(박미진, 11세)

과 촉각형으로 나누고 있다. 시각형은 그림의 표현 양식이 본 대로의 외형적 형태를 중요시하고, 촉각형은 내면적 세계를 표현하고 있어 감정이 풍부한 맛을 준다고 했다. 그림의 주제도 상상화에서 경험한 것 그리기 등으로 이동하여 사생화나 관찰표현에 서서히 관심을 갖게 된다. 이 시기의 아동들은 사실적 표현에 관심을 보이지만 교사는 지도 방향을 사실 표현에 두어서는 안 된다. 사실적 표현성향이 자연스럽게 표출되도록 해야 하며, 아동이 자발적으로 접근할 수 있게 지도해야 한다. 이 시기에는 대상에 서서히 접근하도록 하여 사물에 대한 관찰력을 키워주는 것이 좋다.

의사실기에 나타나는 그림의 특징

- 관찰력이 증대하여 사물을 객관적으로 보는 경향이 나타난다.
- 원근 · 명암 · 음영 등을 표현하고, 감상이나 평가도 할 수 있다.
- 발상에 대하여 계획적으로 일을 추진해 나갈 수 있게 된다.
- 장식적이고 초현실적(超現實的)인 표현이 나타난다.
- 이 시기는 자기 창작과 객관적인 사실성이 혼돈되는 시기이다.

과도기(김애진, 12세)

6 | 과도기(過渡期, transitional stage, 12~13세) : 표현의 갈등 시기

이 시기의 아동은 신체적 성장에 따라 지각도 발달하여 비판 의식이 생기게 된다. 어떤 경우에는 고도의 자아의식이 결정적 표현을 하기도 하고, 또는 비판적 태도의 발달이 시각적 관찰을 자극하기도 한다. 의식적이면서도 비판적인 자각이 이 시기 이후의 창작 활동을 지배한다고 볼 수 있다. 이 시기의 아동들은 아동다운 상징적 표현을 하지 않게 되고, 대개 의식적인 표현방법에도 자신이 없어 좌절감을 느끼게 되며, 표현방법에 대해서도 갈등을 느끼게 된다. 이 시기에 창작활동에 자신감을 잃고 중단하는 경우가 많다. 신체적인 발달이나 정서적인 발달에 비해 경험적 표현 활동이 부족하기 때문에 표현에 대한 자신감을 상실하게 되어 침체기를 맞이하게 된다. 조형에 의한 자기 표현보다는 언어 매체를 통한 자기 표현으로 흥미가 바뀐다.

과도기란 옛것에서 새로운 것으로 옮아가는 중요한 변화의 계기를 맞이하는 시기이다. 이 시기에 아동들은 사실적 표현에 관심을 보이고 있으나 표현력이 따라 주지않아 심적 갈등을 많이 느끼게 된다. 사실적 표현감각이 왕성해지기는 하지만 사실적 표현에 한계를 느끼고 미술 활동에 흥미를 잃어버리고 침체기를 맞는 수도 있고, 효과적인 지도를 통하여 표현 감각이 되살아나는 부활기를 맞이하는 수도 있다.

부활기(이현지, 13세)

이때 교사는 사실적 표현에 중점을 두지 말고 소묘, 판화, 디자인, 만들기, 꾸미기, 다양한 재료를 이용한 표현방법에 흥미를 느낄 수 있도록 칭찬으로 격려해주어야 한다.

과도기에 나타나는 그림의 특징

- 자기 감정에 따르는 묘사력이 기대에 못 미치기 때문에 흥미를 잃게 된다.
- 의식적이고 비판적인 표현 형식으로 변한다.
- 시각적으로 자극적인 것을 표현하여 조잡스러운 표현이 나타난다.
- 원근법을 이해하게 되어 3차원적 표현을 구사한다.

7 | 부활기(復活期, resurrection stage, 13세 이후) : 예술적 창작의 시기

이 단계는 아동기를 거쳐 청소년기로 들어서는 시기인데, 신체적으로나 정신적으로 새로운 상황을 맞이하게 되므로 복잡한 상황을 형성한다. 그러한 의미에서 이 단계는 인간 발달에 중요한 시기이다. 이때의 그림은 의도적인 이야기를 내포하고 있으며, 남녀간의 분명한 개성의 차이점이 나타난다. 그리는 활동보다는 감상, 토론, 이해의 시간으로 조형 활동을 즐기려 한다. 남자는 대상을 조직적이고 주관적인 관찰로 분석하게 되며, 여자는 색이 풍부하고 형태가 우아하고 아름다운 선을 장식적으로 사용하게 된다. 이때에 아동들의 왕성해지는 예술적 감각이나 표현의욕을 충족시켜 줄 수 있도록 지도해 준다면 예술적 재능과 소질이 부활하게 된다.

이 시기에는 사물을 세밀히 관찰하게 하고, 사물과의 서로 다른 차이점을 발견하게 하며, 사물의 관찰방법과 아이디어 발상법을 이해시켜 주는 것이 좋다. 또한 색이나 형태의 상징성에 대하여 관심을 갖도록 해주며, 개성적이고 독창적인 표현이 되도록 주관적 개성을 존중하여 표현의욕을 북돋워 주어야 한다.

부활기에 나타나는 그림의 특징

- 사물의 특징을 관찰하고 사실적으로 나타낸다.
- 눈에 보이는 것과 느끼고 생각하는 것을 그림으로 나타낸다.
- 선이나 색채가 세련되고 기술적묘사로 나타난다.
- 남아는 기술적이고 기계적인 표현을 나타낸다.
- 여아는 색채가 풍부하고 장식적인 표현을 한다.

4장 미술치료의 이해와 실제

1. 미술치료의 의의

미술치료는 궁극적으로 심신의 어려움을 겪고 있는 사람들이 만든 그림이나 조소 등을 자료로 삼아 그들의 심리를 진단하고 치료하는 데 목적이 있다. 회화요법, 묘화요법, 그림요법 등으로 불리기도 하며 음악이나 놀이, 무용, 레크리에이션, 심리극, 시 등을 이용한 예술치료의 한 영역이라고 말할 수 있다.

지금까지 미술치료를 연구해온 사람들은 미술치료의 이론에 대한 몇 가지 입장을 지지해왔으며, 한편으로는 논쟁을 하기도 하였다. 이를테면 나움버그(Naumburg)는 심리치료 과정에서 미술을 매개체로 이용하는 방법이라고 주장하고 있다. 그러나 크래머(Kramer) 같은 학자는 치료자의 역할이, 환자가 만든 작품을 해석하는 데 있는 것이 아니라 승화와 통합과정을 도와주는 데 있다고 주장하고 있다. 즉 치료로서의 미술로 생각하고 있는 것이다. 어떤 입장을 취하든 간에 미술치료는 인간의 조형 활동을 통해서 그 사람의 성격을 분석하며, 나아가 정신적으로 고통을 받고 있는 아동, 청소년, 어른, 노인 들의 마음 깊은 곳에서 들려오는 소리에 귀 기울이는 일종의 상담기법이라 할 수 있다.

1 | 미술치료의 개념

미술치료를 한마디로 정의하기는 어렵다. 영어의 'art therapy'도 예술치료, 미술치료, 회화요법 등으로 번역되고 있다. 예술치료로 번역하게 되면 미술만이 아니라 음악, 무용, 드라마 등 여러 분야의 예술을 사용하는 치료들을 모두 포함하게 된다. 미술치료는 교육, 재활, 정신치료 등 다양한 분야에서 널리 사용되고 있으며, 어떤 영역에서 활용되고 있든 간에 공통된 의미는 시각예술이라는 수단을 이용하여 인격의 통합 혹은 재통합을 돕기 위한 시도라고 할 수 있다.

조형 활동은 인간의 생리를 변화시키고 정서에 영향을 주며, 개인의 내적 세계와 외부환경과의 조화를 이룰 수 있도록 도와준다. 미술치료는 비언어적인 커뮤니케이션 기법으로서, 이 기법이 반복 시행됨에 따라 언어적 이미지와 시각적 이미지의 도움을 얻게 돼 지금까지의 자기 상실, 왜곡, 방어, 억제 등의 상황에서 보다 명확한 자기 동일시, 자기 실현이 가능하게 된다. 따라서 미술활동은 인간의 무의식을 의식화하는 데 매우 유용한 장르임에 틀림없다.

미술치료라는 용어는 1961년 〈미술치료 회보〉인 『Bulletion of Art Therapy』의 창간호에서 편집자인 울먼(Ulman)이 처음 발표하였다. 울먼은 미술치료라는 용어를 분석하면서 '미술'과 '치료'라는 두 단어의 의미를 해석하고 있다. 하나는 '치료'에 중점을 둔 것으로서, 치료자와 내담자(來談者, 상담환자)의 신뢰관계가 무엇보다 중요하며 자유연상, 자발적이고 상징적인 그림의 해석 등을 통해 심리를 치료하는, 일종의 정신분석 치료법과 관련된 것이다. '미술'에 중점을 둔 것은 예술을 창조하는 행위야말로 치료의 과정 그 자체이며 마음이 병든 사람을 재통합하는 데에는 현실과 공상, 의식과 무의식을 융합하는 예술만큼 더 적합한 것이 없다고 보는 것이다.

울먼은 미술치료가 교육, 재활, 정신치료 등 다양한 분야에서 널리 사용되고 있으며, 어떤 영역에서 활용되고 있든 간에 공통된 의미는 시각예술이라는 수단을 이용하여 인격의 통합 혹은 재통합을 돕기 위한 시도라고 하였다.

미술치료는 모든 사람을 대상으로 한다. 어린이든 직장인이든 장애인이든 누구나 미술치료의 대상이 된다. 그렇다면 이런 다양한 사람들을 한 가지 기준으로 설명하거나 단정 짓는다는 것은 매우 위험한 일이다. 미술 결과물 하나만을 가지고 일대일 대응법으로 '이런 양식의 그림은 이런 아동의 것이다'라고 절대적으로 단정 지을 수 없다는 의미이다. 그래서 진단을 할 때는 그 대상의 연령, 상황, 특성을 고려해야 하며, 언어화시키는 작업이 반드시 필요하다.

◎ 미술치료에서 말하는 치료의 개념

- 증상이 경감되도록 도와주는 것.
- 편파적인 개인을 전인격적인 개인이 되도록 하는 것.
- 지체된 정신발달과정을 촉진하도록 도와주는 것.
- 남을 이해할 수 있는 원만한 성격이 되도록 도와주는 것.
- 개인이 지닌 고유한 창조성을 계발하도록 도와주는 것.
- 인간정신의 전체성을 회복하고 삶의 의미를 갖게 하는 것.

2 | 미술치료의 역사

창작활동을 통하여 개인이나 집단의 안녕을 도모하는 활동은 고대 인류의 동굴벽화로부터 현대에 이르기까지 일부 예술인들과 정신건강 전문가들의 관심사가 되어왔다. 동굴벽화를 그리던 고대 인류의 행위 속에는 종교적, 정신적 의식이 담겨있었을 것이며, 샤먼이 주술적인 목적으로 새긴 암각화, 부적 등과 마찬가지로 종교적이고 상징적인 의미가 담겨 있었을 것으로 추정된다.

미술작업이 가지는 치료의 측면이 수용되기 시작한 것은 19세기에 아동과 정신질환자의 그림에 관심을 가지기 시작하면서부터이다. 1887년 최초로 이탈리아 시인 리치(Ricci)가 아동화에 관심을 가졌고, 베르너(Barnners)가 유전심리학 잡지에 「아동화에 관한 연구」를 발표하면서부터 아동화는 많은 심리학자들의 연구대상이 되어 아동의 흥미, 성격, 지적 능력 등이 그림에 어떻게 반영되는지 연구하였다.

독일에서 미술치료의 시작과 발전에 중요한 역할을 한 정신과 의사 프린츠호온(Prinzhorn)은 1919년부터 1921년까지 정신병원의 환자들이 그린 5,000여 장의 그림, 소묘, 콜라주, 조소 등을 수집하여 1922년 『정신병자들의 그림』이라는 책으로 출판하였다. 의사들뿐만 아니라 정신분석가인 로샤(Rorschach)나 프로이트(S. Freud)도 환자들의 그림에 대한 연구를 하였고, 융도 그의 분석심리학에서 환자들의 그림을 분석하며 치료에 적용하였다. 퓌츠(Putz)는 1964년 예술을 치료 도구로 사용하여 인간의 교육에 기여한다는 측면에서 '미술치료'라는 개념을 예술의 새로운 분야로 도입하였다.

미국에서는 1907년 이래로 정신과 병동에서 환자들이 미술가들의 지도 아래 미술활동을 시도한 것을 미술치료의 출발로 보고 있다. 그러나 미술을 심리치료적 관점과 연계하여 인식하게 된 것은 1940년대 초반으로, 뉴욕에서 활동하던 미술가이자 아동 미술 교육자로서 정신분석을 공부한 나움버그에 의하여 현대 미술치료가 자리잡게 되었다. 그는 정신치료와 마찬가지로 미술치료도 치료자와 내담자 사이의 관계 형성이 중요하다고 보고, 미술치료 과정에서의 전이(transference, 내담자가 어떤 대상에게 품고 있던 감정을 치료자에게 옮기는 현상)와 역전이(countertransference, 치료자가 가지고 있던 감정을 내담자에게 옮기는 현상)의 해결 여부가 객관적 치료를 위한 관건이 된다고 하였다. 그는 그림의 상징성을 중요시하여 치료자로서 해석을 가하는 방법을 사용하였는데 이러한 방법은 현재까지 미술치료에서 가장 보편적으로 사용되어오고 있다.

크래머도 정신분석이론을 배경으로 미술치료를 실시하였으나 나움버그와는 달리 환자의 미술작품을 상징적인 대화로 보지 않고, 창조적 행위 그 자체에 치료의 가치를 두었다. 그녀는 창작활동을 통해 내담자의 감정이나 욕구가 표현되는 것은 물론 파괴적 · 반사회적 에너지도 함께 배출된다고 보았다. 따라서 미술치료자의 역할은 해석이 아니고 승화와 통합과정을 돕는 것이라고 하였다.

한편 1970년대부터 정신분석적 미술치료의 지도자로서 활발한 활동을 하고 있는 루빈(Rubin)은, 나움버그가 환자의 예술을 '상징적 언어'의 형태로 본다는 점에서 언어적인 의사소통 모델의 틀을 벗어나지 못하고 있다고 지적하면서, 정신분석적 미술치료에서 치료자는 환자로 하여금 가능한 한 자유롭게 자신을 표현하도록 해야 하고, 환자의 내재화된 갈등을 이해하기 위해 함께 작업해야 한다고 강조하였다.

이러한 분석적인 접근방법 외에도 현재에는 미술의 창조적 과정을 통해 자기 의식과 사회적응력을 키워주고자 하는 '인본주의적 미술치료', 특수교육 분야에서 장애아동의 표현력을 증진시키거나 새로운 재료에 적응할 수 있도록 도와주는 '행동주의적 미술치료', 개성화와 자기 실현의 길을 찾아주고자 하는 '분석심리학적 미술치료' 등이 다양한 형식으로 전문화되고 있다.

3 I 미술치료의 관점

미술치료는 정서적 갈등과 심리적 고통을 겪고 있는 사람들의 증상을 미술활동을 통해 완화함으로써 원만하고 창조적인 삶을 살아갈 수 있도록 도와주는 심리치료법이다. 미술작업을 통하여 심리치료가 가능한 이유는, 우리의 내면이라고 할 수 있는 정신세계가 창작활동을 통해 현실로 구체화되면서 심리적 불안과 갈등을 완화하고 병리적인 정신구조를 새롭게 재편성할 수 있는 길이 열리기 때문이다.

그러면 미술치료에는 어떤 관점들이 있을까? 미술치료의 역사에서도 부분적으로 언급되었듯, 크게 세 가지로 정리된다.

01_ 나움버그의 정신분석학적 관점

1940년대 초반 나움버그는 미술을 분석적이고 역동적인 심리치료의 한 도구로 소개하였다. 초기에는 미술 교육자로 활동하였고 후기에는 정신분석학을 공부하여 왈던(Walden)에 정신분석적 원리를 토대로 특수 미술교육기관을 설립하였다. 나움버그는 정신분석학자로서 자신의 꿈이나 환상을 그림으로 그리는 작업을 통하여 자유로움을 느끼게 되며, 창작활동을 통해서 무의식을 의식화하거나 상징을 발견하는 것이 치료에 효과가 있다는 것을 알게 되었다. 그리고 자기가 설립한 학교의 모든 교사들에게 교육 분석을 받게 하였으며, 어린이들이 자유롭게 그림 표현을 할 수 있게 교사들이 지도하도록 권유하였다. 나움버그는 프로이트의 정신분석 이론뿐만 아니라 융학파의 우주적인 상징, 집단무의식을 이용한 치료에도 관심을 가졌으며, 설리반(Sullivan) 등 창작활동에 관계되는 분야의 학자들과 연대감을 가지고 자신의 성장을 위해 많은 노력을 했다. 나움버그는 치료자와 내담자 사이의 치료 관계 형성, 전이와 역전이의 해결, 자유연상, 자발적 그림의 표현과 해석, 그림의 상징성 등을 중시하였다. 그리고 그림은 그린 사람 고유의 표현으로서 어떤 공식이나 원칙에 따라서 분석할 수 없다고 하였으며, 그림 해석을 프로이트의 꿈의 분석과 같은 다원적인 분석에 비유하였다.

02_ 크래머의 관점

1950년대에 크래머는 미술활동 과정이 가지는 내재적인 치료의 기능을 중시하였다. 크래머는 오스트리아 빈에서 성장하였으며, 아동 미술 치료에 대해 많은 연구를 했다. 그녀는 그림의 치료 속성은 자기 표현을 통한 승화와 자아의 성숙에 있다고 보았다. 즉 미술작업을 통하여 환자 자신의 파괴적 · 반사회적 에너지가 분출되고 창조적 에너지로 전환된다고 주장했다. 내담자는 미술작업 과정에서 자신의 원시적 충동이나 갈등을 재경험하면서 그 갈등을 해결하고 통합한다는 것이다. 따라서 크래머는 나움버그의 견해와 달리 치료자의 역할은 환자가 만든 작품을 해석하는 것이 아니라 승화와 통합과정을 도와주는 것이라고 하였으며, 창작과정 그 자체가 치료(art as therapy)라고 하였다.

03_ 융의 분석심리학적 관점

융이 본 무의식은 창조적인 기능이었다. 융은 무의식을 '나를 이끌어가는 힘' 이라고 하였다. 무의식을 바다에 비유한다면 의식은 자그마한 섬과 같다. 의식은 우리 정신의 모든 것을 대변하지 않으며, 그것은 극히 자그마한 일부에 지나지 않는다. 자아란 그 자그마한 일부의 중심이다. 그래서 그것을 많은 콤플렉스 가운데 하나로 보고 이를 자아 콤플렉스(ego complex)라 부른다.

의식이란 마치 피부와 같은 표면이다. 의식은 첫째로는 자기 신체, 자기 존재에 대한 의식을 통해서, 둘째로는 일련의 기억에 의해서 형성되며 그 뒤에도 많은 것이 의식을 구성하게 된다. 사고, 감정, 감각, 직관 등 융의 이른바 정신의 네 가지 기본기능도 의식의 내용이 된다. 이것은 물론 그 분화 정도에 따라 무의식의 내용이 될 수도 있다.

그에 따르면 인간은 조화롭게 살아가야 하는데 너무 한쪽으로 치우쳐 살면 무의식이 메시지를 보낸다고 한다. 그래서 무의식은 치료기능을 촉진시키는 역할을 하며 조화로 이끌어가는 힘이 된다는 것이다. 이러한 무의식은 꿈이나 상징으로 나타나는데, 꿈이 하는 보상적 기능이나 상징에 나타나는 감정, 이미지도 여기에 해당되는 것이다.

또 융은 무의식을 개인적 요소인 개인무의식과 함께 원형적 요소로서 집단무의식을 이야기했다. 개인무의식은 한 개인이 살아오면서 지각되지 않고 묻혀있는 의식, 출생 이후 특수한 경험을 바탕으로 이루어진 것을 말하고, 집단무의식은 인류전체에게 축적되어온 무의식을 말한다. 융은 이 집단무의식을 모든 만물이 관통할 수 있는 하나의 힘으로 보았으며, 그래서 너와 나의 공통된 점을 발견하고 '우리' 라는 중간영역을 만들 수 있다고 하였다. 융이 본 이 집단무의식은 그림에 투사되어 치료자와 내담자가 상호통찰과 공감을 이루는 요소가 되는 것이다.

4 I 미술치료의 특성

우리는 누구나 살아오면서 미술치료와 유사한 경험을 해보았을 것이다. 유년 시절 즐겨했던 흙놀이와 모래놀이, 막대기와 돌멩이로 긋곤 했던 놀이 등이 그 순간의 기분을 초월하여 알 수 없는 즐거움과 기쁨을 주었고, 긴장과 스트레스를 완화시켜 주는 역할을 하였다. 이러한 활동들이 자신의 무의식을 자극하여 자신의 현재 상태를 변화시키고 자아를 표현하게 하는 창의적인 힘이 되었던 것이다.

미술치료는 아이들뿐만 아니라 청소년, 성인 등 심리적 갈등으로 정서적인 문제를 안고 있는 모든 사람을 대상으로 하며 일종의 심리치료로서 정신병원의 치료와는 다르다. 우리는 미술치료를 통해 스스로를 더 잘 이해할 수 있으며, 바람직한 자아를 형성할 수 있다. 무심코 그려낸 낙서와 그림에서 아이의 속마음을 읽을 수 있다. 또한 그림을 통한 다양한 진단기법으로 부모와 자녀, 형제와 자매, 친구와의 갈등을 이해할 수 있으며, 말이나 행동으로 하지 못했던 억압된 자신의 감정을 그림으로 분출해냄으로써 감정정화가 이루어지고, 치료가 가능하게 되는 것이다.

그러면 미술치료에는 어떤 특성이 있을까?

01_ 미술치료는 심상의 표현을 이용한다

우리는 심상(image)으로 생각한다고 볼 수 있다. 말이라는 형태를 취하기 전에 심상으로 사고한다. 즉 어머니라는 말을 하기 전에 '어머니' 의 심상을 떠올릴 것이다. 삶의 초기의 경험이 중요한 심상의 요소가 되며, 그 심상은 성격 형성에 중요한 역할을 하게 된다. 미술치료에서는 꿈이나 환상, 경험이 순수한 언어 치료법에서처럼 말로 해석되기보다는 심상으로 그려진다. 예술매체는 종종 심상의 표출을 자극하여 창조적 과정으로 나아가게 한다.

02_ 언어적 작업이 감소된다

심상과 밀접한 관련이 있는 것이 방어이다. 우리는 어떤 다른 의사소통 양식보다 언어화시키는 작업에 숙달되어 있다. 미술은 비언어적 수단이므로 통제를 적게 받는다. 예상치 않았던 작품이 그림이나 조소에서 제작될 수 있는데, 가끔 창작자의 의도와는 완전히 반대가 되기도 한다. 이러한 것은 미술치료의 가장 흥미 있는 잠재성 중의 하나이다. 예상치 않았던 인식은 가끔 환자의 통찰, 학습, 성장으로 유도하기도 한다.

03_ 어떤 유형의 대상을 즉시 얻을 수 있다

미술치료의 또 다른 장점은 구체적인 유형의 자료를 즉시 얻을 수 있다는 점이다. 즉 눈으로 볼 수 있고, 만져볼 수 있는 자료가 환자로부터 생산되는 것이다. 환자가 만든 어떤 유형의 대상화를 통해서 치료자와 환자 사이에 하나의 다리가 놓인다. 어떤 환자는 단 한번의 작품에서도 자신의 감정을 느끼기도 하지만, 저항이 강한 사람은 더 오랜 시간이 걸린다.

04_ 자료의 영속성이 있어 회상이 가능하다

미술작품은 보관이 가능하기 때문에 환자가 만든 작품을 필요한 시기에 재검토하여 치료효과를 높일 수 있다. 때로는 새로운 통찰이 일어나기도 하며, 환자 자신도 이전에 만든 작품을 다시 보면서 당시의 자신의 감정을 회상하기도 한다. 즉 그림이나 조소가 주관적인 기억의 왜곡을 방지할 수 있다는 것이다. 또한 환자의 작품 변화를 통해서 치료의 과정을 한눈으로 이해할 수 있으며, 치료 팀의 회의에서도 작품을 통해 그 환자의 생생한 목소리를 들을 수 있다.

05_ 공간성을 필요로 한다

언어는 일차원적인 의사소통 방식이다. 대체로 한 가지씩 나간다. 반면 미술 표현은 문법, 통사론, 논법 등의 언어규칙을 따를 필요가 없다. 즉 본질적으로 공간적인 것이며, 시간적인 요소도 없다. 가령 우리가 가족을 소개한다면 먼저 아버지, 어머니를 소개하면서 두 분의 관계를 얘기하고 형제들과 그들의 관계를 얘기한 다음, 이 모든 식구들과 나와의 관계를 말할 것이다. 그러나 분명한 것은, 우리는 이 모든 것을 동시에 경험하고 있다. 미술의 공간성은 바로 이러한 경험을 종합하여 복제한 것이다.

06_ 창조성과 신체적 에너지를 유발한다

미술작업을 시작하기 전의 개인의 신체적 에너지는 다소 떨어져 있지만, 미술작업을 진행하고 토론하며 감상하고 정리하는 시간에는 대체로 활기찬 모습을 띤다. 체내의 에너지 정도가 변화한다는 것을 느끼는 사람이 많다. 그것은 단순히 신체적인 운동이라기보다는 창조적 에너지의 발산이라고 해석된다. 연극이나 영화에서 역할을 맡은 배우처럼, 미술치료는 놀이와 레크리에이션과 음악과 열정이 있는 창조적 에너지의 발산이라고 할 수 있다.

07_ 정신세계를 환기시킨다

① 자유로운 예술작업을 통한 심상의 외면화 과정에서 개인의 마음속에 억압되었던 심리적 요소들이 표출되며 갇혀 있던 정신세계가 드러난다.
② 창작과정과 작품을 통하여 개인의 정신적 · 심리적인 갈등을 파악하게 된다.
③ 내담자의 정신적 · 심리적인 문제를 예술작업으로 전환하여 개인의 심리적 갈등 을 완화하고 병리적인 정신구조의 재편성을 꾀할 수 있다.
④ 인간심성의 창조성을 활성화시켜 자기 실현의 길목으로 인도한다.

2. 장애아동의 특성과 미술치료의 효과

정서장애를 한마디로 요약하면 정서표현 방식의 왜곡이다. 어떤 심리적인 이유로 정서 영역이 충분히 성장하지 못한 상태에서 외부의 자극을 받으면 미성숙한 행동을 하게 되며 잦은 실수, 충동성, 공격성을 보인다. 아동기의 정서 문제는 왜곡된 성격으로 고착될 위험이 크기 때문에 조기에 발견하여 치료해야 한다. 장애아동은 넓은 의미에서 아래와 같은 용어로 사용되고 있다.

특수아동

신체적인 특성이나 학습능력이 규준과 크게 달라서 개별화된 특수교육이 필요한 아동학습장애아, 정서장애아, 행동장애아, 정신지체아, 지체부자유아, 건강장애아, 의사소통장애아, 시각장애아, 청각장애아, 중복장애아 등으로 분류할 수 있다.

장애아동

신체 기관이 본래의 제 기능을 하지 못하거나 정신 능력에 결함이 있는 상태의 아동을 말하며, 영재아를 포함하지 않는 제한적 용어로 사용한다.

위험아동

현재 장애아동으로 진단되지는 않았으나, 장애를 보일 가능성이 평균보다 높은 아동을 말한다. 학습장애아, 정의뇌손상 아동과 지각장애 아동의 부모들이 1963년 시카고에 모여 구성한 몇몇 부모협회 대표들이 처음으로 이 용어에 관심을 가지게 되어 본 회의에서 '특정학습장애'란 명칭을 사용하기로 결정하였다. 1963년 이래 수년간 여러 사람들이 학습장애의 개념을 정의하려고 노력했으나 모든 사람들이 받아들일 수 있는 정의를 제시하지 못했으며, 1968년 미국 교육국 내의 전국 장애아 자문위원회가 명확한 체계를 세워 정의를 설정했고, 1975년 장애자 교육법에서 이 정의를 약간 수정하여 학습장애의 정의로 채택하였는데 그 내용을 보면 다음과 같다. "특정학습장애아동이란 언어, 즉 구어 및 문어의 이해와 사용에 포함되는 기본적 심리과정에서 한 가지 이상의 장애를 가진 아동을 의미한다. 이와 같은 기본적 심리과정상의 장애란 듣기, 말하기, 읽기, 쓰기, 철자 및 산수 계산 등의 능력이 불완전하여 장애를 나타내는 것을 말한다. 특정학습장애에는 지각장애, 뇌손상, 최소기능장애, 난독증 및 발달상의 실어증 등이 포함된다. 그러나 주로 시각 및 청각, 신체장애, 정신지체, 정서발달 혹은 문화적 · 환경적 · 경제적 실조(失調)에 의한 학습문제 아동은 포함되지 않는다" 라고 정의했다.

미국의 여러 주들은 이와 같은 연방 정부의 정의를 받아들였으나 한편에서는 많은 사람들에 의해 비판을 받았다. 이러한 비판에 따라 전문가들은 여러 가지 정의를 제시했지만 본질적으로 연방정부의 정의를 개선하지는 못하였다. 그러나 여러 전문가협회의 연합위원회는 학습장애를 재정의하기 위하여 노력해왔으며, 한밀(Hanmmill)은 연방정부의 정의에 대한 주요 비판 내용을 보충하여 "학습장애란 듣기, 말하기, 읽기, 쓰기, 추리 혹은 산수계산 능력에 중대한 곤란을 나타내는 여러 종류의 장애집단을 총칭하는 말로서 이러한 장애는 선천적인 것이며, 중추신경계 장애 때문인 것으로 추정된다. 학습장애가 다른 장애조건이나 환경적 영향과 함께 일어난다고 하더라도 이러한 조건이나 영향에 의한 직접적인 결과는 아니다"라고 정의했다.

1 I 학습장애아동의 특성과 미술치료

01_ 학습장애아동의 특성

학습장애는 듣기, 말하기, 쓰기, 읽기, 추리하기 또는 산수능력의 곤란을 갖고 있으며 정보처리 과정이나 의사전달, 즉 자기 표현에 문제가 있다. 이러한 문제들로 인해 사회성 발달에 지장을 받고 학습장애로 인한 실패와 좌절감으로 부수적인 장애까지 수반되는 경우가 많다. 이런 특성을 고려하여 단계별 프로그램으로 장애아동이 충분히 어려움을 극복할 수 있는 프로그램을 제공함으로써 좌절감으로 인한 위축과 학습에 대한 두려움을 감소시킬 수 있어야 한다.

02_ 학습장애아동의 미술치료

학습장애에도 여러 특성이 있기 때문에 구분된 장애의 특성을 고려해 치료 프로그램을 제시해야만 한다. 학습장애로 인해 낮아진 자아 존중감과 위축, 그리고 이로 인한 대인관계의 소극적 양상을 극복하기 위해서는 그에 알맞은 재료와 프로그램을 준비하는 것이 효과적이며, 감각을 인지하는 능력이 결여된 지각장애일 경우는 운동감각과 촉각 경험을 동시에 느낄 수 있도록 하는 것이 중요하다. 찢어 붙이기나 점토 작업을 이용해보는 것도 유용할 것이다.

2 I 정신지체아동의 특성과 미술치료

01_ 정신지체아동의 특성

아동은 새로움에 대한 욕구와 흥미가 왕성하고 자극과 표현활동을 즐긴다. 표현은 대상을 관찰하고 인지하는 능력의 결과물이며 아동의 창의력 신장의 바탕이 된다. 정신지체아 또한 일반 아동과 같은 발달단계의 성장이 이루어지지만, 일반아동에 비해 1~2단계 느리게 발달하므로 조기치료 및 특수교육으로 발달의 성장을 도모하고 위축과 장애 상태를 경감시켜 주어야 한다. 다시 말해 정신지체아들도 일반 아동과 마찬가지로 새로움에 대한 표현의 욕구를 갖게 된다는 말이다. 하지만 지적 기능과 소근육의 신체적 기능이 떨어져 정상적인 발달단계의 표현을 할 수 없으므로 표현기술상의 곤란에 부딪혀서 자신의 의지대로 되지 않아 흥미를 잃는 경우가 많다.

정신지체아의 인물화 표현은 지나친 과대 표현, 과소 표현, 탈락 표현 등 기하학적 표현이 현저하게 많고, 대부분 묘사가 부정확하게 표현된다. 정신지체아의 그리기 표현발달은 대체로 5~6세까지는 일반 아동과 큰 차이가 없이 발달한다. 그 이유는 5~6세까지는 둘 다 동물학적 또는 생물학적 성장일 뿐이기 때문이다. 그러나 대체로 정신지체아들은 4~7세와 7~8세에 머물러 있기 때문에 일반 아동의 단계별 발달이 원활히 이루어짐에 따라 그 차이는 점차 커질 수밖에 없다.

02_ 정신지체아동의 미술치료

정신지체아동의 미술치료는 정서적 안정과 자기 조절 능력을 기르는 데 목적이 있다. 여러 장애 특성 중 어떤 특성이 치료의 주목표가 되는가에 따라 치료 프로그램 또한 달라진다. 로웬펠드는 정신지체아의 미술 표현 특성을 다음과 같이 제시하고 있다.

- 성장발달단계의 속도는 느리지만 일반 아동과 같은 성장 패턴을 보여준다.
- 단조롭고 원시적인 형태지만 손의 운동기능은 뒤지지 않는다.
- 촉각적 형태의 경험에 치우치는 경향이 있다.
- 형태나 주제의 반복적인 표현을 하며 실험적인 태도를 보여주지 못한다.
- 공간과 위치의 개념, 신체 각 부위에 대한 인지 등이 부족하여 화면 구성이 변칙적이고 인물화 표현에 있어 과대 · 과소 · 탈락 표현이 많이 나타나고 있다.

그러므로 대상을 관찰하고 개념화시키는 인지발달 치료의 방법으로 여러 가지 미술재료를 이용하여 촉각 훈련과 소근육 운동을 유도하고, 여러 사물을 보고 그리면서 대상에 대한 지각능력을 기를 수 있도록 도와주어야 한다.

색종이 찢어 붙이기, 색종이 접기, 모방화 등은 손과 눈의 협응력을 길러줄 수 있으며, 찰흙으로 만들기 또는 점토를 이용한 신체 본뜨기 등은 소근육 운동과 신체지각 능력을 기를 수 있는 예라 할 수 있겠다.

3 | 정서장애아동의 특성과 미술치료

01_ 정서장애아동의 특성

정서장애는 대부분의 다른 장애 증상과 중복된다. 심리적인 요인이 크게 좌우하고, 외관상 신체적 또는 지각적인 문제가 없음에도 정상적인 대인관계가 어려우며, 지각 · 인지능력이 떨어지고 학습 면에서도 상당한 문제가 있다. 정서장애는 대인관계에서 그 증상이 확연하게 드러나는 경우가 많다. 하지만 지능이 일반 아동보다 낮기 때문이라는 절대적인 근거는 없다. 물론 지능이 낮을 수도 있겠지만 일반 아동과 비교해 학습능력의 현저한 차이는 지능지수의 차이가 아니라 정서불안이나 주의집중력의 저하 때문일 수 있다. 이런 특징들은 자폐아와 학습장애아동에게도 해당되는 것들이다. 또한 정서장애의 원인과 결과가 될 수 있다. 사회성이 결여된 정서장애아동들은 아이들의 놀림으로 인해 사회생활에서 패배감과 자아 존중감의 상실을 겪을 수 있다. 이런 면들을 간과한다면 앞으로 타인과의 관계 형성, 즉 자신을 표현할 수 있는 능력이 결여될 수 있으며 사회에 대한 반감으로 부정적 결과를 낳을 수 있다.

02_ 정서장애아동의 미술치료

정서장애는 일반적으로 공격성과 위축성 두 성향으로 나타나는데, 물론 공격성은 프로이트가 말했듯이 본능일 수 있겠지만 상황에 맞지 않는 공격성, 맹목적이고 충동적인 공격성은 대인관계 형성에 부정적인 원인으로 작용한다. 공격적인 아동들은 주로 타인에게 민감하고 적대적인 반감을 가지고 있기 때문에 상대방의 의도를 적대적인 것으로 해석할 수 있다. 자신의 방어가 공격적인 행동으로 표현되는 것이며 자신의 무능력함에 대한 보상심리일 수도 있겠다.

일반적으로 화를 내고 싸워야 하는 상황에서 위축되어 엉뚱한 대상에게 그 공격성을 표출하는 경우 위축과 공격성을 둘 다 보유하고 있다고 볼 수 있으며, 소위 심리전으로서 상대방의 심리를 파악하여 화를 돋우거나 상대방의 반응에 쾌감을 느끼는 교묘한 공격성도 있다. 그런가 하면 공격성이 관심을 끌기 위한 일탈행동으로 나타나는 경우도 있다.

문제가 되는 공격성을 건강한 공격성으로 전환하기 위해서는 미술치료자의 수용적 미술치료가 바탕이 되어야 한다. 수용적 태도란 치료의 주도자가 내담자가 되고, 치료자는 주로 내담자를 수용하는 입장에서 타협과 양보를 이끌어내어 내담자의 자기 통제력을 길러주는 것을 말한다.

내담자도 자신의 욕구가 어느 정도 만족된 후라야 타인과의 타협, 양보가 가능하므로 내담자가 성취감을 느낄 수 있게 해주는 것도 중요한 부분이다. 공격적인 아동에게 좋은 재료는 점토이다. 점토는 에너지를 흡수할 수 있는 특성을 가지고 있어 내담자가 점토를 치고 던지고 두드리면서 자신의 공격성을 표출하고 만족감을 느낄 수 있도록 해준다. 예를 들어 어떤 한 소녀가 기분이 너무 우울해 침대 위에서 팡팡 뛰었더니 기분이 좋아졌다고 하자. 그렇다면 그 침대가 바로 소녀가 억제하고 있던 공격성을 흡수해 치료의 역할을 해주었다고 할 수 있다. 또 하나의 치료방법으로 직접적인 전면전을 통해 문제를 해결하는 것이다. 게슈탈트(Gestalt, 형태심리학) 치료법으로 문제의 근원이 무엇인지 스스로 인지하기 위한 프로그램으로 점토를 이용하여 자소상(自塑像)을 만들어보거나 콜라주를 이용하여 자신의 과거, 현재, 미래를 잡지에서 선택해 붙여보는 방법도 적용해볼 수 있다.

프로이트가 말한 바와 같이 공격성은 본능이다. 그것을 무조건 억제하면 건강하지 못한 심신을 갖게 되며, 왜곡된 방식으로 표출되게 마련이므로 본능에 적당히 충실해지는 것은 아주 중요한 문제이다. 위축아동은 자기 표현 능력이 부족하여 거의 같은 주제와 형태를 그리며, 자기를 표현하는 그림은 잘 그리지 않는다는 것이 특징이다. 이런 위축아동에게는 평소 억제해온 것들을 발산시키는 발산 프로그램이 효과적이다. 발산을 도모할 만한 방법으로는 물총놀이, 풍선에 물감을 넣은 물풍선 던지기, 점토 던지기, 낙서하기, 그리고 펀치를 이용해 종이에 마구 구멍을 뚫기, 소리가 크게 나는 도구를 이용하기 등이 있다. 또한 여러 가지 재료를 주어 스스로 선택할 수 있는 기회를 줌으로써 주도성을 길러주고, 선택에 대한 결과를 눈으로 바로 인식할 수 있게 한다. 사회성의 결여의 문제가 있으므로 개인 치료에서 점차 소규모의 집단치료를 통해 또래와의 직접적인 상호작용을 하면서 적응 훈련을 하는 것도 중요한 프로그램이라 하겠다.

4 I 미술치료가 치매환자의 치유에 미치는 영향

평소 긍정적이고 적극적인 성격으로 바깥활동이 잦았던 J씨는 50대 중반에 이르러 느닷없이 이상행동을 보였고 결국 치매진단을 받았다. 5분 전에 있었던 일을 기억 못하고 물어보고 또 물어보고, 단추 위아래를 바꿔 낀다거나 신발도 오른쪽과 왼쪽 구분을 하지 못했다. 그렇게 활발했던 바깥활동도 크게 줄었다. 온갖 치료를 받았지만 병세가 호전되지는 않았다. 그런데 큰 기대 없이 시작한 미술치료가 의외의 효과를 가져왔다. 미술치료를 병행하면서부터 병세가 크게 호전되었다고 치매환자 보호자가 증언해주었다. "내가 치매로 인해서 주변의 사람들에게 무시를 당하고 있다"는 생각을 하고 있는 환자에게 미술치료를 했을 경우에 자신감이 강화되는 경우가 많다. 미술치료는 자신의 손으로 다양한 형태를 만들고, 연필, 크레파스 등으로 그리고, 여러 가지 색을 이용해 색칠을 함으로써 환자들의 뇌 기능을 활성화시킬 수 있다. 미술치료는 대뇌 전두엽에 있는 전두를 활성화시키는 프로그램이 되어야 한다. 대뇌에 자극을 받게 되면 즐겁고 편안해지고 심리적으로 안정감을 찾을 수 있게 된다. 실제로 일본 임상미술치료협회 연구팀이 치매환자 64명을 대상으로 1년 동안 미술치료를 한 결과, 환자의 73%가 더 이상 치매 증상이 악화되지 않은 것으로 나타났다. 또 그 가운데 25%는 병세가 호전된 것으로 나타났다. 다만 국내의 경우 현재 미술치료를 담당할

만한 전문 인력이 크게 부족하다는 것이 문제로 지적되고 있다.

3. 진단 및 치료에 활용되는 미술치료 기법

내담자의 그림에는 의식과 무의식이 동시에 내포되어 있다. 이것은 그림의 상징과 관련이 있는데, 이러한 상징은 인간의 마음 깊은 곳에 숨겨진 사실을 담고 있다. 이것이 바로 그림을 통한 심리검사의 원천이 된다. 내담자는 상징을 통해 말로 표현할 수 없는 것, 표현하지 않은 것, 표현되지 않는 것을 표출하게 된다. 상징은 언어로 표현하기 어려운 내용의 도식과 자아 방어에 의한 위장이라는 두 가지의 심적 작용을 의미하며, 이것이 그림에 의한 진단과 치료의 이론적 근거가 된다.

1 | 미술치료의 물리적 환경

미술치료는 다양한 상황에서 여러 가지 목적을 위해 미술표현을 활용하는 것을 말한다. 미술작업을 통해서 환자로 하여금 자기 통찰을 할 수 있게 도와주는 것이 미술치료의 목적이다. 정신병원, 복지회관 및 다양한 복지기관, 쉼터, 고아원, 양로원 등에서 개인이나 집단을 대상으로 미술치료를 시행하고 있으며, 가족을 대상으로 한 가족미술치료 시간도 점차 늘려가고 있다. 병원이나 치료센터에 그치지 않고 각종 교육기관에서도 활용이 증가하고 있다. 사회 부적응자나 발달장애아 등을 맡고 있는 기관에서는 치료보다는 인격적 표현으로서의 미술을 활용하고 있는데, 사실상 교육과 치료의 거리는 가깝다. 성인들을 대상으로 한 미술치료에 있어서도 자기 탐색과 창조라는 인격적 성장을 추구하고 있다. 물론 전통적 미술 교육에서 강조하는 미술 표현과는 다른 것으로서, 작품 그 자체보다 과정에 중점을 두고 있다.

미술치료에 있어서 중요한 두 가지 요소는 작업환경과 기본재료이다. 미술작업을 위한 치료실은 그 크기를 규정하는 데 어려움이 있으며, 적당히 넓은 공간, 충분한 채광, 미술도구 등을 갖추면 된다. 물론 조용하고 비밀을 유지할 수 있으면 더욱 바람직하지만, 많은 미술치료자들은 어떠한 환경도 환자에 따라서 유용하다고 지적한다. 예컨대 움직임이 어려운 신체장애인의 경우는 환자의 방을 방문해서 실시할 수 있고, 환자가 편안하다고 느끼는 골방에서도 가능하다. 집단미술치료에서는 구성원들 간의 물리적 거리는 미술작업 시간이나 토론에 영향을 미칠 수 있다. 미술도구 또한 영향을 미칠 수 있어서 바닥에 앉아 그리는 것, 이젤과 의자를 사용하는 것이 제각기 다르다. 미술치료에서 고려할 점은, 미술작품의 제작자와 작품 사이의 물리적 연관성이다. 미술작품을 벽에 걸거나 이젤에 놓거나 땅바닥에 놓고 작품을 설명할 수 있다. 이때 가능하면 환자가 자기 작품에 가까이 접근하게 하여 그림과 환자 사이의 연결을 강조하고, 미술작품이 자아의 확장임을 보다 생생하게 경험하도록 해야 한다.

2 | 미술치료의 진행방법

아동을 대상으로 한 미술치료는 먼저 아동을 진단 · 평가하고, 치료목표를 세워서 치료시간을 갖게 되는 것으로 이루어진다. 대략 도입, 활동, 토론의 순서대로 진행되는데, 도입 부분에서는 서로 친밀해지도록 편안한 분위기를 조성한다. 여기에서는 긴장 이완을 위해 호흡법이나 음악을 사용하기도 한다. 전반적 설명이나 규칙에 대한 오리엔테이션도 이때 이루어져야 할 일 중의 하나이다.

다음의 활동 부분에선 알맞은 재료의 선택이 중요한데, 시간이나 아동의 성향에 따라 다르게 적용될 수 있다. 주어진 시간에 완성할 수 있는 재료가 제공되어야 성취감을 느끼게 된다. 또 아동의 성격이 경직되었다면 이완을 촉진할 수 있는 물감, 핑거페인팅, 물기가 많은 점토가 효과적이고, 충동적이고 공격적인 아동이라면 행동의 통제가 용이한 색연필, 사인펜 같은 딱딱한 재료가 좋다. 이것은 내담자의 성격과 반대되는 재료를 제공하여 그의 내면세계에 억압된 부분을 재통합하는 기회를 주기 때문이다. 그리고 한 가지 재료에만 너무 고착되어 있는 아동에겐 좋아하는 재료로 시작하여 조금씩 첨가하고 확산시키는 것이 바람직하다. 또한 자아 기능이 미성숙한 경우에는 동시에 너무 많은 재료를 제공하여 혼란을 초래하지 않도록 해야 한다. 다양한 재료를 사용하여 미술활동을 하는 것이 좋을 것이라는 치료자의 욕심은 아동에게 도움이 되지 않는 경우가 있다.

활동 부분에서 치료자가 주의해야 할 일은 너무 많은 질문을 하여 내담자가 미술활동 자체에 몰두하는 것을 방해하지 않도록 하는 일이다. 미술활동은 무의식과 의식을 오가면서 자연스럽게 이루어지는 것이기 때문에, 잦은 질문이나 치료자의 개입은 그 흐름을 끊을 수 있다.

토론 부분은 내담자와의 대화를 말하는 것인데, 아동이 느낌을 표현할 수 있는 시간이다. 기분이나 마음 상태를 말로 표현할 수 있는 것이 이때 이루어지게 되고, 작품 내용을 매개체로 은유적인 대화가 되기도 한다. 아동에게 직접적으로 자신의 마음을 표현해보라고 요구하는 것은 어렵지만 아동이 자신의 그림을 이야기하는 것은 훨씬 쉽고 편안하기 때문이다. 대체로 이 시간에 이루어지는 토론 내용은 다음과 같다.

• 작품을 시작할 때와 만들 때, 그리고 끝나고 나서의 느낌은 어떠하였는가?
• 어떤 부분이 마음에 드는가, 어떤 이유에서인가?(내담자의 자아 존중감을 높이고 긍정적인 부분과 태도를 연결시켜 볼 수 있다.)
• 마음에 안 드는 부분이 있는가? 수정해본다면 어떻게 수정하겠는가?(만족 못하는 부분을 언어로라도 정리하여 그 실패감을 어느 정도 확인할 수 있고, 실제 생활과도 연관지어 생각해볼 수도 있다.)
• 그림의 요소들 간에 상관관계는 어떠한가?(내담자의 내면세계의 통찰을 도울 수 있고, 집단미술치료에서는 집단구성원 간의 상호관계를 생각할 수도 있다.)
• 그림에 나타난 소재나 주제의 느낌이 어떠하였는가?(예를 들어 아동이 사자를 그렸다면 그 사자의 성격이나 느낌에 대해 이야기하는 방법도 있다.)

이 시간은 아동 스스로 자신의 작품을 다시 살펴보면서 자신을 느끼는 시간이며, 치료자가 작품 안에서 아동에 대해 더 많은 정보와 느낌을 얻는 시간이다. 미술은 언어보다 검열이 작기 때문에 갈등을 표면화시키지 않고도 은유적으로 대화를 할 수 있다. 그래서 자기 표현에 대한 위협을 느끼지 않고 안정적으로 대화를 할 수 있도록 도울 수 있다. 또한 방어가 너무 심한 아동이나 자아가 약한 아동은 지나친 평가나 진단이 부담스러울 수 있으므로 주의해야 한다. 이것은 아동의 자유로운 표현을 방해할 수 있기 때문이다.

3 | 미술치료에 필요한 소요시간

통상적으로 미술치료의 기간은 주 1, 2회 정도로 하여 6개월에서 1년 정도 실시하는 것이 좋으며, 1회의 시간은 성인의 경우는 60분에서 90분 정도이고 아동의 경우는 30분에서 60분 정도로 실시하는 것이 좋다. 그러나 시간은 내담자의 집중력이나 성향, 그날의 상황에 따라서 조절될 수 있다. 또한 성격적으로 경직되고 강박적인 내담자의 경우는 특별히 시간제한을 두지 않고 작품의 완성시간을 기준으로 할 수도 있다. 이들의 경우, 시간에 대한 강박적 생각이 미술활동에 방해가 될 수 있기 때문이다. 충동적이고 무절제한 내담자의 경우는 시간제한을 철저히 지키기도 한다. 치료자는 치료 장면에서 시간이 종결되기 전 미리 “앞으로 10분 정도 남았으니까 우리 지금부터 마무리하자” 식의 이야기를 해둘 필요가 있다. 이러한 언급은 내담자들로 하여금 시간을 조절해갈 수 있는 능력을 제공하고, 당황하거나 불안하지 않도록 도와주는 작용을 한다.

4 l 진단을 위한 미술치료 기법

그림으로 진단할 때 중요하게 관찰해야 할 부분은 결과와 더불어 활동 과정이다. 그림 분석은 크게 전체적인 평가와 형태 분석, 내용 분석, 태도 분석이 있다. 먼저 전체적인 평가에서는 그림의 첫인상을 중요시하고, 그림이 얼마나 조화롭고 짜임새가 있는가, 구조는 잘 되어 있는가? 이상한 것은 없는가를 관찰한다.

형태 분석

형태 분석에는 그리는 시간, 순서, 크기, 위치, 필압, 스트로크, 대칭성, 방향, 상세함, 음영, 생략과 왜곡, 투명성 등이 있다. 예를 들면 그림을 시작하는 데 시간이 오래 걸리는지 바로 들어가는지를 본다거나, 무엇부터 그리는지, 무엇을 그릴 때 가장 어려워하는지, 그렸다 지우기를 반복하는지 등을 본다. 그림을 다 그린 후에는 전체적으로 그림의 크기와 필압(筆壓), 그림의 위치, 선의 특징을 관찰해야 한다. 작은 그림은 에너지의 부족과 환경에 대한 부적응을, 약한 필압은 지나친 억제심을 보여준다. 그리고 세부묘사에 집착하는 부분은 없는지, 대칭적으로 그리지는 않는지를 봐야 한다. 과도한 상세함은 외부와 적절히 통합이 되지 않음을, 생략과 왜곡은 그 부분의 갈등을, 투명성은 인격 통합의 상실과 현실인식력의 상실을 환기시킨다. 보통 화면 구성의 경우는 그림이 위에 치우쳐 있으면 공상적이고 이상적이라고 진단하며, 불안정하거나 우울한 경우 하단에 치우치고, 위축되고 과거 지향적이면 좌측 화면을, 미래 지향적이며 성공 지향적일 때 우측 화면을 활용한다고 볼 수 있다.

내용 분석

내용 분석에서는 특별히 강조된 부분이 있는지, 전경과 배경과의 공간성이 어떠한지, 그림 요소들과 상관관계는 어떠한지, 특별히 많이 사용한 색은 있는지, 강조된 주제는 무엇인지 등을 관찰한다.

태도 분석

태도 분석에서는 어떤 재료를 선택하고, 시작하거나 활동하는 데 어려워하는 부분은 없는지 등을 본다. 이 모든 것은 아동 개인에 따라 각기 다르게 해석될 수 있어 그림의 진단은 아동의 개인성을 고려하지 않고 일률적으로 해석해서는 안된다. 따라서 가장 중요한 것은 아이의 설명과 의도, 느낌을 충분히 듣고 위의 모든 것을 종합적으로 해석해야 하는 것이다.

미술치료는 그림이나 조소, 콜라주, 핑거페인팅 등의 조형 활동과, 이른바 투사검사라는 이름 아래 진행되는 '인물화 검사' '집, 나무, 사람 검사' '나무그림 검사' '가족화 검사' 등을 통하여 내담자의 심리상태를 진단한다. 여기서는 투사검사 중 미술과 관련이 많은 것을 중심으로 살펴보고자 한다.

01_ 인물화 검사(DPT, draw person test)

인물화에는 아동의 흥미, 욕구, 갈등, 성격 등 내면세계가 투사되는 경우가 많아, 인물화 검사는 가장 기본이 되는 성격진단 검사 중의 하나이다. 이 검사는 아동과 성인 모두에게 적용시킬 수 있고, 무의식적 심리현상을 깊이 이해할 수 있으며, 실시하기가 매우 간단하고, 단시간에 중간단계 없이 그려진 그림을 통해 직접 해석할 수 있다는 장점이 있다.

① 용지와 도구

남녀상을 그릴 수 있는 21(세로)x29(가로)cm의 흰 도화지 2장, 4B연필, 지우개.

② 실시방법

용지 1장을 제시하고 치료자는 "사람을 그리세요"라고 지시하면 되고, 질문이 있으면 "하고 싶은 대로 하세요"라고 하면 된다. 검사를 하는 동안에 예술 표현과 작품의 질에 대해 걱정하는 아동이 있으면, 그림 능력을 보는 것이 아니라고 말하여 안심시킨다. 종이 2장에 각각 남녀의 그림을 그리게 하고 그림이 완성되면 그려진 인물에 대한 생각이 어떠한지 인물의 나이, 배경, 신분에 대해 질문을 한다.

③ 인물화의 해석방법

인물화를 해석하는 것은 쉽지가 않다. 인물화를 그릴 때의 행동에 대한 관찰과 지표별 해석을 포함하여 전체적인 평가가 필요하기 때문이다. 인물화 그리기가 끝나면 질문을 몇 가지 하여 아동의 심리에 대한 중요한 단서를 포착할 수 있다. 예를 들면 "여기에 그린 사람을 보면 어떤 것이 연상되나요?" "그는 어떤 사람입니까?" "이 사람에 대한 이야기를 말해보세요"라고 하여 반응을 얻어낸다. 인물화의 해석은 학자마다 조금씩 다르지만 전체 해석을 종합해보면 대개 다음과 같이 정리된다.

첫째, 머리는 자기나 자아를 인식하는 장소요 자아의 상징이다.

둘째, 손, 팔, 어깨, 가슴은 대뇌의 명령이나 신체의 자극을 나타낸다.

셋째, 동체(몸통)는 신체적 충동의 원천이라고 할 수 있다.

넷째, 발과 다리는 몸의 지지, 균형, 이동, 자율성 등을 나타내는 지표이다.

02_ 집, 나무, 사람 검사(HTP, house tree person test)

이 검사는 매우 친밀감이 높아 모든 연령의 피검자가 편안하고 솔직하고 자유스럽게 표현할 수 있는 기법이다.

① 용지와 도구

21x29cm의 흰 도화지 4장, 4B연필, 지우개.

② 실시방법

- 도화지 1장을 가로로 제시하면서 "집을 그리세요"라고 지시한다.
- 다시 도화지 1장을 이번엔 세로로 제시하면서 "나무를 그리세요"라고 한다.
- 그 다음엔 도화지에 "사람을 그리세요. 사람의 전체를 그리세요"라고 한다.
- 그 다음엔 다시 "그 사람과 반대되는 성을 그리세요"라고 지시한다.
- 다 그리고 나면 각각의 그림에 대해 여러 가지 질문을 한다.

03_ 동적 집, 나무, 사람 검사(K-HTP, kinetic house tree person test)

각각 그려진 HTP에서도 어느 정도의 정보를 얻을 수 있지만 HTP를 전체적으로 봄으로써 더 많은 것을 얻을 수 있기 때문에 K-HTP를 실행하면 유용하다.

① 용지와 도구

21x29cm의 흰 도화지 1장, 연필, 지우개.

② 실시방법

준비한 도화지를 가로로 제시하며 "여기에 집, 나무, 그리고 어떤 행동을 하는 사람의 전체 모습을 그리세요. 사람의 전체 모습을 그릴 때 만화 혹은 막대 인물상을 그리지 마세요"라고 지시한다.

그림을 다 그리고 나면 그림에 대한 정보를 얻기 위해 여러 가지 질문을 한다.

04_ 동적 가족화 검사(KFD, kinetic family drawing test)

가족화를 그리게 하여 내담자의 심리나 가족의 체계 등을 파악한다. 가족화(draw a family)와 동적 가족화는 지시가 다르며, 후자가 더 역동성 파악에 좋다. 동적 가족화는 "당신의 가족 모두가 무엇인가를 하고 있는 그림을 그려보세요"라고 지시하여 그림이 다 그려진 후에 각 인물상이 누구인가, 연령, 무엇을 하고 있는가를 질문한다. 해석은 인물상의 행위와 그림의 양식, 상징, 그림의 역동성 등을 기준으로 하여 진단한다.

번스(Burns)와 코프먼(Kaufman)이 만든 투사검사인 동적 가족화 검사는 개인이 가족 상황에서 자기 자신을 어떻게 지각하는지를 말해준다. 아동으로 하여금 가족 구성원들이 뭔가를 하고 있는 움직임을 첨가시켜 그리도록 지시를 내리는데, 이렇게 하는 것은 아동의 자아 개념과 관련된 측면, 그리고 대인관계의 영역에서 아동의 감정을 표출하도록 이끄는 데 도움을 줄 수 있기 때문이다.

① 용지와 도구

21x29cm 크기의 흰 도화지, 연필(4B연필), 사인펜, 지우개.

② 실시방법

검사용지를 제시하고 다음과 같이 지시한다.

"너를 포함해서 가족들 모두가 무엇인가를 하고 있는 그림을 그려주겠니? 가족들이 무엇이든 하고 있는 동작을 생각해서 그려주면 좋겠구나."

치료자가 무엇인가를 암시하는 듯한 응답은 절대로 피하고, 완전히 비지시적·수용적 태도를 취한다. 검사 상황의 종료는 학생의 말이나 동작을 통해 확인하게 되며 제한 시간은 없다. 동적 가족화를 분석하고자 할 때는 단순히 그려진 그림의 형태만을 보고 분석해서는 안 된다. 그려진 그림 전체와의 맥락을 보고 총체적으로 해석해야 한다. 따라서 참고문헌 등을 보고 여러 학생들의 그림을 분석해본 다음에 대상 학생들의 그림을 분석해야 한다.

③ 그림 완성 후의 절차

그림을 완성한 후, 그림 속에서 인물상을 그린 순서, 각각의 인물상이 누구인가, 연령, 무엇을 하고 있는 것인가, 가족 중 생략된 사람이 있는가, 가족 외 첨가된 사람이 있는가를 확인하고 용지의 여백에 기입해둔다. 이것은 상세하지 않은 그림을 다시 확인하기 위한 절차이고, 기록의 산만을 방지하고 정확한 자료를 얻기 위한 것이다.

05_ 나무 그림 검사(TDT, tree drawing test)

이 검사는 나무가 특정인물을 상징하며 그 사람에 대하여 갖고 있는 감정과 욕구를 나타낸다는 가정, 특히 자기상(自己像)을 직접적으로 나타내며 무의식적으로 느끼고 있는 자신의 모습을 나타낸다는 가정에서 출발한다.

① 용지와 도구

A4 용지, 연필, 지우개.

② 실시방법

용지 방향은 자유로 하도록 하고 "열매를 맺는 나무를 하나 그려주세요"라고 지시한다.

06_ 풍경구성법(LMT, landscape montage technique)

풍경구성법은 미술치료 혹은 그림검사의 하나이며, 원래는 정신분열증 환자를 주 대상으로 하는 모래상자 요법의 적용 가능성을 결정하는 예비검사로 고안되었는데, 독자적인 가치가 인정되어 이론적으로 분석되어 치료로도 많이 활용되고 있다.

① 용지와 도구

도화지, 사인펜, 크레파스 혹은 색연필.

② 실시방법

먼저 치료자가 4면에 테두리를 그린 도화지와 사인펜을 내담자에게 건네준다. 그 다음에 치료자가 말하는 사물, 즉 강, 산, 논밭, 길, 집, 나무, 사람, 꽃, 동물, 바위 등 열 가지 요소를 차례대로 그려넣어서 풍경이 될 수 있게 한다. 그리고 마지막에 그리고 싶은 사물이 있으면 그리게 한다. 모두 다 그린 다음에 크레파스나 색연필을 제시하여 색을 칠하도록 한다. 지도시 사용하는 언어나 행동은 치료의 흐름을 파괴하지 않도록 배려해야 한다.

③ 그림 완성 후의 절차

색칠이 끝난 뒤 아동이 그린 그림을 보고 두세 가지 질문을 한다.

"이 그림에 대하여 몇 가지 궁금한 것이 있는데 가르쳐줄 수 있나요? 이 그림은 사계절 중 언제 입니까? 시간은 몇 시경입니까? 기후는? 강은 어디에서 어느 쪽으로 흐르고 있습니까? 이 사람은 나이가 몇이며, 남자입니까 여자입니까? 이 사람은 지금 무엇을 하고 있습니까?" 등.

07_ 동그라미 중심 가족화(FCCD, family centered circle drawing)

동그라미 중심 가족화는 원의 중심에 그려진다. 그리고 각 인물은 인물 주위에 그려진 상징물로 둘러싸여 있다. 이 상징은 시각적인 자유연상을 기본으로 하고 있으며, 사고와 정서가 추상화돼 있다.

① 용지와 도구

지름 20cm의 원이 그려져 있는 21x29cm의 용지, 지우개, 4B연필.

② 실시방법

용지를 제시한 후에 다음과 같이 지시한다.

"원의 가운데에 아버지와 어머니, 그리고 자기의 모습을 그려주세요. 막대기나 만화같이 그리지 말고 몸 전체를 그려 주세요. 그리고 아버지, 어머니, 자기의 주위에 아버지, 어머니, 자기와 관계된 것을 무엇이나 그려주세요."

그림의 모호한 부분을 분명히 하기 위해서 검사가 끝난 뒤 그림에 대해 질문할 필요가 있다.

08_ 자유화법

제재나 방법을 내담자 스스로 결정하여 그리게 하는 것으로 진단과 치료에 모두 활용한다. 아동의 자발적인 표현은 무의식을 의식화하는 데 크게 도움이 된다. 색채, 선, 공간, 내용(부모, 형제, 자신, 산, 태양, 기차 등)을 분석한다.

09_ 과제화법

인물, 가족, 친구, 집, 나무, 산, 동물, 길 등의 과제를 미리 주고, 내담자가 상상화를 그리게 한다. 이상행동에 대한 내면의 욕구와 그것을 저지하는 압력을 파악할 수 있다. 인물화, 나무 그림, 집 그림 검사, 산과 해의 묘화법, 풍경구성법 등이 여기에 속한다.

10_ 학교생활 그리기

학교생활화(kinetic school drawing)는 아동의 학교생활을 파악하는 데 좋으며, 치료에도 활용할 수 있다. 교사, 친구, 본인을 포함해서 그리게 한다. 동적 가족화와 함께 받아보면 아동생활 전체를 이해하는 데 유용하다.

11_ 협동화법

가족이나 내담자들이 소집단을 이루어 1장의 종이에 협동해서 그림을 그리게 하는 방법이다. 자발성의 정도, 경험의 표출, 협동성, 그리는 위치와 내용, 그림 순서, 주의력 등을 관찰하여 분석한다. 정해진 제재를 주는 경우와 주지 않는 경우로 나누어 실시할 수 있다. 집단치료의 장점을 함께 활용하면 효과적이다.

12_ 색채 선택법

자기가 좋아하는 색을 선택하여 그림을 그리게 하는 방법이다. 가족체계 진단법에서도 좋아하는 색을 사용하게 하거나, 칠하고 싶은 색을 자유롭게 선택하게 하여 아동의 심리진단을 할 수 있다.

13_ 기타 방법

미술치료 과정에서 '가면'을 만들어 쓰고 게임을 할 수도 있고, 자신의 작품에 대해서 자유롭게 표현할 수 있도록 녹음기나 마이크를 사용할 수도 있다. 글짓기도 사용하며, 비디오를 통해 자기가 보존하고 싶은 영상을 복사해줄 수도 있다. 이외에도 동물 가족화, 동물 자화상 그리기, 누구에게 받고 싶거나 주고 싶은 선물 표현하기, 또는 표현을 자극하기 위하여 무용이나 노래를 도입하는 법, 사진기법, 만화 그림 방식으로 대화하기 등을 이용한다.

5 | 치료를 위한 미술치료 기법

이 세상의 모든 것이 미술의 재료가 될 수 있다. 이것은 미술치료의 프로그램이 셀 수 없이 다양해질 수 있다는 말과 같다. 그래서 미술치료의 기법을 알기 전에 그것이 적용되어야만 하는 목적이 분명해지지 않으면 때에 따라 순발력 있게 프로그램을 제시할 수 없게 된다. 예를 들어 점토 활동은 다양한 신체 활동으로부터 모양 만들기, 사람 만들기에 이르는 과정까지 활용되는데, 같은 점토를 가지고도 발달 단계와 아동의 성향에 따라 다르게 적용되며, 얼마든지 응용과 변형이 가능하다. 치료 방향이 분명히 제시되어 있다면 치료자는 그 목적 아래 가장 적절한 프로그램을 적용할 수 있게 될 것이다.

미술치료 프로그램을 시기별로 나누어 일반적인 몇 가지만 살펴보면 다음과 같다.

초기

관계 형성 단계이기 때문에 치료사와 아동이 친밀감을 형성할 수 있는 프로그램들이 제시되어야 한다. 또 미술에 대한 흥미 유발과 재료에 대한 감각을 키워 주어야 한다. 놀이나 게임을 적용하고 자연스런 신체 접촉이 일어날 수 있도록 하는 것이 필요하다.

01_ 테두리 기법

내담자가 보고 있을 때 도화지에 테두리를 그어서 건네주는 방법이다. 묘화를 자극하고 공포를 줄일 수 있어서 자아가 허약한 환자들에게 많이 사용되고 있다. 사각형의 테두리를 그릴 때에는 자를 사용하지 않는 것이 좋다. 또 원을 그려주고 원 안에 그림을 그리거나 채색하게 하여 과잉행동, 주의산만 등을 통제할 수 있다. 풍경구성법이나 난화 상호 이야기 만들기법을 할 때에도 많이 사용한다. 테두리 기법은 일종의 만다라 기법에서 유래된 것이라 할 수 있다.

02_ 만다라(mandala) 기법

불화의 한 형태로 깨달음의 경지를 도형화한 것이다. 원래는 "본질을 소유하는 것"이란 뜻이며, 비법을 닦을 때 외부의 침입을 막기 위해 그려놓은 원형이나 방형으로 구획한 지역을 '만다라'라고 한다. 만다라는 밀교의 중심으로서 불화의 장르에 들어가지만, 용도와 목적에 따라서는 어린이들에게 사각형, 또는 원 안에 그림을 그리게 함으로써 주위산만, 정서불안 등을 치료할 수 있는 미술치료 기법으로 활용되고 있다.

03_ 자기 애칭 표현하기

자신이 갖고 싶은 이름이나 듣고 싶은 이름을 정하고, 소개하는 시간을 가진 후에 그 애칭을 그림으로 표현하게 하는 기법으로 어린이의 정서상태를 진단할 수 있다.

04_ 난화 이야기법

무의식과 유희 시기, 그리고 상징적 · 직관적 형상화 시기인 6세 이전에 나타나는 난화 이야기법은 게임을 하며 난화를 그려나간 후 그것을 가지고 이야기를 만드는 것인데 친밀감 형성에도 크게 도움이 된다. 눈을 감고 낙서하듯 난화를 그리다가 형상을 찾아내어 이야기를 만들어내는 방법도 있다. 누구든지 난화는 쉽게 그릴 수 있기 때문에 미술치료자들은 종종 그림 그리기를 어려워하는 환자들에게 난화를 그리도록 한다. 특히 특별한 도식이나 보편적인 양식에 익숙해져 상상력이 부족한 아동에게 난화는 도움이 된다. 난화는 환자로 하여금 긁적거리기를 통해 창조하지 못했던 이미지를 발견하고 그리도록 해주며, 숨어 있는 이미지가 표출하도록 도와준다. 난화 이야기법은 아무렇게나 선을 자유롭게 그린 후 이미지화하여 그림의 형체를 만들어 '그림 연극'처럼 상호 이야기를 꾸며나가는 것이다.

① 용지와 도구

용지는 환자의 상태에 따라서 다양하게 사용한다. 연필, 크레파스(좋아하는 색 한 가지 선택), 볼펜, 사인펜.

② 실시방법

〈2장의 그림을 가지고 실시하는 방법〉

- 아동과 치료자가 각자 다른 종이에 그린 그림이 무엇인지 이야기한다.
- 치료자가 2장의 그림으로 이야기를 꾸며나간다(아동은 듣는다).
- 아동이 2장의 그림으로 이야기를 꾸며나간다.
- 다시 치료자(혹은 아동)가 이야기를 꾸며나가는 과정을 반복한다.

〈종이를 4등분하여 실시하는 법〉

- 먼저 치료자가 종이에 테두리를 그려준다. 그 이유는 아동이 그림을 그리기 쉽게 하고 저항을 없애기 위해서이다. 분열증, 다른 정신질환자, 소심한 사람, 의사 표시를 안 하는 사람 등에게 유용하다.
- 아동(혹은 치료자)이 난화를 그리고, 치료자(혹은 아동)가 이미지화해서 그림을 그린다.
- 위의 그림을 반복하여 지면의 4곳을 모두 채워 4개의 그림을 모두 그린다.
- 그린 순서에 관계없이 서로 이야기를 꾸며나간다. 순서를 바꾸어가며 반복해서 꾸며나간다.

05_ 그림으로 대화하기

치료자와 내담자가 한 가지 색을 선택하여 말이 없이 그림으로만 대화를 주고받는 방법이다. 친밀감 형성과 상대방의 감정을 이해하는 데 도움이 된다.

06_ 핑거페인팅(finger painting) 기법

미술치료 초기나 말기에 사용한다. 정서의 안정과 거부, 저항의 감소, 이완 등의 효과를 가진다. 또한 작업의 촉진, 스트레스 해소에도 큰 도움이 된다. 이것은 나중에 작품으로 게시해도 좋고, 크리스마스 카드를 제작해서 사용할 수 있다.

풀 그림은 정서의 안정과 이완 등에 효과가 있다. 거부나 저항이 심한 아동이나 퇴행성 성인에게도 유용하다. 작업의 촉진과 스트레스 감소에도 쓰인다.

07_ 자신의 장점 표현하기

자신의 장점을 손 본뜨기나 상자를 이용하여 표현해보는 것인데 자신에 대한 긍정적인 부분을 발견하고, 집단 미술치료에서는 상호간의 이해에도 도움이 된다.

이외에도 자유화법이나 갈겨 그리기, 그림 완성하기 등 다양한 프로그램이 있다.

08_ 콜라주(collage) 기법

최근에 가장 많이 사용되는 미술치료 기법이다. 거부의 감소, 분노의 탈출, 희망에 대한 상징 등 다양하게 활용할 수 있다. 표현이 쉽고 그리는 것보다 정확한 감정전달이 우수하나 선택할 수 있는 사진 매체가 많아야 한다. 자기 감정, 가족이나 친구에게 말하고 싶은 것, 선물 주고받고 싶은 것, 타인에 대한 느낌, 문제의 예방 및 대책 방법 등을 쉽게 표현할 수 있다. 콜라주는 직감이나 감각 등의 비합리적 기능을 이용한 현대적인 치료기법이다. 이 기법은 자신을 개방시키고 심상을 발견하거나 개발시킨다. 또한 아동의 관심과 흥미를 분명히 해주며, 아울러 이상과 현실의 차이를 이해하는 데 유용하다. 또한 개인치료나 집단치료에 모두 유용하며, 주제를 주거나 자유화 형식으로 실시하는 등 다양한 방법을 취할 수 있다. 치료자는 아동의 작품에 나타난 그림들의 내용, 화면의 색채 및 변화, 구도, 이야기 내용 등을 분석하고, 해석하면서 치료해 나간다.

① 용지와 도구

용지는 환자의 상태에 따라서 다양하게 사용한다. 풀, 가위, 다양한 잡지, 잘라놓은 사진, 팸플릿, 신문 등.

② 실시방법

- 구상 → 밑그림 → 붙이기 → 정리 → 건조의 순서로 진행한다.
- 치료자가 옆에서 도와주는 법, 합동제작법, 대화 없이 각자 실시하는 방법 등이 있다.

  이야기를 하면서 각자 실시하는 방법을 상태에 따라서 적절하게 사용한다.
- 30분 정도를 소요하고, 나머지 시간은 그림에 대해서 이야기를 교환한다.

09_ 출발 그림(starter sheet) 완성하기

그림을 그리는 데 저항이 있거나 의욕이 없는 아동의 미술 표현을 자극하고 촉진하기 위해 출발 그림 용지를 사용한다. 이 방법은 치료자가 잡지에서 오린 얼굴 사진이나 사람의 눈만을 종이에 붙여주고 그림을 완성하게 하거나, 기호가 그려져 있는 그림을 제시하고 그 기호를 사용해서 그림을 완성하게 하는 방법이다. 유아나 성인, 정상적인 사람, 정신 질환 등 모두 적용할 수 있으며, 환자의 거부감이나 저항, 공포를 제거할 수 있다. 그린 순서를 적고, 무엇을 그렸는가를 해석하게 한다.

중기

표출단계이기 때문에 자아 개념과 표현력을 향상시킬 수 있는 프로그램이 제시되는데, 자신을 인식하고 발산이 충분히 이루어질 수 있도록 해야 한다.

10_ 자화상 그리기

충분한 시간을 들여 자기 모습을 상상하며 그릴 수도 있고, 거울을 보고 자신의 특징적인 모습을 파악하여 크로키(croquis) 기법으로 재빨리 그릴 수도 있다. 판단력이나 관찰력을 기르고 자기를 되돌아보는 자아 인식에 좋다.

11_ 의인화로 나타내기

나를 상징할 수 있는 것을 그려보거나 만들고, 그것에 대해 대화해보는 방법이다.

자신을 나무, 동물, 냄새, 꽃 등 다른 것으로 표현해보고, 의인화시켜 이야기해보는 방법이다. 아동들의 경우는 '내가 만일 변신한다면 무엇으로 변신할까?' 혹은 '다시 태어난다면 무엇으로 변해 있을까?' 등으로 접근할 수도 있다.

12_ 내가 아는 나와 다른 사람이 아는 나

자신의 외면과 내면을 통찰하여 자신을 새롭게 정립하고 인식하기 위한 프로그램이다. 이 두 가지의 차이가 클수록 내적 통합이 잘 이루어지지 않은 상황이므로 자기상에 대한 정립과 통합이 필요하다.

13_ 과거 여행 떠나기

자신의 과거를 돌아보면서 가장 행복했던 때와 슬펐던 때를 회상하고, 그 감정이나 기억을 그려보는 프로그램이다. 기억력을 기르는 데 좋다.

14_ 과거, 현재, 미래 나타내기

과거와 현재, 미래를 콜라주 사진을 골라 나타내게 하고 특히 5년 후 또는 10년 후의 자기 미래를 표현하게 한다. 자신을 발견하고 새로운 삶의 각본을 계획하는 데 좋다.

15_ 자기 광고

나 자신을 여러 사람에게 알리고자 하는 광고지(leaflet)를 만드는 것이다. 나를 타인에게 어떤 모습으로 보일 것인지 생각하고, 자신의 장점이나 특징을 상기시키는 방법이다.

16_ 내가 되고 싶은 얼굴과 버리고 싶은 얼굴

가면으로도 표현할 수 있고 그림으로도 가능한 방법인데, 자기 욕구를 인식하고 내면 안에 수용되지 못하는 부분을 통합하도록 해준다.

17_ 인생 곡선 그리기

자신이 살아온 인생을 돌아보면서 시기별로 감정이나 만족도를 표현해보는 방법이다. 그래프도 가능하고 콜라주나 그리기 등으로도 응용할 수 있다.

18_ 점토로 표현하기

점토로 표현하기는 촉각, 지각과 관계하는 조형 활동이다. 점토로 인물상을 만들거나 자기의 느낌을 표현하여 설명하게 한다. 묽은 점토는 수채물감과 같이 액체 도구로서 언어화가 결핍된 내담자에게 유용하며, 과도한 언어화를 나타내는 사람들에게는 감각적 요소를 강조할 때 사용한다. 특히 분노나 적개심의 표현, 대인관계가 부족한 내담자의 치료에 효과적이다.

19_ 자기 표현하기

개인치료나 집단치료시에 나는 누구인가를 알리고자 할 때 인물화를 그리게 한다. 또는 이것이 '나' 이다. 잡지 콜라주를 시행하고, 서로 토의하며, 타인과의 비교를 통해 통찰한다. 자신의 표현은 자아 감각을 발달시키기 위한 수단으로 많이 활용된다. 심신장애인은 신체 영상이나 자아 개념이 부정적이다. 이를 높이기 위해서 그림 완성하기, 손도장과 발도장 찍기, 자기 신체 본뜨기, 조소활동, 동그라미 기법, 가면 만들기, 거울 보고 자기 그리기 등을 할 수 있다.

20_ 친구 신체 그려주기

예쁘게 그려줄 친구를 선정하여 전지 위에 눕게 한 후 4B연필로 몸의 외곽선을 따라 그리고 그 몸을 꾸며보는 것인데, 자유로운 재료를 사용하여 신체의 부분을 그려넣거나, 좋아하는 것과 싫어하는 것을 덧붙이는 식으로 응용할 수 있다. 친구를 이해하고 배려하는 마음을 가질 수 있게 하는 방법이다.

21_ 감정사전 만들기

도화지에 몇 개의 칸을 구분하고 최근의 감정을 그리거나 색종이로 나타내게 한다. 감정을 표현한 후에 모든 인간은 불편한 감정을 가지고 있음을 확인시킨다. 또한 칸 없이 1장의 종이에 표현할 수 있다. 스펙트럼 형태의 띠로도 나타낼 수 있는 방법이다.

22_ 자기 집 평면도 그리기

어린 시절(가능하면 유아 시절)에 자기가 살았던 집의 평면도를 그려서 가장 무서웠던 곳, 비밀 장소, 누구와 함께 살았는가? 등을 설명하여 자신의 과거를 회상한다. 자기에게 영향을 미친 사람, 성격의 형성 등을 발견하고 부적응 행동에 대해 재결단을 하여 새로운 각본을 형성하게 한다.

23_ 상호 의존 역할 놀이법

짝을 지어 서로 역할을 바꾸어 그리도록 한다. 그림을 그리면서 타인의 역할을 함으로써 역할놀이의 효과를 얻는다. 그후에 경험했던 감정을 서로 얘기하고 교환한다. 부부치료에도 큰 도움이 된다.

말기

자발적이고 적극적인 표현을 유발시키고 현실 의식을 높일 수 있는 프로그램이 제시된다. 또한 상호 작용을 활발하게 하는 활동이 요구된다. 종결기에는 변화를 관찰할 수 있는 기법을 사용하기도 한다. 전시회를 열어 그동안 진행되어온 과정을 정리해보는 시간을 가져보는 것 또한 의미 있을 것이다.

24_ 내가 나에게 바라는 것 표현하기

자신을 돌아보고 자신의 성격이나 모습을 이상형으로 바꾸고자 하는 바람을 표현해보게 함으로써 현실의 나를 인식하고 외부세계와의 연결점을 찾게 해준다.

25_ 나의 미래 표현하기

현재의 자기 모습과 마음속에 꿈꾸고 있는 미래의 자기 모습을 표현해보게 함으로써 미래 지향적이고 긍정적인 삶을 살 수 있도록 도와준다.

26_ 그림 돌려 그리기

내가 그린 그림 위에 다른 사람의 그림이 덧붙여 그려지도록 하는 게임이다. 초기에도 효과적인 프로그램이고, 상호 이해와 사회성을 기르는 데에 좋다.

27_ 선물 만들기

상대방에게 필요한 것들을 그려주거나 잡지에서 오려 붙여주고, 또는 가족에게 주고 싶은 선물을 만들고 꾸며봄으로써, 상대방에게 내 마음을 표현하는 법을 익힌다.

28_ 나에게 상장 주기
프로그램을 종결하면서 자신에게 좋았던 점이나 남에게 잘해준 것에 대해 상장을 만들거나 트로피를 만들어주는 것이다. 성취감이나 자아 존중감, 자기 정리에 도움이 된다.

29_ 역할 교환법
채색이나 콜라주, 난화, 그림 그리기 등에서 내담자와 치료자가 서로 번갈아가며 작품을 제작한다. 화면 분할법(1장의 종이에 적당한 선을 그어 나눔)과 같이 사용하기도 한다. 라포(rapport, 치료자와 내담자 사이의 신뢰감) 형성이나 거부감의 감소, 흥미 유발, 촉진 등에 효과적이다.

4. 집단미술 프로그램 활용사례

1 I 연구의 목적

고도의 기술과 정보가 발달한 현대 사회에서 우리는 이제껏 학문적 업적이나 기능을 중시해왔으며, 유아 교육에 있어서도 유아기의 경험의 중요성은 인식하고 있지만 인지발달의 측면에서만 강조해온 것이 사실이다. 그러나 최근에 인간이 현대 사회에서 성공적으로 적응하는 데 IQ가 여러 가지 능력을 보장해주지 못한다는 것이 인식되면서 인지능력과 비교되는 개념으로 정서지능의 개념이 중시되고 있다. 인간의 정신능력은 크게 두 가지로 양분된다. 하나는 이성능력이고, 다른 하나는 정서능력이다. 이성능력이란 합리적인 사고능력을 가리키는 것으로서 기억력, 이해력, 추리력, 계산력, 논리력 등을 말한다. 한편 정서능력이란 자신의 감정을 인지하고 감정을 다스릴 줄 아는 통제능력으로서 인내심, 지구력, 충동 억제력, 만족지연 능력, 용기, 절제, 감정이입 능력 및 대인관계 기술 등을 말한다. 그러나 이처럼 이성능력과 정서능력을 구분할 수 있다고 해서, 이 두 능력이 완전히 별개로 존재한다고 보기는 어렵다. 감성적으로 뛰어난 사람은 자신의 감정을 잘 통제할 수 있으며, 다른 사람의 감정을 읽어내고 효과적으로 대응할 수 있다. 그래서 타인과 친밀한 관계를 형성하거나 조직사회에서 보다 성공할 수 있는 행동양식을 알아내는 이점을 가지고 있다. 잘 발달한 정서지능을 가진 사람들은 그들의 삶을 만족스럽고 효과 있게 만들 수 있다. 그러나 감정적인 삶을 통제하지 못하는 사람은 내적인 갈등에 빠져 일에 집중하지 못하고 명쾌한 사고를 하지 못한다.

유아는 미술활동을 통하여 감정을 정화시키고, 자신의 내면세계를 반영하며, 성취감을 느끼고 많은 혼란스러운 감정을 사회에서 용납하는 합리적인 방법으로 해결할 수 있는 전략을 습득하게 된다. 또한 유아는 미술활동을 통하여 즐거움과 만족감을 느끼며 자신이 창조한 것에 대해 자신감을 갖게 된다. 이러한 즐거움, 성취감, 만족감, 자신감은 유아의 긍정적인 자아개념 형성을 도와주며, 유아의 정서발달에 중요한 기초가 된다. 그리고 유아의 미술활동은, 무엇보다도 언어표현이 미성숙한 유아들이 자신의 감정을 다른 사람에게 전달할 수 있는 능력을 향상시키는 데 도움을 준다. 유아들은 그리고 부수고 쌓고 만들고 즐거워하는 일련의 미술활동을 통해 자신의 감정을 표출시킬 수 있으며, 여러 가지 미술 매체나 활동을 경험함으로써, 자신의 감정을 인지할 수 있다. 또한 합동작품이나 활동으로 타인과의 상호교류를 통해 대인관계 기술을 익힐 수 있으므로 감성계발에 미술활동이 적합하다고 할 것이다. 더욱이 이러한 미술활동은 행동에 활력을 주고, 정서에 안정을 가져오므로 정신 건강에도 좋다.

미술활동을 통해 우리는 자신의 욕구를 발견하고, 다른 사람의 욕구를 이해하며 조절할 수 있다. 더구나 집단미술치료는 집단 속에서 자신과 타인의 감정을 조절하고 타인과 공감할 수 있는 기회를 제공하며, 나아가 서로의 관계를 긍정적으로 만들 수 있도록 도와준다. 또한 미술을 매체로 하여 생활문제 해결에 필요한 태도와 자기 관리 능력을 습득하고, 대인관계 기술을 향상시킬 수 있다. 따라서 본 연구에서는 집단미술 프로그램을 통하여 유아의 정서지능 계발에 미치는 효과를 구체적으로 살펴보고자 한다. 이를 위해 연구목표를 다음과 같이 설정하였다.

첫째, 집단미술 프로그램이 유아의 자기 인식에 어떠한 영향을 미치는가?
둘째, 집단미술 프로그램이 유아의 자기조절 능력에 어떠한 영향을 미치는가?
셋째, 집단미술 프로그램이 유아의 자기 동기화에 어떠한 영향을 미치는가?
넷째, 집단미술 프로그램이 유아의 감정이입 능력에 어떠한 영향을 미치는가?
다섯째, 집단미술 프로그램이 유아의 대인관계에 어떠한 영향을 미치는가?

2 | 연구의 대상

본 연구대상은 대구 G유치원의 반 전체에 정서지능검사를 실시하여 반 평균보다 낮은 유아들 중 담임교사가 추천한 유아들로, 평소에 다른 아이들과 잘 어울리지 못하고, 타인을 배려하지 못하며, 주위가 산만하여 집중력이 부족한 6~7세의 유아 6명으로 구성하였다.

본 연구대상은 반 전체 평균보다 대체로 학습능력이 떨어지는 유아들로서, 각각의 특성을 살펴보면 다음과 같다. 영식은 평소에 주의가 산만하고 항상 얼굴이 어두웠으며, 정서지능 측면에서 자기 인식과 정서조절 및 대인관계에 어려움이 있었다. 민수는 다른 아이들보다 발달이 늦어 과제를 해결하거나 놀이를 할 때 항상 뒤처지고 대인관계에 문제가 있었다. 예지는 매우 똑똑하고 말을 잘 이해하는 아이로 자기 감정을 잘 인식하고 있었으나, 자기 방식대로만 하려고 하는 경향이 있어서 자기 조절이나 감정이입에 어려움을 겪고 있었고, 다른 유아와 어울리기를 싫어하여 대인관계 측면에서도 도움이 필요하였다. 영주는 내성적이며 말이 없고 융통성이 부족한 편이어서, 정서지능 의 모든 부분에서 도움이 필요했다. 창수는 매우 창의성이 있었으나, 몹시 산만하여 한 자리에 잘 있지 못하고 고집이 세 자기 조절, 감정이입에 문제가 있었다. 기석은 매우 밝은 반면에 산만하여 자기 조절과 감정이입에 문제가 있었다.

3 | 연구의 절차

01_ 집단미술 프로그램

집단미술 프로그램의 구성은 골레먼(Goleman)의 정서지능 5개 요인인 자기 감정 인식, 감정 조절, 자기 동기화, 감정이입, 대인관계 기술을 기초로 하였다.

02_ 집단미술 프로그램의 실시방법

프로그램 실시 일주일 전에 본 연구대상의 유아들이 속해 있는 반 전체의 정서지능에 대한 사전검사를 실시하였다. 집단미술 프로그램은 대구 G유치원에서 2006년 9월 9일부터 2006년 12월 9일까지 일주일에 1회, 30분, 총 16회기로 진행되었다. HTP, K-HTP, KFD, LMT 검사는 사전검사로 1, 2, 3, 4회기에 실시하였고, 협동화와 그림 돌려 그리기에 대한 사전검사는 5, 6회기에 실시하였으며, 7회기부터 13회기까지는 유아의 치료효과를 위한 프로그램으로 진행하였다. 초기검사의 변화를 알아보기 위한 사후검사는 14회기에 실시하였으며, 협동화와 그림 돌려 그리기에 대한 사후검사는 15, 16회기에 실시하였다.

■ 집단미술 프로그램 내용

회기	활동명	활동 내용	기대 효과	재료
1	HTP 사전검사	집, 나무, 사람을 각각 다른 종이에 그리게 하고 그림에 대하여 질문한다.	성격 상태 진단, 자기 동기화	4B연필, 사인펜
2	K-HTP 사전검사	집, 나무, 사람을 종합하여 그리게 하고 사람은 활동하고 있는 모습을 그리게 한다.	성격 상태 진단, 자기 동기화	4B연필, 사인펜
3	KFD 사전검사	4B연필이나 크레파스를 이용해서 아동을 포함하여 활동하는 가족상황을 그림으로 그린다.	가족관계 및 역할과 성격 상태 진단	4B연필, 크레파스
4	LMT 사전검사	강, 산, 논밭, 길, 집, 나무, 사람, 꽃, 동물, 바위 등을 연필로 그리고 색칠하게 한다.	사물의 이해력과 정서 상태 진단	4B연필, 크레파스
5	협동화 그리기	서로 한 가지 색깔을 선택하여 함께 협동화를 실시한다.	사전검사 , 성격 상태 진단	4절지, 크레파스
6	그림 돌려 그리기	그리기한 가지 색깔을 선택하여 옆 친구에게 그림을 돌려 그리기를 한다.	사전검사, 성격 상태 진단	4절지, 크레파스
7	점토로 내가 좋아하는 것 만들기	점토활동을 통해 자기의 감정을 표출시키고 감정을 이완시켜 주며, 안정된 정서적 분위기를 조성한다.	자기 감정 인식, 자기 감정 조절, 자기 동기화	찰흙, 지점토
8	다양한 얼굴 표정 그리기	기본감정에 대해 제대로 인식하고 있는지 알아본다. 어떤 표정이 좋은지를 인식한다.	자기 감정 인식, 자기 동기화	크레파스, 스케치북
9	콜라주 기법 : 나의 감정 찾기	주제에 따른 그림을 찾아 오려붙이거나 찢어 붙여서 타인의 표정을 보고 자신의 감정과 연결시켜 표현하는 법을 인식한다.	자기 감정 인식, 자기 동기화, 타인의 감정인식	잡지, 가위, 풀, 도화지
10	협동화 : 핑거페인팅	부드러운 재료를 경험하며 감정을 이완시키고, 친구와 풀물감을 섞으면서 친구와 함께하는 느낌을 경험한다.	자기 감정 인식, 감정이입, 자기 동기화	녹말풀, 전지, 수채물감
11	협동화 : 여러 가지 색깔 나무 만들기	나무를 꾸미는 동안 친구와 색깔이 합쳐지는 경험을 함으로써 공동으로 작품을 만드는 기쁨을 느낀다.	자기 감정 조절, 감정이입, 대인관계 기술	나뭇잎, 크레파스, 전지, 풀
12	협동화 : 손가락 꽃 만들기	서로 친구의 손에 어떤 색을 칠 할 것인지 의사소통하는 동안 표현의 즐거움을 느끼고, 타인 존중의 기회를 가진다.	자기 동기화, 감정이입, 대인관계 기술	전지, 크레파스 크레파스,
13	협동화 : 친구 신체 그려주기	협동작업을 통하여 하나의 작품을 완성하는 성취감을 느끼고, 친구를 이해하고 배려하는 마음을 갖게 한다.	감정이입, 자기 동기화, 대인관계 기술,	전지, 풀, 색종이
14	HTP, KFD, LMT 사후검사	집, 나무, 사람 그리기와 가족사항 그리기, 풍경구성법을 이용하여 정서능력의 향상 정도를 알아본다.	감정이입, 자기 동기화, 대인관계 기술	4B연필, 크레파스, A4 용지
15	사후검사 : 협동화 그리기	사후검사로서 협동화를 통해 집단의 적응능력과 정서능력의 향상 정도를 알아본다.	자기 감정 조절, 대인관계 기술 자기 감정 조절,	4절지, 크레파스
16	사후검사 : 그림 돌려 그리기	사후검사로서 집단의 적응능력과 정서능력의 향상 정도를 알아본다.	자기 동기화, 대인관계 기술	4절지, 크레파스

03_ 자료처리 및 활용

본 연구의 결과를 검증하기 위해서 정서지능 검사를 사전, 사후에 실시하여 본 연구대상의 유아들이 속해 있는 반 전체와, 본 연구대상의 유아 각 개인의 정서지능 하위 영역별 변화를 평균과 표준편차로 비교하였다. 또한 협동화와 그림 돌려 그리기를 사전, 사후에 실시하여 집단 속 유아들의 정서지능 하위영역별 변화를 관찰하였으며, 그림활동 과정중의 집단의 상호교류 및 관계 다루기에 중점을 두었다.

4 | 정서지능의 개념

정서지능이라는 용어는 1990년 하버드 대학교의 심리학자 피터 샐로비(Peter Salovey)와 뉴햄프셔 대학교의 존 메이어(John Mayer)에 의해 처음으로 사용되었으며, 정서지능이란 자신과 타인의 정서를 평가하고 표현할 줄 아는 능력, 자신과 타인의 정서를 효과적으로 조절할 줄 아는 능력, 그리고 자신의 삶을 계획하고 성취하기 위하여 정서를 활용할 줄 아는 능력을 말한다. 골레먼은 1995년 『정서지능』이라는 책에서 정서지능을 자기 인식, 자기 조절, 자기 동기화, 감정이입, 대인관계 기술 다섯 가지 구성요소로 규정하고 있다. 본 연구에서는 골먼의 정서지능 분류에 의거하여 그 개념을 알아보고자 한다.

01_ 자기 인식

자기 인식에 관한 정서 프로그램으로는 유아가 느끼는 분노와 좌절을 다스리는 방법이나 다른 사람과의 갈등으로 감정이 상했을 때 자신의 감정에 대해서 생각해볼 수 있는 기회 제공 등이 있다. 자기 조절이란 자기 지각에 기초하여 자신의 느낌을 적절하게 전환하고 조절하는 능력으로, 이런 능력이 풍부한 사람은 분노, 흥분, 우울, 불안을 쉽게 떨쳐버리고 좌절과 혼동에서 빨리 벗어날 수 있지만 부족한 사람은 늘 괴로운 느낌에 시달린다. 이러한 능력은 자신의 감정을 적절히 표현하는 능력, 공격적인 행동과 자기 파괴적인 행동을 절제하는 능력, 자신과 가족 및 유치원에 대한 보다 긍정적인 감정을 가지는 능력, 고독감과 사회적인 불안감을 덜 느끼는 능력 등을 포함한다.

02_ 자기 조절

자기 조절에 관한 정서 프로그램으로는 상상놀이를 통해 평소에 경험하지 않는 극도의 감정을 조절하고 공동작업을 통해 긍정적인 방향으로 자신의 감정을 표출시킬 수 있도록 교육시키는 것이다.

03_ 자기 동기화

자기 동기화란 어려움을 참아내어 자신의 성취를 위해 노력할 수 있는 능력이다. 예를 들어 만족 지연과 낙관성 등을 말한다. 미래를 위해 설정해놓은 목표를 달성하려면 주의집중력, 노력, 완성의지, 창의성 등이 필요한데 이런 능력을 가지려면 먼저 자신에게 발생하는 다양한 유형의 정서를 바람직한 방향으로 다룰 수 있어야 한다. 또한 자신의 감정을 생산적으로 이용하는 것으로, 자신에 대해 책임을 지는 능력, 인내심을 갖고 충동을 억제하며 사려 깊게 일을 처리하는 능력, 희망과 낙천적 태도를 갖고 긍정적으로 생각하는 능력 등이 포함된다. 자기 동기화를 향상시키기 위해서는 먼저 정서적 안정에 도움이 되도록 예측 가능한 환경조성이 필요하며, 유아의 의사를 존중하고 의사결정을 할 수 있는 프로그램, 즉 자유선택 활동이나 미술활동시 다양한 자료의 준비 등이 필요하다.

04_ 감정이입

감정이입은 타인이 느끼는 감정을 자신의 것처럼 느끼고 타인의 감정을 읽어내는 능력이며, 이는 자신의 정서를 다룰 수 있는 능력이 생긴 후에 형성되는 공감이다. 즉 다른 사람의 입장을 이해하고, 다른 사람의 감정들을 정확히 인식하고, 타인의 감정에 반응하여 적절한 감정을 경험하고, 자신의 내적 경험을 전달하고 행동하는 것이다. 이러한 감정이입은 인간관계 능력의 근본이 되며, 타인의 감정을 수용하는 능력, 타인의 감정에 민감해지는 능력, 타인의 말에 귀 기울이는 능력 등을 가리키며, 타인정서의 공유, 타인에 대한 정서적 배려 등을 내용으로 한다. 감정이입을 향상시키기 위한 프로그램으로는 서로 협력하여 해결해야만 하는 과제 수행을 통해, 자신과 친구들의 생각이나 느낌, 감정을 읽으며, 서로 다른 생각들을 조정할 수 있는 역할 바꾸기 활동이나 협동학습 등이 있다.

05_대인관계 기술

대인관계 기술이란 타인의 감정에 적절하게 대처하고 표현할 수 있는 능력을 말한다. 이러한 능력은 인기, 지도력, 대인관계 효율성을 뒷받침한다. 이 기술의 성공 여부는 상대방의 처지를 공감해줄 수 있는 자신의 감정을 어떻게 잘 표현하는가에 달려 있다. 긍정적인 신체적 접촉, 타인 격려하기, 협동하기, 나누기 등 사회적 기술의 모델을 보여주는 것은 대인관계 기술을 향상시킬 수 있다. 이러한 기능들이 원활히 이루어지는 사람을 정서적으로 건강한 사람이라고 한다.

5 | 정서지능과 미술활동 프로그램과의 관계

미술작업은 방어나 통제를 줄이고, 상징적인 이미지에 의해 감정이나 사고를 표현하는 것을 가능하게 한다. 그리고 시각적 이미지에 의한 표현은 의식의 깊숙한 부분을 자극하여 자기 개방을 더 풍부하게 해준다. 이러한 미술활동에 있어 자기 표현과 자기 개방은 정서지능의 자기 인식과 자기 조절의 기회를 제공할 수 있다. 또한 구체적인 유형의 자료가 남기 때문에 객관적으로 자신을 관찰할 기회가 주어지며, 자신에 대한 이해를 높여준다.

미술은 분노, 적대감 등을 해소시킬 수 있는 정화의 기능을 가지고 있어 정서지능의 자기 감정 조절기능과 부합된다. 아울러 집단미술치료는 구성원들로 하여금 그림을 매체로 내면에 있는 감정을 자유롭게 표출하고 갈등을 재경험하며, 자기 통찰 및 자발성을 향상시키고, 사회 참여 능력을 높여주며, 보다 생산적인 인간과계를 유지하게 해준다.

정서지능계발 프로그램을 집단미술치료 프로그램에 적용해볼 때, 집단미술치료의 장점은 내담자가 집단활동을 통하여 자기 인지를 명확하게 할 수 있고, 자기와 비슷한 상황에 처해 있는 다른 사람들이 자신의 문제를 어떻게 인식하며 해결해 나가는지를 의식적 또는 무의식적으로 받아들이는 과정을 통해 자연스런 유대감을 형성할 수 있다는 것이다. 또한 협동심과 대인관계 기술도 향상시킬 수 있다.

6 | 집단미술 프로그램 진행과정 및 해석

1회기_ HTP(집, 나무, 사람):사전검사

아이들과 처음 만나 "안녕하세요?"라고 치료자가 먼저 인사를 하니 아이들도 함께 "안녕하세요?"라고 인사하였다. 작업에 들어가기 전에 처음 모인 집단이라 팀 이름을 지어보자고 하였더니 서로 의견을 내놓았다. '토끼 팀!' '다람쥐 팀!' 등 여러 이름이 나왔으나, 갑자기 창수가 '파랑새 팀!'으로 하자고 큰소리치니 아이들이 따랐다. 그래서 팀 이름은 '파랑새 팀'으로 결정되었다.

영식, 민수, 예지, 영주, 창수, 기석이에게 원탁 테이블에 차례로 앉아서 HTP 그림을 그리게 하였다. 각자 좋아하는 색깔의 사인펜이나 크레파스를 1개씩 선택하게 한 후 자기가 좋아하는 집을 그리라고 하였다. 비교적 조용하게 잘 진행되었다. 다음으로 나무를 그리고, 사람을 그리라고 하였다. 영식, 민수, 예지는 차분하게 그려내고 있었으며, 영주는 다른 아이들보다 조금 늦게 완성하였다. 창수와 기석은 주위가 산만하여 일어서서 그리기도 하고, 자리를 이동하면서 집중력을 보이지 못하였다.

2회기_ K-HTP(동적 집, 나무, 사람):사전검사

"안녕하세요?" 하고 치료자가 먼저 인사하니 다함께 "안녕하세요?" 하고 인사를 밝게 하였다. 영식, 민수, 예지, 영주, 창수, 기석이가 원탁 테이블에 차례로 앉게 자리를 정리하였다. 각자에게 A4 용지를 하나씩 나누어주고, 각자 좋아하는 색깔의 사인펜이나 크레파스를 1개씩 선택하게 한 후 자기가 좋아하는 집을 그리라고 하였다. 비교적 조용하게 잘 진행되었다. 동적 집. 나무. 사람에 대하여 그리는 방법을 설명해주고 제자리에 앉아서 K-HTP 그림을 그리게 하였다. 영식은 집을 화면 중앙에 불안정하게 그렸고, 나무는 겨울에 보온을 위해 포장해 놓은 모양이며, 사람은 손과 다리가 없는 모양으로 표현하였다. 민수는 집과 나무를 그리고, 사람을 동적인 자세로 표현하고 있다. 예지는 집, 나무, 사람을 안정감 있게 그렸으나 열등의식을 가지고 있는 것 같다. 영주는 집, 나무, 사람을 왼쪽에서부터 차례로 그렸다. 열등의식을 가지고 있고, 내성적인 성격인 것 같다. 창수는 양쪽에 집과 나무를 그리고 중앙에 사람을 그려넣었다. 자신감과 자기 중심성이 강한 것 같으며, 사람과 나무는 작게 그리고 집을 크게 그린 것으로 보아 집에 대한 관심과 자기 과시적 욕구가 강한 것으로 해석된다.

3회기_ KFD(동적 가족화):사전검사

동적 가족화 그리기에서는 영식, 민수, 예지, 영주, 창수, 기석이가 원탁 테이블에 차례로 앉아서 동적 가족화를 그리게 하였다. 각자 좋아하는 색깔의 사인펜이나 크레파스를 1개씩 선택하게 한 후 자기 가족을 그리게 하였다. 엄마, 아빠, 할아버지, 할머니, 언니, 누나, 동생 등 같이 살고 있는 가족을 모두 그리라고 하였다. 영식은 자기를 크게 그리고 엄마와 아빠를 작게 그려 자기 중심적 표현을 하였고, 민수는 본인과 엄마, 아빠, 동생이 나란히 손잡고 있는 모습을 그려 가족의 화목함을 표현하였다. 예지는 자신과 언니가 나란히 집 안에 서 있는 모습을 그려 내성적 성격을 보였고, 영주는 식구들이 집 안팎으로 활동하는 모습을 그렸으며, 창수는 엄마, 아빠와 함께 있는 모습을 크게 그려 대담성을 보였다. 기석은 할아버지, 할머니, 엄마, 아빠, 형 등 많은 식구가 집 안에 있는 모습을 그려 외부와의 연결이 부족한 듯한 가족 분위기를 나타냈다.

4회기_ LMT(풍경구성법):사전검사

풍경구성법에서는 영식, 민수, 예지, 영주, 창수, 기석이가 원탁 테이블에 차례로 앉게 한 후, 사전에 준비한 4면에 테두리선을 그린 A4 용지를 1장씩 나누어 주고, 각자 좋아하는 색깔의 사인펜이나 크레파스를 1개씩 선택하게 했다. 그런 다음 풍경구성법을 설명해주고 강, 산, 논밭, 길, 집, 나무, 사람, 꽃, 동물, 바위나 돌 등을 테두리선 안에 재미있게 그려넣으라고 하였다. 영식은 산, 집, 길, 자동차만 그렸다. 민수는 산과 강을 그리고 집과 사람, 동물은 강 건너 있는 모양으로 그렸다. 강은 건널 수 없는 무서운 것으로 인지되어 있는 듯했다. 예지는 나무와 풀밭, 연못에 고기가 노는 모습과 동물, 태양을 그렸다. 평화로운 세상을 꿈꾸고 있는 것 같았다. 영주는 산과 나무, 집, 사람, 길, 태양을 그렸다. 태양을 그려넣은 것으로 보아 아버지의 사랑을 많이 받고 있는 듯했다. 창수는 산, 강, 집, 악어와 용을 그렸다. 기석은 산, 코끼리, 악어, 호랑이를 그리고 하늘에는 용을 크게 그린 것으로 보아 공격적이거나 외향적인 성격으로 아빠의 영향을 받고 있는 것으로 생각된다.

5회기_ 협동화 그리기

사전검사의 일환으로 이번 회기에서는 협동화를 그렸다. 먼저 아이들에게 자기가 마음에 드는 크레파스를 하나씩 선택하게 하고, 큰 전지에 둘러앉게 하였다. 치료자는 다같이 커다란 전지에 그림을 그려보자고 제시하였다.

각자의 영역이 분명하게 나타났다. 한 가지 색의 크레파스를 사용하는 것이 답답했던지 창수는 다른 색으로 색칠하면 안 되냐고 묻는가 하면, 영식은 아예 옆 친구의 크레파스를 빼앗아 자신의 수박에 색칠을 하였다. 다 그리고 난 후 그림에 제목을 붙여보자고 했더니 민수는 "곰돌이 마을"이라고 하였고, 예지는 "꿈동산 마을"이라고 하였으며, 영주는 "동물나라 마을"이라고 하였다. 창수가 큰 소리로 "해저마을이 좋아"라고 하자 모두들 묵인하는 듯하였다. 그래서 협동화의 제목은 '해저마을'로 하기로 하였다. 서로 자기 그림의 영역이 분명했으며, 친구의 개입을 용납하지 않는 분위기여서 집단 간의 감정 교류가 전혀 이루어지지 않는 상태라고 할 수 있었다.

6회기_ 그림 돌려 그리기

치료자는 저번 회기에 이어 본 회기에서도 사전검사의 일환으로 그림 돌려 그리기를 실시하였다. 먼저 한 가지 색깔의 크레파스를 선택하게 한 후에, 자기 이름을 쓰고 도화지를 뒤집어서 자기가 그리고 싶은 그림을 그리게 하였다. 그리고 치료자가 "그만" 하면, 옆 친구에게 자신의 도화지를 돌리게 하였다. 영식은 보라색, 민수는 분홍색, 창수는 노란색, 영주는 파란색, 기석은 빨간색, 예지는 연두색을 선택하였다. 예지는 처음에 버스를 그렸는데, 영주가 구름을 그려주었고, 기석이가 트럭을 버스 옆에 그렸다. 마지막에 자기 그림의 트럭에 색칠을 했으며 구름 위에 해를 그려넣어 자신의 마음에 들게 그림을 고쳤다. 창수는 집과 나무를 그렸으며, 영식이와 다른 아이들은 색칠만 해주는 수준에 머물렀다. 민수는 그림을 적극적으로 그리지 못했지만 꽃 두 그루와 연하게 코끼리라고 둥근 형체를 그렸으며, 창수는 코끼리에 색칠을 했고, 다른 친구들은 집에 색칠을 했다. 민수, 영주, 예지의 그림에서는 상호작용의 정도가 높은 것을 알 수 있었다. 그림 그리기가 끝난 후 소감을 물었더니 "친구가 그림을 망쳐놨어요" 등 부정적 반응을 보였다. 아직까지 집단 간의 감정 교류가 원활하게 이루어지지 않고 있음을 볼 수 있었다.

7회기_ 지점토로 내가 좋아하는 것 만들기

본 회기에는 자신의 감정을 표출시키고 이완시킬 목적으로 지점토 만들기를 하였다. 바닥에 신문지를 깔고 원으로 둘러앉았다. 지점토를 나누어주고 먼저 자유롭게 주무르고 두들기게 하였다. 아이들은 신나게 주무르고 두들겼다. 분위기가 활발해졌을 때 치료자는 자신이 만들고 싶은 것을 만들어보도록 하였다. 지난 회기까지 수동적으로 작업하던 아이들은 지점토를 가지고 노는 것을 좋아하였다. 민수는 연신 웃으면서 팔찌를 만들었다고 보여줬으며, 여러 가지 모양을 다양하게 만들었다. 영식은 자신이 만들고자 한 것이 잘 안 만들어지자 화를 내다 다시 만들곤 하였으며, 창수는 자신의 작품에 애착이 커서, 잘 만들어놓고도 다시 부수고 만들곤 하였다. 기석은 신중하게 자기가 만들고자 하는 것을 꾸준히 만들었으며, 영주는 사탕을 만든다고 지점토를 둥글게 만들다 예쁘게 되지 않는다고 선생님에게 도움을 청하기도 하였다. 다 만든 후 복도에 전시를 하였다. 아이들은 자신이 만든 작품과 다른 아이들의 작품을 비교하며 구경하였다. 전반적으로 서로 분위기가 많이 자연스러워진 것을 알 수 있었다.

8회기_ 다양한 얼굴 표정 그리기

지난 회기에서 어느 정도 집단구성원들 간에 서로 적응이 되었다고 보았기 때문에 본 회기에서는 자신의 기본 감정에 대해 제대로 인지하고 있는지 알아보고자 하였다. 과제로 얼굴 표정 그리기를 실시하였다. A4 용지를 나누어준 후 "제일 처음 얼굴에 웃는 얼굴을 그려 보세요"라고 하였다. 그 다음 신나는 얼굴, 슬픈 얼굴, 화난 얼굴, 놀란 얼굴, 무서울 때 얼굴 등 여러 가지 얼굴을 그려보라고 제시하였다. 또한 얼굴 표정을 그리면서 자신도 함께 표정을 지어 보이도록 하였다. 아이들은 얼굴 표정에 대해서 나름대로 잘 인지하고 있었으며, 자신이 생각하는 표정들을 쉽게 그려나갔다. 영식은 어지러워하는 사람, 화난 사람을 그려 긍정적인 표정보다는 부정적인 표정을 더 잘 표현하고 있었다. 영주는 화난 얼굴, 슬픈 얼굴, 웃는 얼굴을 그렸으며, 기석은 웃는 얼굴, 화난 얼굴, 어지러워하는 사람을 표현했다. 그러나 창수는 웃는 얼굴, 놀란 얼굴, 표정을 알 수 없는 코만 그린 얼굴을 표현하였으며, 그림 그리기보다는 말이 더 많았다. 예지는 웃는 사람과 다른 사람들을 분리시켜놓아 긍정적인 표정과 부정적인 표정을 잘 인지하고 있는 것으로 보였고, 표정이나 행동 표현이 다양하였다.

9회기_ 콜라주 기법:나의 감정 찾기

이번 회기에서는 타인의 얼굴 표정을 통하여 자신의 감정과 어떻게 연결시키고 있는지를 알아보기 위해서 콜라주를 통한 감정 찾기 도표를 만들어보았다. 치료사는 잡지에서 웃는 표정, 슬픈 표정, 화난 표정, 신났을 때 표정, 무서울 때 표정, 놀랐을 때 표정을 각각 5개를 선별하여 A4 용지에 얼굴 크기로 맞추어 복사하였다. 이 복사한 용지와 각각의 얼굴 표정을 붙일 수 있는 용지를 아이들에게 나누어주고 자신이 생각하는 각각의 얼굴 표정들을 용지에 붙여보도록 하였다. 민수는 대체로 다양하게 여러 표정을 붙였고 자신이 자주 짓는 표정으로 웃는 표정과 화난 표정을 선택하였다. 창수는 여러 사진을 다양하게 붙였으나 웃는 표정에 대한 인지를 제외하고는 타인의 슬픈 표정, 놀랐을 때의 표정, 무서울 때의 표정을 구분하기 어려워했다. 영식은 대체로 잘 인지하고 있으나 무서울 때 표정은 없다고 하였으며, 자신이 평소에 잘 짓는 표정은 슬픈 표정이라고 하였다. 영주는 슬픈 표정, 놀랐을 때 표정을 잘 인지하지 못했으며, 예지는 능숙하게 붙였고 화난 표정, 신나는 표정, 무서울 때 표정을 선택하였다. 기석은 화날 때와 무서울 때 표정이 비슷하게 나타났다.

아이들은 웃는 표정과 신나는 표정을 가장 잘 선별하였으며, 화난 표정 또한 잘 인지하고 있었으나, 슬픈 표정은 제일 어려워하였다. 지난 회기까지만 봤을 때는 자신의 감정에 대한 표현이나 인지가 잘되었던 것으로 보인다. 그러나 이번 회기에 본 아이들은 타인의 표정을 보고 감정을 알아맞히는 데 다소 어려움이 있음을 알 수 있었다. 그래서 다음 회기부터는 타인의 감정을 잘 인지할 수 있는 프로그램이 필요하다는 것을 알 수 있었다.

10회기_ 협동화:핑거페인팅 기법

자신의 감정을 노출시키는 동시에 이완시키고, 타인과의 합동작품을 통하여 타인의 감정 인지를 도모하기 위한 프로그램으로 핑거페인팅을 실시하였다. 치료자는 먼저 자신의 색을 선택하고 녹말풀과 자신이 선택한 색을 스케치북에 마음대로 문지르면서 자기가 그리고 싶은 것을 그려보도록 하였다. 처음에 아이들은 손가락으로 물감과 색을 조심스럽게 섞었으나 차츰 흥미를 가지고 문지르기 시작하였다. "느낌이 어떤가"라는 치료자의 질문에 "물컹거려요" "미끈거려요"라고 대답하였으며, 손가락에 느껴지는 느낌을 상당히 신기해했다.

영식은 마구 나선형으로 스케치북에 크게 그림을 그리며 지렁이라고 하였으며, 다른 회기 때보다 과감하게 표현하였다. 아이들은 아주 솔직하게 자신의 감정을 표현했으며, 창수는 하나 더 하면 안 되냐고 묻기도 하였다. 각자의 그림이 다 완성된 후 다시 다 모이게 하여 큰 전지에 다같이 그림을 그려보자고 하였다. 각자의 자리 앞에 풀과 자신이 선택한 물감을 짜주었다. 아이들은 풀과 물감을 섞기 시작하였고, 창수가 손바닥으로 과감히 물감을 묻혀서 찍기 시작하였다. 다른 아이들도 창수의 행동을 보고 따라하기 시작하였다. 손바닥을 찍는 과정에서 우연히 다른 친구의 색이 자신의 색에 침범하자 민수는 "쟤가 내 색에 들어와요"라며 반응을 보이다 자신도 다른 친구의 색과 섞기 시작하였다. 결국 기석이가 "우리 합체하자" 하니 남자아이들이 주축이 되어 서로 마구 찍고 문지르기 시작하였다. "색이 서로 섞이니까 어떻게 되었나요?" 하였더니 "다른 색이 나와요"라고 하였으며 "친구 색이랑 섞이니까 기분이 어때요?" 했더니 "신기해요. 이상해요"라고 하며 첫 회기 때보다 긍정적인 반응을 보였다. 아이들은 자신의 감정 표현에 조금 더 솔직해지는 경향이 있었으며, 타인과의 상호작용도 긍정적인 변화를 보이기 시작하였다.

11회기_ 협동화: 여러 가지 색깔 나무 만들기

지난 회기에 타인과의 상호작용이 긍정적인 변화를 보였으므로 이번 회기에는 타인을 배려하는 마음을 조금 더 키우기 위한 심화과정으로 여러 가지 색깔 나무 만들기를 하였다. 셀로판지로 여러 가지 색의 나뭇잎을 아동들에게 나누어주고 전지에 커다란 나무를 다같이 예쁘게 꾸며보자고 하였다. 각자 자신의 색으로 나뭇잎을 붙이는 동안 옆 친구의 나뭇잎과 자신의 나뭇잎이 겹쳐지자 새로운 색이 나오는 것을 보고 신기해하였고, 의도적으로 서로의 나뭇잎을 겹치기도 하였다. 서로 작업하는 과정이 지난 회기보다 더 자연스러워졌으며 "누구야, 나랑 합체하자"라며 서로의 의사를 타진하기도 하였다. 나뭇잎을 다 붙인 후 크레파스로 나무줄기와 바탕을 색칠하였으며, 창수는 나무줄기에 상흔을 그려넣기도 하였다. 이유를 물으니 "멋있잖아요"라고 하였다. 아이들의 협동작업이 잘 이루어졌다.

12회기_ 협동화:손가락 꽃 만들기

지난 회기에 자연스럽게 타인과의 상호작용을 유도하였다면 이번 회기에는 더 구체적인 타인 존중 프로그램의 일환으로 손가락 꽃 만들기 협동화를 실시하였다. 전지에 동그라미 4개를 그려준 후 동그라미 둘레에 각자의 손을 본떠서 꽃 모양으로 만들게 하였다. 그리고 서로 친구의 손에 어떤 색으로 칠할 것인지에 대해서 물어보고 색칠해주기로 하였다. 영주는 그림을 아주 작게 그리고 매우 소극적으로 보였지만, 차분하고 꼼꼼하게 자리를 뜨는 일 없이 자기 역할에 충실하였다. 예지는 빨리 알아듣고 자기 앞에 있는 동그라미에 그린 후 창수가 다 그리기를 기다렸다. 민수가 방해를 하니 짜증을 내었고, 주로 지시하는 활동은 정확하게 잘하였지만, 독단적으로 하는 경향이 많았다. 창수는 자리를 옮겨가면서 아주 적극적인 참여를 보였다. 민수는 정작 자신은 활동을 적극적으로 잘하지 못하면서 친구들이 하는 것에 참견은 많이 하였다. 마무리 작업 때는 모두를 누가 시키기라도 한 듯 제 역할을 찾아 순식간에 마무리하였다.

13회기_ 협동화:친구 신체 그려주기

이번 회기에는 친구 신체의 본을 떠 꾸며주기를 통하여 타인과의 관계기술 및 의사소통을 높일 수 있는 기회를 가져보기로 하였다. 먼저 친구 한 명을 전지에 눕혀 신체를 본뜬 후 꾸며주기를 하는데, 어떤 친구를 그려줄까 하는 얘기에 창수가 제일 하고 싶어했고, 또 다른 친구들도 모두 자기가 하기를 원하는 눈치였다. 이때 치료자가 개입해 "그럼, 전지에 몸 전체가 다 들어갈 수 있도록 제일 작은 친구를 그리는 것이 어떻겠니?" 하는 제안에 모두들 마지못해 그러자고 했다. 예지는 공동으로 하는 작업이 마음에 들지 않는다는 듯 두 다리를 쭉 뻗고서는 적극적이지 못하였다. 창수는 자기가 눕겠다고 했는데 못해서인지 한참을 하다가는 더 이상 활동을 안 하려고 하였다. 그리고 한참이 지난 후 마지막에 각자 이름을 적는 시간에 창수가 주위를 맴돌았다. 창수에게 "여기 이름 적어"라고 지시를 하니 얼른 크레파스를 들고 자기 이름을 적었다. 그런 후 색칠이 덜 된 부분을 색칠하여 마무리를 했다. 서로 자신이 모델이 되고 싶어하여 활동과정이 조금은 부정적이었으나, 마지막에는 서로의 활동에 공감대를 형성하며 기분 좋게 마무리를 했다.

14회기_ HTP, KFD, LMT:사후검사

사전검사 때 나타났던 유아들의 성격, 행동, 표현의 문제점들이 미술활동을 통해 어떻게 바뀌었는지 HTP, KFD, LMT 사후검사를 실시하였다. 영식, 민수, 예지, 영주, 창수, 기석이가 원탁 테이블에 차례로 앉아서 HTP 그림을 그리게 하였다. 각자 좋아하는 색깔의 사인펜이나 크레파스를 1개씩 선택하게 한 후 자기가 좋아하는 집을 그리라고 하였다. 다음으로 나무를 그리고, 사람을 그리라고 하였다. 영식, 민수, 예지, 영주는 차분하게 그려내고 있었으며, 창수와 기석이도 사전검사 때와는 다르게 비교적 조용하게 자리에 앉아서 끝까지 그려나갔다.

동적 가족화(KFD) 그리기에서는 각자 좋아하는 색깔의 사인펜이나 크레파스를 1개씩 선택하게 한 후 자기 가족을 그리게 하였다. 엄마, 아빠, 할아버지, 할머니, 언니, 누나, 동생 등 같이 살고 있는 가족을 모두 그리라고 하였다.

풍경구성법(LMT)에서는 사전에 준비한 4면에 테두리선을 그린 A4 용지를 1장씩 나누어주고 강, 산, 논밭, 길, 집, 나무, 사람, 꽃, 동물, 바위나 돌 등을 재미있게 그려 넣으라고 하였다. K-HTP, KFD, LMT 그림에서 사전 검사 때보다 사후검사 때는 모두들 그림에 자신이 있어하면서 즐거운 마음으로 자기 표현을 자유롭게 하였다.

15회기_ 협동화:사후검사

이번 회기에는 사후검사로서 협동화를 실시하였다. 각자 한 색의 크레파스를 선택하게 하였으며, 다같이 그림을 그리게 하였다. 기석(검정), 영식(연두), 민수(오렌지), 창수(금색), 예지(자주), 영주(다홍)는 각각 좋아하는 색으로 자유롭게 그림을 그리기 시작하였다. 기석이가 제일 처음, 그리고 제일 크게 그리기 시작하였으며, 자기 그림을 그리다가 민수가 그리는 배 그림 위에 돛을 그려주었다. 민수는 아무 말 하지 않고 무엇을 그리는지 보고 있다가 즐거워하였다. 민수는 기석이가 그려준 돛을 색칠하다가 영식이의 비행기 그림에 색칠을 해주기도 하였다. 예지는 집으로 자기 그림을 가두었지만 이내 "기석아, 창문 색칠 좀 해줘" 하고 조언을 구하고, 옆에 있는 친구 그림에 색칠을 해주었다. 크리스마스트리 그림을 그리는 도중 다른 친구들에게 색칠해달라고 하다가 나중에는 크레파스를 바꾸어 색칠하는 등 적극적인 자세를 보였다. 그리고 다른 친구들이 차지하고 남은 여백을 다 차지할 만큼 큰 그림을 그렸으며, 나중엔 크레파스를 바꾸어서 영식이와 기석이의 그림에 색칠해주기도 했다. 전체적으로 아이들은 자기의 감정을 표현했다가도 금방 친구의 감정을 알아차리고 자신의 행동을 자제하거나 조절하였으며, 서로 자연스러운 분위기로 이끌어나갔다.

16회기_ 그림 돌려 그리기:사후검사

이번 회기에도 사후검사로 그림 돌려 그리기를 실시하였다. 먼저 한 가지 색을 선택해 그리게 하였다. 영주(보라), 예지(파랑), 기석(레몬), 창수(은색), 영식(다홍), 민수(분홍)가 시간을 정해 그리다가 치료자가 그만 하면 그림을 옆 친구에게 넘기도록 하였다.

영주는 그림이 돌아갈 때마다 "내 그림은 바다 그림이 아니니까 꽃하고 사람 그려줘" 하면서 친구에게 부탁하였다. 마지막에 자기 그림이 돌아왔을 때는 옆에 있던 예지가 "와! 기분 좋다 너는?" 하니, 영주도 "나도 좋아" 하고 대답하는 등 흐뭇해했다. 예지는 제일 먼저 바다 그림에 고래를 그리니 다른 친구도 모방하는 듯했다. 다시 그림을 받고서 덜 된 부분을 색칠하기도 했다. 기석이 그림에는 자기가 직접 탱크라는 글자까지 적어넣었으며, 친구의 그림에 신중하게 무엇을 그려넣어 줄까 고민하는 것 같았다. 기석은 그림을 돌리는 중에도 자신의 그림에 원하는 대로 색칠이 안 되니까 친구에게 색칠해달라고 요구하기도 하고, 하다가 잘 안 되니 자기가 재빠르게 가서 색칠을 하고 또 돌아와 남의 그림에 계속 그려주고 하는 활동을 여러 차례 계속했다. 민수는 독특하게 자기 손바닥을 그리고서 그림을 그리기 시작하였으며, 다른 친구들 그림에 색칠을 잘해주었다. 친구의 감정을 상하게 하지 않고 자신의 욕구를 제대로 잘 표현하였으며, 필요시에는 친구의 크레파스를 빌리기도 하면서 서로 협력하여 작품을 완성해나갔다.

7 I 집단미술 프로그램이 정서지능에 미친 변화

01_ 유아의 자기인식에 어떠한 영향을 미치는가?

① 정서지능검사에서의 변화

본 연구의 유아들은 사전검사를 실시한 결과 자신의 기본 감정에 대해 비교적 잘 인지하고 있어 사후 검사는 생략하였다.

② 협동화에서의 변화

초기 협동화에서 유아들은 그림을 그리고 난 뒤 부정적인 감정을 호소했으며, 왜 그런 기분이 일어났는지에 대해서 설명하거나 이유를 말하지 못했으나, 후기 협동화에서는 자신의 기분과 욕구에 대해서 친구들과 이야기하는 등 자기 인지에 긍정적인 변화를 보였다. 영주는 초기 협동화에서 제일 그림이 작았으나 후기 협동화에서는 다른 친구들에 못지않은 그림 크기를 보였으며, 또한 커다란 나무 옆에 자신을 크게 그려넣어 자기 인지에 긍정적인 변화를 보였다. 민수는 집단아동들 중 가장 발육이 늦어 그림을 그리는 것을 어려워했으며, 친구가 크레파스를 뺏어도 말 한마디 못하여 자기 감정 인지에 어려움을 겪었다. 예지, 창수, 그리고 기석이는 적극적으로 자신의 감정을 표현하였다.

③ 그림 돌려 그리기에서의 변화
초기 그림 돌려 그리기에서는 각자 자신이 그리고 싶은 그림 하나만을 그렸으며, 친구들의 그림에 대해 색칠해주는 수준에서 그쳤으나, 후기 그림 돌려 그리기에서는 서로의 그림에 색칠해주는 수준에서만 그치는 것이 아니라 자신이 그려주고 싶은 그림을 그려주는 등 적극적인 표현을 했다. 영주는 후기 그림 돌려 그리기에서 풀밭을 그렸는데 예지가 집을 색칠해주었으며, 나무와 구름을 그렸고, 영식은 나비를, 창수는 꽃을 그렸으며, 민수가 색칠을 해주었다. 영주는 "바다 그림이 아니니까 꽃하고 사람 그려줘"라고 자신의 의사를 분명히 표현하였다. 민수의 초기 그림은 힘이 없고 작아 그림 돌려 그리는 과정에서 다른 아이들의 그림에 정작 자신의 그림이 묻혀버렸었다. 그러나 후기 그림 돌려 그리기에서는 자신의 손바닥 그림으로 시작하여 전체적인 그림이 크고 힘이 있어졌으며, 모방을 잘 하던 민수가 처음으로 독창적으로 그려 자기 인지에 큰 변화를 보였다.

02_ 유아의 자기 조절 능력에 어떠한 영향을 미치는가?
① 정서지능 검사에서의 변화
본 연구대상 유아들의 개인별 정서지능 하위영역 중 자기 조절 변화를 보면 사전검사보다 사후검사시 반 평균점수가 향상된 것을 볼 수 있다. 개별적으로 보면 사전검사에서 예지와 민수를 제외한 유아들은 표준편차를 고려한 반 전체 평균보다 낮은 점수였으나, 사후검사에서는 반 전체 평균 수준 내에 있어서 사전검사 때보다 자기 조절 능력에 긍정적인 변화를 보였다.

② 협동화에서의 변화
초기 협동화에서는 서로의 영역이 분명하고 한 가지 색으로 그리는 것에 답답해하면서도 친구와의 교류가 전혀 없어 자신의 감정 조절에 어려움을 보였으나, 후기 협동화에서는 한 가지 색으로 그리는 것이 답답하면 친구에게 색을 칠해달라고 부탁을 한다든지, 자신의 욕구에 대해 적극적으로 표현함으로써 자기 조절을 이루었다. 예지는 초기 협동화에서는 한 색으로만 색칠하였지만, 후기 협동화에서는 자신이 원하는 색을 친구에게 부탁하기도 하여 자기 조절에 변화를 보였다. 창수도 초기 협동화에서는 민수의 크레파스를 빼앗아 색칠을 해 공격적인

행동을 보였으나,후기 협동화에서는 다른 친구들이 그리고 난 여백에 크게 자기 표현을 하였으며, 친구에게 색칠을 해달라고 부탁하는 등 자기 조절에 긍정적인 변화를 보였다.

③ 그림 돌려 그리기에서의 변화

초기 그림 돌려 그리기에서는 각자의 그림에 색칠해주는 수준에 그쳤으며, 그리는 과정에서 "그림 망치면 죽는다"는 등 부정적인 감정 표현으로 분위기가 매우 경직되어 있었다. 그러나 후기 그림 돌려 그리기에서는 서로 간에 대화가 많았으며, 자신의 그림에 원하는 대로 색칠이 될 수 있도록 친구에게 부탁하는 등 자신의 감정을 조절하고 있었다. 창수는 초기 그림에서 다른 친구들이 자신의 그림에 손대는 것을 매우 싫어했으며, 강압적인 분위기로 이끌고 가 전혀 타인의 감정을 고려하지 않았으나, 후기 그림에서는 친구들에게 자신이 원하는 색을 칠해줄 것을 적극적으로 부탁하여 긍정적인 자기 조절을 하고 있었다.

03_ 유아의 자기 동기화에 어떠한 영향을 미치는가?

① 정서지능에서의 변화

본 연구에서 자기 동기화에 해당하는 만족 지연이나 창의성 과제의 측정이 어려워 미술치료자 2명과 협동화와 그림 돌려 그리기에 대한 토론을 통해 살펴보았다.

② 협동화에서의 변화

초기 협동화에서는 서로의 그림이 일정하지 않고 전혀 연관성이 없었으며, 미술활동 과정에서도 서로의 그림을 망칠까봐 불안해하였으나, 후기 협동화에서는 서로의 그림의 크기가 일정하였으며, 친구가 자신의 그림을 침범하고 싸움을 걸자 "자, 우리 같이 색칠하자" 하면서 긍정적으로 갈등상황을 해결하는 등 자기 동기화가 이루어지고 있었다. 예지는 후기 협동화에서 친구에게 색칠해주기를 부탁하다가 자기의 마음에 들지 않으면 크레파스를 서로 바꾸어 칠하자고 제안하는 등 긍정적인 변화를 보였다. 영식은 초기 협동화에서 그림이 작고 힘이 없었으며, 자신의 그림을 다 그린 후 딴 짓을 하는 등 산만하였으나, 후기 협동화에서는 민수의 배를 로켓으로 공격하다가 이내 서로 연결하자며 다리를 그리기도 하여 자기 조절과 자기 동기화에 큰 변화를 보였다.

③ 그림 돌려 그리기에서의 변화

초기 그림 돌려 그리기에서는 각자 자신이 그리고 싶은 그림 하나만을 완성했으며, 되돌아온 자신의 그림에 대해 부정적인 감정을 호소한 반면에, 후기 그림 돌려 그리기에서는 자신의 그림이 원하는 대로 그려지지 않으면 친구에게 자신의 생각을 적극적으로 표현하여 작품을 완성하려는 의지를 보였다. 또한 초기 그림 돌려 그리기에서보다 후기 그림 돌려 그리기에서 자신의 그림에 흡족해하여 자기 동기화에 긍정적인 변화를 보였다. 창수는 후기 그림에서 친구들에게 자신이 원하는 색을 칠해줄 것을 적극적으로 부탁하며, 자신의 그림이 잘 되게 하기 위해서 노력하는 등 긍정적인 자기 동기화를 보였다. 영식은 그림 그리기를 싫어해 "못 그려요. 그리고 싶은 게 없어요"라고 하는 경우가 많았는데 후기 그림 돌려 그리기에서는 적극적으로 규칙에 따라 그림을 그려나가 자기 동기화에 큰 변화를 보였다.

04_ 유아의 감정이입 능력에 어떠한 영향을 미치는가?

① 정서지능에서의 변화

본 연구대상 유아들의 개인별 정서지능 하위영역 중 감정이입에서의 변화를 보면 사전검사보다 사후검사 때 향상된 것을 볼 수 있다. 개인별 점수를 반 평균과 비교해보면 사전검사에서 민수를 제외한 본 연구대상의 유아들은 낮은 점수를 보이고 있으나, 사후검사에서 본 유아들 중 예지, 영주, 기석, 창수는 표준편차를 고려한 반 평균보다 높은 점수를 보였다. 이는 다른 하위영역에서의 변화보다 큰 변화로서 본 미술활동 프로그램이 감정이입 교육에 보다 적합하다는 것을 보여준다.

② 협동화에서의 변화

초기 협동화에서는 서로의 영역이 분명하고, 친구들의 그림에 전혀 개입하지 않았으며, 친구들의 그림에 부정적이던 아이들이 후기 협동화에서는 각자의 그림에 서로 색칠을 해주고 의견을 교류하기도 하고, 친구의 그림에 덧붙여 그려주는 등 감정이입에 큰 변화를 보였다. 기석은 초기 협동화에서는 자기 그림에만 관심이 있었으며, 다른 친구들과는 전혀 교류를 하지 않아 감정이입이 잘 되지 않았다. 그러나 후기 협동화에서는 자신의 그림을 그리다가 민수의 배 그림에 돛을 그려주기도 하여 타인과의 감정이입에 큰 변화를 보였다. 영식이도 소극적이던 미술활동에서 친구들의 부탁에 응하기도 하고, 자신이 부탁하기도 하는 등 감정이입에 긍정적인 변화를 보였다.

③ 그림 돌려 그리기에서의 변화

초기 그림 돌려 그리기에서는 아주 경직된 분위기에서 자신의 그림 외에는 관심이 없었고, 옆 친구와 그림을 바꾸라는 치료자의 지시에 아주 불쾌해하였으며, 친구의 그림에 색칠해주는 수준에서 활동을 마쳤다. 그러나 후기 그림 돌려 그리기에서는 색칠에서 끝나는 것이 아니라 친구 그림에 어울리는 그림을 그려준다거나 친구의 그림에 제목을 붙여주었으며, 또한 친구에게 그림을 다 그린 후 기분이 어떤지를 물어 보는 등 감정이입에 큰 변화를 보였다. 아이들은 자신의 그림에 국한되는 것이 아니라 협동화의 느낌을 받을 정도로 서로 많은 교류를 하고 있어 서로의 감정이입이 잘되고 있음을 보여주었다. 영주는 초기 그림에서는 아주 소극적인 표현을 하였으며, 친구들의 그림에 별 반응을 보이지 않았으나, 후기 그림에서는 자신이 원하는 것을 적극적으로 표현할 뿐만 아니라 친구들의 그림에 제목을 붙여주기도 하고, 어떤 그림을 그릴지 고민하는 등 감정이입에 큰 변화를 보였다.

05_ 유아의 대인관계에 어떤 영향을 미치는가?

① 정서지능에서의 변화

본 연구대상 유아들의 개인별 정서지능 하위영역 중 대인관계 기술에서의 변화를 보면 사전검사시 본 연구대상의 유아들은 다른 정서지능 하위영역보다 점수가 모두 낮아 표준편차를 고려한 반 평균점수에 못 미쳤으나, 사후검사 때에는 표준편차를 고려한 반 평균점수에 속하거나 더 높았다. 영식이와 창수는 반 평균 수준이었으며 예지, 영주, 기석, 민수는 반 평균점수보다 높은 점수를 보였다. 이로써 본 미술활동 프로그램이 대인관계 기술 교육에도 적당하다는 것을 알 수 있다.

② 협동화에서의 변화

협동화에서 대인관계 기술 항목이 제일 큰 변화를 보였는데, 전체적으로 아동들은 초기 협동화와는 달리 후기 협동화에서 화기애애한 분위기를 보였다. 서로 크레파스를 빌리고, 대신 색칠해주는 등 상호교류가 빈번하여 대인관계 기술에 많은 향상을 보였다. 민수는 집단아동들 중 가장 발육상태가 늦은 편이어서 친구들과 의사소통이나 미술활동에 매우 시틀러 대인관계 기술에 이려움올 걲고 있었다. 그러나 후기 협동화에서는 커다란 배를 그렸으며, 친구의 호의에 고마움을 표시하기도 하여 대인관계 기술에 긍정적인 변화를 보였다. 또한 창수는 초기 협동화에서는 친구의 크레파스를 빼앗고 던지는 등 가장 공격적이었으며,

자기 마음대로 집단을 좌지우지하려고 하는 등 대인관계 기술에서 많은 애로점을 가지고 있었으나, 후기 협동화에서는 친구들의 그림을 한번 살펴본 뒤 남은 여백에 자신의 그림을 그렸으며, 친구들에게 적극적으로 색칠을 부탁하는 등 대인관계 기술에 변화를 보였다.

③ 그림 돌려 그리기에서의 변화
초기 그림 돌려 그리기에서는 처음부터 창수가 "내 그림 망치면 죽는다"로 시작하여 상호교류나 대화가 전혀 없는 분위기였으며, 그림을 그리고 난 후에도 서로 얼굴을 붉힐 정도였다. 그러나 후기 그림 돌려 그리기에서는 서로 무엇을 그려줄지에 대해서 의논하였으며, 그린 후에도 서로의 감정을 물었다. 민수의 그림은, 초기 그림 돌려 그리기에서는 그림을 돌려 그리는 과정에서 다른 그림에 묻혀버렸지만, 후기 그림 돌려 그리기에서는 전체적인 그림이 크고 힘이 있고 모방이 아닌 독창적인 표현이 나왔다. 그러자 민수는 이런 결과를 만들어준 친구들의 호의에 고마움을 표시하였다. 전체적으로 본 연구대상의 유아들은 후기 그림 돌려 그리기에서 대인관계 기술에 많은 향상을 보였다.

본 연구 결과를 토대로 정서지능검사 하위영역별 변화를 요약하면 사전검사보다 사후검사시 연구대상의 유아들이 속해 있는 반 전체 평균점수가 높았으며, 개인별 정서지능 점수 또한 반 평균 수준이거나 더 높은 수준으로 향상되었음을 볼 수 있다.

8 I 결론

본 연구는 유아를 대상으로 집단미술 프로그램이 유아의 정서지능 계발에 미치는 효과를 알아보고자 하였다. 본 연구는 정서지능의 자기 인식, 자기 조절, 자기 동기화, 감정이입, 대인관계 기술에 대해 고찰한 결과를 다음과 같이 정리하고자 한다.

01_ 집단미술 프로그램이 유아의 자기 인식을 향상시켰다

미술활동을 통해 우리는 자기 감정의 변화와 느낌을 경험할 수 있으며 자신의 감정을 표출하는 기회를 제공받는다. 본 연구대상의 유아들은 자신의 감정을 표출하고 인지하는 것에서만 그치는 것이 아니라, 타인과의 상호작용에서 불쾌감이나 싫은 감정보다 고마움이나 즐거움 등 긍정적인 감정을 더 많이 보였다. 이는 미술이 사회적으로 수용되며, 해롭지 않은 방식으로 분노, 적대감 등을 해소시킬 수 있는 정화의 기능을 지니고 있기 때문인 것으로 보인다.

02_ 유아의 자기 조절 능력을 향상시켰다

특히 협동화와 그림 돌려 그리기에서 많은 변화를 보였다. 색칠하는 과정에 친구가 자신의 그림을 망칠까봐 불안해하고 자신의 그림과 감정에만 치중하던 유아들이, 자신의 감정을 잘 조절하여 친구에게 의사를 전달하는 등 타인과 조화를 이루었다.

03_ 유아의 자기 동기화에 긍정적인 영향을 미쳤다

유아들은 집단미술 활동과정 속에서 친구들과의 상호작용을 경험하게 되고, 그 집단의 규칙과 역동성을 습득하게 되어 기다려 준다든지, 친구가 그린 그림을 침범하지 않고 그린다든지, 작품을 완성하려는 의지를 보이는 등 자기 동기화에 많은 변화를 보였다. 이러한 자기 동기화는 다른 구성원과의 피드백 작용을 통해 자신감과 긍정적인 태도를 낳았다.

04_ 유아의 감정이입을 향상시켰다

전혀 타인의 감정을 고려하지 않던 유아들은 친구들의 감정을 고려하여 친구가 원하는 색을 색칠해 주기도 하고, 친구의 그림에 어울리는 그림을 그려 주기 위해 노력하였는데 이는 집단미술 활동과정에서 유아는 자신의 욕구나 감정뿐만 아니라 집단원간의 상호작용 속에서 타인에 대한 이해의 기회를 제공받기 때문이라 사료된다. 이는 위축 아동을 대상으로 집단 미술 치료가 협동성 및 타 아동에 대한관심, 지지, 격려 등 사회성 향상에 도움이 되었다는 것을 확인할 수 있었다.

05_ 유아의 대인관계 기술을 향상시켰다

한 가지 색으로만 그림을 그리는 것을 답답해하면서도 서로 협력하는 모습은 보이지 않아 대인관계 기술에서도 어려움을 보이던 유아들이 서로 색칠해주기를 부탁하고, 크레파스를 바꾸어 색칠하는 등 적극적인 모습을 보였으며, 자신의 감정을 조절하고, 친구들의 호의에 감사를 표시하는 등 많은 변화를 보였다. 이는 집단미술 활동이 협동심이나 대인관계 기술을 익힐 수 있는 기회를 제공하기 때문이다.

결론적으로 본 연구의 집단미술 프로그램 과정에서 유아들은 자신의 감정을 잘 인식하고 조절하였으며, 미술활동 과정에서의 갈등 상황을 긍정적으로 해결해나가 자기 동기화가 잘 이루어졌다. 또한 타인의 감정에 잘 공감하였으며 친구들과의 대인관계에서도 많은 변화를 보였다. 이러한 긍정적인 변화로 볼 때 본 프로그램의 목적이 어느 정도 달성되었다고 할 수 있을 것이다.

■ **협동화, 그림 돌려 그리기를 통한 정서지능의 변화**

이름	사전검사	사후검사	정서지능 변화
영식	그림이 작고 힘이 없음. 그림이 매우 산만함. 부정적 표현이 많음.	친구의 그림 공격하다 해결방법을 모색함. 친구의 부탁을 들어주기도 함.	자기 조절 자기 동기화 감정이입
민수	자기 표현에 소극적임. 그림 그리는 속도가 느림.	친구의 호의에 감사 표시. 전체적으로 그림이 커짐. 모방이 아닌 독창적 표현이 나옴.	감정이입 대인관계 기술
예지	한 색으로 칠하는 것에 불만. 친구들의 색칠에 부정적 반응.	자신의 그림 크기가 커짐. 여러 색깔의 그림이 나타남. 친구들의 도움에 긍정적 반응.	자기 조절 감정이입
영주	소극적 표현. 타인과의 교류가 전혀 이루어지지 않음.	커다란 나무 옆에 자신을 표현. 친구들의 그림에 무엇이 어울릴지 고민함.	자기 인지 감정이입 대인관계 기술
창수	친구의 크레파스를 빼앗아 그림, 산만함. 강압적 분위기로 이끌고 감.	친구들의 그림을 고려하여 여백에 조심스럽게 그림. 친구에게 원하는 색칠 부탁.	감정이입 자기 동기화 대인관계 기술
기석	자기 그림에만 관심. 타인의 감정을 고려하지 않음.	친구의 그림에 관심 가짐. 그리기 활동에 적극적으로 개입함.	감정이입 대인관계 기술

■ K-HTP 사전검사와 사후검사의 변화상태 비교

〈영식의 K-HTP 그림〉 사전검사

〈영식의 K-HTP 그림〉 사후검사

〈민수의 K-HTP 그림〉 사전검사

〈민수의 K-HTP 그림〉 사후검사

〈예지의 K-HTP 그림〉 사전검사

〈예지의 K-HTP 그림〉 사후검사

〈영주의 K-HTP 그림〉 사전검사

〈영주의 K-HTP 그림〉 사후검사

〈창수의 K-HTP 그림〉 사전검사

〈창수의 K-HTP 그림〉 사후검사

〈기석의 K-HTP 그림〉 사전검사

〈기석의 K-HTP 그림〉 사후검사

■ KFD 사전검사와 사후검사의 변화상태 비교

〈영식의 KFD 그림〉 사전검사

〈영식의 KFD 그림〉 사후검사

〈민수의 KFD 그림〉 사전검사

〈민수의 KFD 그림〉 사후검사

〈예지의 KFD 그림〉 사전검사

〈예지의 KFD그림〉 사후검사

〈영주의 KFD 그림〉 사전검사

〈영주의 KFD 그림〉 사후검사

〈창수의 KFD 그림〉 사전검사

〈창수의 KFD 그림〉 사후검사

〈기석의 KFD 그림〉 사전검사

〈기석의 KFD 그림〉 사후검사

■ LMT 사전검사와 사후검사의 변화상태 비교

〈영식의 LMT 그림〉 사전검사

〈영식의 LMT 그림〉 사후검사

〈민수의 LMT 그림〉 사전검사

〈민수의 LMT 그림〉 사후검사

〈예지의 LMT 그림〉 사전검사

〈예지의 LMT 그림〉 사후검사

〈영주의 LMT 그림〉 사전검사

〈영주의 LMT 그림〉 사후검사

〈창수의 LMT 그림〉 사전검사

〈창수의 LMT 그림〉 사후검사

〈기석의 LMT 그림〉 사전검사

〈기석의 LMT 그림〉 사후검사

5장 미술 교육의 지도 원리

1. 학습의 의의와 학습 심리

유아 미술 교육의 지도 원리는, 교육의 목적과 목표에 대하여 어떻게 아동의 학습 의욕을 환기시키는가? 어떠한 방법으로 학습의 목표에 도달하게 할 수 있을까? 하는 방법을 의미하는 것이다.

따라서 유능한 교사는 항상 아동의 인격이나 개성을 존중하고 학습 의욕을 드높여 주며 창의적인 학습 환경을 만드는 데 힘쓴다.

유아들의 경우, 그들이 보는 사물에 대한 개념은 극히 관념적이며 자기 중심적이고 주관적이다. 그러나 이에 반해서 상상력이 풍부하여 미래를 향한 꿈은 대단히 크다. 기술적인 면에서는 미숙한 이들이지만 자아 표현의 실제에 있어서는 적극적인 동시에 왕성한 학습 의욕을 가지고 있다.

한편 자아에 대한 주장이나 욕구가 강한 아동들은 놀이나 학습 활동에 있어서 자기 중심적이거나 애니미즘(animism)적이기 때문에 스스로 욕구가 충족되지 못하면 울거나 성내고, 반대로 그것이 충족되면 매우 만족해한다. 이러한 심리의 아동들이 외부로부터 간섭 없이 자유롭게 표현하게 될 때 아동들의 정직한 심리적 상태의 자아 표현이 가능해질 것이다.

2. 학습 지도의 원리

학습 지도의 원리는, 학습의 효과를 최대로 높이기 위해서 강구되는 학습 지도 방법 선정의 준거로 여겨지는 여러 가지 사실을 중심으로 하여 결합한 것이다.

학습자 자신이 요구하고 추구하는 목표를 향하여 여러 가지 적응 형태를 취함으로써 자기 실현이나 자기 표현을 위한 활동을 전개하고, 지도자는 적응의 기능과 구조를 바탕으로 학습자의 자기 실현 과정을 조력해야 한다. 학습자의 자발성이란 자기 문제를 자기의 책임 아래 스스로 해결하려는 책임의식을 뜻한다. 이와 같은 태도를 자주적 태도라고 하며, 이 자주성의 확립은 학습지도의 목표가 되기도 한다.

1 | 자기 활동의 원리

학습의 주체는 학습자이다. 로크(J.Locke)는 인간은 본질적으로 태어날 때 백지 상태에서 출발한다고 했으며, 후천적으로 환경과의 상호 작용의 결과로 선하게도 악하게도 변한다고 했다. 존 듀이는 "행함으로써 배운다(learning by doing)"는 개념 설명에서, 학습자를 능동적인 존재로서 자기 주도의 자기 활동에 의하여 자기 완성을 도모하는 존재로 보았던 것이다.

페스탈로치에 의하면 "존재하는 모든 것과 내가 원하는 모든 것과 또 내가 해야 할 모든 것이 나로부터 출발한다"고 했다. 이것 역시 자발성의 원리를 말하는 것이다.

자발성을 일으킬 수 있는 일반적인 방법을 생각해 보면 ① 상 · 벌에 의한 동기 유발 방법을 사용할 수 있고, ② 학습자의 내면적인 학습의 흥미를 일으키는 방법도 있으며, ③ 학습의 생활화를 통해서 학습의 자발적인 참여를 기대할 수도 있을 것이다.

2 | 개별화의 원리

개별화의 원리는 개인차를 고려한 학습 지도 전개로서 학습의 효과를 극대화할 수 있다는 원리이다. 학습의 내용과 진도 등을 학습자의 성격과 개성, 표현 능력에 합치시키려는 방법이다. 특히 예능 교육에 있어서는 개별화 지도가 학습 효과를 높이는 데 적절한 방법이라 할 수 있다.

인간이란 근본적으로 개인차가 있어서 동일하게 취급할 수 없으므로 학습 지도의 방법도 학습자의 개성이나 유전, 환경, 경험 등에 의해서 적합한 지도 방법이 모색되어야 할 것이다.

개별화를 적용한 구체적인 방법으로는 ① 능력별 학급 구성이나 기능 정도에 따른 집단 구성을 할 수 있고, ② 학습 내용을 개별 학습을 하는 부분과 공동 학습을 하는 부분으로 나누어 지도하는 방법이 있으며, ③ 각종 클럽 활동을 들 수 있다.

3 I 사회화의 원리

사회화의 원리는 앞서 언급한 개별화의 원리와 상반되는 개념이긴 하지만 양자는 언제나 학습자의 조화로운 인간 발달을 위해서 조화를 이루어야 한다. 민주주의 사회에서는 개성의 존중이란 의미에서 개별화의 중요성을 강조할 수도 있으나, 그 개체도 사회의 구성원임에 틀림없으므로 사회적인 공동의 선(善)을 실현하는 방향에서 벗어난 개별화는 곤란하다. 물론 학습 내용에 따라 지식, 예술, 기능 같은 분야는 개별화의 원리를 적용함이 바람직할 것이다.

사회화의 원리를 가능케 하는 방법으로는 첫째, 토의법을 들 수 있다. 아동은 자기 혼자서 해결할 수 없는 문제를 여럿이 함께 토론하여 해결할 수 있을 것이다. 둘째, 분단 학습을 들 수 있다. 모르는 점을 서로 의논하고 지적으로 우수한 아동이 뒤떨어지는 아동을 도와 주기도 하는 상호 협력하는 학습이 이루어진다. 셋째, 문제 해결법이나 구안(構案) 학습을 들 수 있다. 이것은 학습자들이 공동으로 한 문제를 해결하고, 하나의 과제를 완성하기 위하여 공동 활동을 통해서 학습하는 방법이다. 넷째, 각종 클럽 활동, 자치회 등을 들 수 있다. 학습자들은 자치 활동을 통해 각자의 개성을 살리면서 소속된 집단 속에서 사회성을 배우게 된다.

4 I 통합의 원리

교육은 학습 내용의 구성이나 학습 경험의 전개에서 통합적으로 다루어져야 한다. 여기에서 인격의 통합과 학습 내용으로서 교과의 통합을 생각할 수 있다. 인격의 통합이란 것은 한 개체가 발달함에 있어서 조화로운 발달을 추구해야 한다는 것이다. 즉 지적, 정서적, 사회적으로 골고루 조화롭게 발달된 인간이 곧 조화적인 인간이기 때문이다.

교과의 통합이란 학급의 통합을 위하여 교과 내용을 서로 연관성 있는 단원으로 조직하는 것을 말한다. 이것을 상관 교육 과정이라고 한다. ① 유사 교과 사이에 상관을 시키거나 ② 이질 교과 사이에 상관을 시키거나 ③ 교과와 생활과의 상관을 시키는 방법이다. 각 분과의 지식은 그 자체로서의 가치가 중요한 것이 아니라 생활 경험에 통합됨으로써 완전한 인격자로서의 가치를 얻을 수 있기 때문이다.

3. 학습 지도의 유형

유아들은 그들이 성장 발달의 면에서 보아 미숙한 상태에 있으니만큼 사물에 관한 개념이 극히 관념적이며 자기 중심적이다. 그러나 상상력도 풍부하고 미래를 향해 가지고 있는 꿈도 크다. 따라서 기술적인 면에서는 미숙하지만 자아 표현의 실제에 있어서는 적극적인 동시에 왕성한 의욕을 가지고 있다.

자아에 대한 주장이 강한 아동들은 놀이나 학습에 있어서 자기 중심적이며 환상적이고 모든 자연의 물체가 생명이 있다고 믿는 성향이 강하다. 자기의 욕구가 충족되지 못하면 울거나 성을 내고 그것이 충족되면 매우 만족해한다. 그러므로 자아의 심상 속에서 생각하는 일을 즐겨 표현하고 있다. 이러한 심리의 유아들이 외부로부터의 간섭을 받지 않고 자유롭게 표현할 때, 유아들의 정직한 심리 상태의 자아 표현이 가능하게 될 것이다.

따라서 심신상 발달 과정에 상응한 원리를 적용하여 활동을 전개할 수 있으며, 이러한 것이 저학년 아동에게 행하는 지도상의 요점이 될 수 있다. 그리하여 고학년에 올라감에 따라서 스스로를 자제하게 됨으로써 자기 환상이 점차로 해소되고 사회성도 발달하여 타인과의 관계에 있어서 이해심과 협동심이 길러지게 된다.

산업 사회에서 정보화 사회로 진입하는 길목에 서 있는 우리는 하루가 다르게 산업구조, 사회구조, 경제체제, 생활양식, 정치양식까지 급변하고 있다는 것을 실감할 수 있을 것이다. 정보화 사회, 국제화 사회에 적응하기 위해서는 문제를 이해하고 해결하기 위한 정보를 찾아내어 창의성을 발휘하고 새로운 정보를 창출할 수 있어야 한다. 이러한 새로운 학습의 특징은 소집단 및 개별 학습, 협동 학습, 구성주의 학습, 학생 중심 학습, 멀티미디어 활용 학습, 원격학습 등으로 구분할 수 있다.

따라서 학습 지도법이란 유아들의 학습 심리를 이해하고 교육의 목표와 목적에 어떻게 접근하는가 하는 방법일 것이다.

실기 지도에 필요한 학습 지도의 형태를 다음과 같이 소개한다.

1 l 일제학습 지도

창조 학습은 개인의 창조적인 표현을 신장케 하는 것이므로, 그 지도는 개별적일 수밖에 없지만, 우선은 학습 지도를 받는 집단 속의 개인이므로 일제 지도가 결과적으로는 오히려 능률적이 될 수 있다.

전체 아동이 공통된 경험을 얻게 하는 것이 화제의 초점을 맞추기 쉬우나, 폭이 좁아지므로 표면적인 경우가 많다. 따라서 아동 작품이나 참고 자료를 제시하는 일은 발상이나 표현을 고정화시켜 모방하는 결과가 되므로 주의하여야 한다.

색채나 구성, 명암, 질감, 공구, 재료의 취급법 등을 이해시키는 데도 일제 지도 방법이 좋다. 이때에는 교사가 시범으로 보여 주는 것보다 그들의 주관성을 표현하게 하거나 재료나 공구를 직접 사용하게 함으로써 체험을 통한 지식을 습득하게 하는 것이 좋다.

정리 단계에 있어 평가나 감상으로서의 일제 지도 방법은 편리하다. 그러나 평가나 감상의 방법을 전승시켜서는 안된다. 개개 아동들의 보는 법을 존중하고, 그들의 이질적인 관점을 칭찬해 주어야 한다. 감상 지도에 있어서 작품을 보는 일은 개인의 활동이지만, 그것을 통하여 조형상의 성격을 이야기함으로써 표현의 동기를 발견케 하고 서로의 생각을 통한 구체적이고 깊이 있는 능력을 배양하는 데는 일제 지도 방법이 좋다.

2 | 그룹학습 지도

그룹(group) 지도 또는 분단 학습이라고도 하며, 혼자 제작하는 것보다 분단별로 주제나 재료, 기법 등을 다르게 함으로써 새로운 기분으로 흥미 있게 제작할 수 있다. 같은 시간에 제작한 여러 가지 다양한 작품을 비교할 수 있으며 그룹별 공동 제작도 가능하다.

그룹의 편성 방법

• 주제에 의하여:그룹별 주제를 다르게 하여 주제에 따른 기능, 구조, 재료 등의 특징을 표현하게 한다.

• 재료 기법에 의하여:그룹별로 재료나 기법을 다르게 하여 표현의 특성이나 재료 기법의 다양성을 맛보게 한다.

• 교사 임의로:평소 가까이 하지 않던 친구들끼리 한 그룹이 되어 같이 제작 활동을 하게 함으로써 새로운 대인 관계에 자신감을 줄 수 있다.

3 | 개별학습 지도

미술과 학습 지도에 있어서 개별 지도를 정확하게 행하는 일은 극히 중요한 일이다. 학습의 시작부터 마지막까지 개별 지도의 묘를 살리는 요령 있는 지도력이 필요하다. 실제 지도에 있어서 도입은 일제 지도가 능률적이다. 표현 단계에 있어서 교사는 어린이들의 학습 활동에 방해가 되지 않게 조심성 있게 두루 다니면서, 개개 어린이의 심리적인 동향과 표현 능력을 파악하고, 어린이의 개성이나 학습 동기를 존중하면서 적절한 조언 지도를 하도록 한다. 그것에 의하여 어린이의 발상에 필요한 자극을 줌으로써 어린이들의 감정이 생생하게 표현되도록 개별 지도를 해야 한다.

조형 활동에 있어서는 개인의 감정, 사상 그리고 개성이나 창의성을 표현하는 것이 무엇보다도 중요하다. 개개의 환경, 소질, 개성 등이 모두 다르기 때문에 이들에 맞는 지도 방법으로 독창성이나 창의성이 표현되도록 지도해야 한다.

개별 지도에 있어서의 유의점은 ① 개개 아동의 조형 능력을 파악하고, ② 개개 아동의 발상 동기를 존중하고, ③ 표현의 특색을 살려 주어야 한다.

4 | 협동학습 지도

공동 또는 협동 제작이라고 하며, 힘을 합쳐서 큰 것을 제작한다는 뜻도 있지만 아동 개인의 능력을 발휘시키기 위한 것이라기보다는 협동하여 표현하는 과정을 통해서 보다 좋은 인간 관계를 기르는 데 그 목적이 있다.

아동은 미분화 상태 또는 자기 중심적이기 때문에 진정한 뜻의 공동 제작은 어렵다. 그러나 협력하여 표현하는 즐거움을 느끼게 할 수 있다. 예를 들면 큰 도화지에다 같이 어울려 그림을 그릴 수도 있을 것이고, 집짓기나 소꿉장난을 통한 놀이의 경험을 살려서 일한다는 자유로운 표현이 가능하다. 그 다음 단계로 우리 마을, 동물원 등을 주제로 하여 나무를 만들거나 집이나 동물을 분담해서 그릴 수도 있다. 이런 경우에 사물이나 인물이 거의 나열 형식이거나, 같은 것이 반복되거나, 통일성은 없어지지만 협동심과 사회성을 기르는 데 중요한 계기가 될 수 있다.

공동으로 작품을 만드는 과정에서 어린이는 새로운 집단 생활에 참여할 기회를 갖게 되며 이러한 경험을 통하여 다른 사람의 미술 활동을 인지하고 거기에 기초해서 자신의 태도를 집단 활동에 어울리게 만들어 가는 방법을 배우게 된다. 또 자기의 경험을 다른 모든 사람과의 관계에서 올바르게 표현하는 능력을 갖게 되며 집단에 소속하고 있는 중요한 구성원이란 자각을 하게 된다. 자신만을 소중하게 여기던 생각은 이러한 활동을 함으로써 자신 외에 다른 사람을 재인식하게 되고 자신의 기분을 집단 속에서 무리 없이 올바르게 적용시키는 방법도 터득하게 된다.

이러한 가치를 지니고 있는 공동 제작에서 다음과 같은 사항을 관찰한다.

- 각 어린이의 자발성 정도를 관찰한다.
- 개인별로 그린 위치와 내용을 본다.
- 작품에 임하는 순서와 동작과 시간은 어떠했는가.

- 누가 가장 지도자의 역할을 많이 했는가.
- 독단적인 생각을 관철하려고 억지쓰는 일은 없었는가.
- 뒷전에 가만히 앉아 구경만 하고 있지 않았는가.
- 자기의 경험을 어느 정도 반영할 수 있었는가.
- 작품을 끝내기 위해 어느 정도 인내하였는가.
- 활용할 수 있는 재료를 어느 정도 사용하였는가.

이상과 같은 것을 중점적으로 다루면서 어린이들이 완성된 작품에 대하여 서로 논할 수 있도록 도와 주며 전체 어린이 앞에서 발표를 시켜 보는 것도 좋다. 비평하기보다 노력한 것에 대한 칭찬과 격려로 작업에 대한 보람을 갖게 해 준다.

4. 학습 지도의 형태

전통적인 교육에서는 교사 주도의 강의식 일변도로 학습이 진행되었으나, 오늘날에는 시대적 요구와 교과 성격이나 환경적 여건에 따라 적절한 지도 방법을 강구해야 할 것이다. 교육 현장에서 많이 활용되고 있는 학습 지도 방법을 소개한다.

1 l 강의학습(lecture learning)

강의학습이란 해설에 의한 교수 방법이며, 문제 형식으로 제기된 어떤 사항을 학습자에게 이해시키기 위해서 설명하는 방법을 말한다.

이 강의학습은 주로 대학을 중심으로 이루어지고 있으나, 요즘은 초등학교나 중등학교에서도 폭넓게 행해지고 있다. 오늘날 가장 많이 사용되고 있는 강의학습의 결점은 학습자가 수동적이라는 것과 교사 위주의 주입식 교육이 되기 쉽고, 집단수업 형식을 취하므로 개인차를 고려하기 어렵다는 것이다.

2 l 문답학습(conversation learning)

문답학습은 교사와 학생 간의 질의 응답의 계속적 과정을 통하여 일정의 학습 작업을 전개시키는 방법이다.

교사와 학습자 간의 질의, 응답과정을 통하여 수업을 전개하는 방법으로서 주입식과 대립된다. 학습자의 입장에서 보면 직접 경험에 의해 스스로의 인식을 발전시키는 것이며, 교사의 입장에서 보면 학습자 스스로 구체적 사실과 판단에 접근하여 결론에 도달할 수 있도록 학습을 전개하는 것이다.

3 I 토의학습(discussion learning)

토의학습은 학급을 일정한 조직으로 고정시키지 않고 비형식적인 토의 집단으로 해체해서 각종의 학습 자료를 가지고 사회화된 학습 형태로 토의하는 방법이다.

이 방법은 집단 성원 간의 지식경험을 교환하여 교육목적을 달성하고자 한다. 학습자 스스로의 의견을 자유롭게 발표함은 물론 다른 사람의 의견도 받아들이고 존중할 줄 아는 민주적 시민의식을 육성하는 데 효과적이다.

4 I 문제해결학습(problem solution learning)

문제해결학습이란 인간을 매개로 하여 인간의 요구 또는 동기와 인간의 만족 또는 목표 사이에 문제를 던져 그 문제를 해결할 수 있는 능력을 기르기 위한 학습 형태이다. 다시 말해서 반성적 사고에 의해서 의혹이나 곤란을 제거하고 현실과 가능 사이에 대립을 없애며 조화적인 통일을 얻어내는 방법을 말한다.

이 학습의 주안점은 반성적 사고능력의 배양을 통하여 문제해결 능력을 함양하는 데 있다.

5 I 구안학습(project method learning)

구안학습을 'project method' 라 하는데 이는 '앞으로 던진다', '생각한다', '연구한다' 는 의미로 볼 수 있다. 마음속에 생각하고 있는 것을 구체적으로 실현하고 형상화하기 위하여 자기 스스로 계획을 세워 수행하는 활동을 말한다. 이와 같은 구안법의 성격상 실기 지도 방법으로 활용할 가치가 크다고 보며, 학습 과정을 통해서 성취된 일정한 기능 체제를 심화 학습하도록 권장하는 것도 좋은 방법이 될 것이다.

6 I 버즈 학습(buzz learning)

버즈 학습은 '윙윙 학습' 또는 '와글와글 학습' 이라고도 한다. 이는 분단별 토의 결과를 가지고 다시 전체가 모여서 토의해서 결론에 이르도록 노력하는 것이다. 다시 말해서 버즈 학습은 학습 집단을 소집단, 대집단으로 나누어 토의 과정을 통하여 학습 목표를 성취하여 가는 방식이다. 버즈 학습은 특히 실기 지도의 개별화를 위해 크게 환영할 수 있는 방법이다.

7 I 프로그램 학습(program learning)

프로그램 학습은 학습 내용을 계열성에 따라 프로그램화하며 그것을 학습자에게 제시하여 학습자의 준비성에 따라 학습할 수 있도록 구조화한 것이다. 이것은 일제 학습의 결점을 보완하여 학습의 개별화를 시도하기 위한 학습 지도의 한 형태이다.

8 I 시범학습(example learning)

시범학습은 교사가 학생들에게 여러 가지 바람직한 반응 패턴을 형성할 수 있는 방법을 보여 주는 것이다. 즉 교사가 시범을 보이고 학생들이 이를 모방하는 방법이다.

학습자의 학습 문제를 소화시킬 능력과 수용성이 어떠냐에 따라 학습의 효과가 결정된다고 하는 것이 일반적 견해이다. 그러나 학습자의 모든 준비가 잘 되었다 해도 교사 자신의 지도 방법, 즉 학습 정보의 제시 기술이 학습자의 수업 이해력과 일치하지 못한다면 학습 효과를 크게 기대하기 어렵다. 그러므로 학습의 효과는 교사가 어느 정도의 전문 지식을 갖고 있으면서 그 나름의 수업 기술이 있느냐에 따라 결정된다.

과거에는 아동의 흥미나 개성이나 요구에 관계없이 일률적인 반복에 의한 암기나 연습을 강요하는 방법으로 해 왔다. 그러나 근래에 와서는 점차 교수법이 개선되어 아동의 능력과 요구에 적합한 방법으로 학습자의 자발적인 학습 활동에 호소하며 행함으로써 경험 학습을 강조하는 방향으로 발전되어 가고 있다. 오늘날의 학습 활동은 생활 지도를 포함한 인성 지도 및 사회성 지도까지도 포함시키고 있다는 것을 잊어서는 안된다.

여기에서 학습 지도 방법의 문제점을 생각해 보도록 한다.

01_ 학습 진행 속도에 관한 문제이다

가령 실기 지도를 할 경우에 있어서는 기초적인 부분을 서서히 확실하게 익히도록 하고, 그것이 기초로서 확실히 갖추어졌을 때 어느 정도 속도를 빠르게 하는 것이 좋다.

02_ 학습 시간에 관한 문제이다

이것은 어떤 학습 내용을 한꺼번에 집중적으로 학습시키느냐 또는 적당한 휴식 시간을 두어 분산적으로 학습시키느냐의 문제이다. 학습자의 연령, 성숙, 발달 정도에 따라서 다르므로 일률적으로 결론을 내릴 수는 없다. 다만 학습자 자신의 문제와 학습량과 학습의 난이도 등에 따라 적용 방법에 변화를 두어야 한다는 것이다.

03_ 학습 내용의 깊이에 관한 문제이다

전습법이냐 분습법이냐 하는 문제이다. 전습법이란 학습 재료를 처음부터 끝까지 한 번에 지도하는 것이고, 분습법이란 학습 재료를 몇 부분으로 나누어 순차적으로 학습시키는 방법이다. 이것은 학습자의 능력이나 학습 문제의 성격에 따라 학습 방법이 결정되어야 한다.

04_ 연습에 관한 문제이다

학습 활동을 전개함에 있어서는 그 내용의 많고 적고를 불문하고 반복하여 연습하는 것이 보통이다. 그것은 학습 결과에 대한 망각을 방지하기 위해서이다. 특히 실기 지도에 있어서 연습 문제는 매우 신중히 고려되어야 한다. 학습자의 기능 정도라든가 학습 내용의 성질과 환경에 따라서 다르게 고려되어야 한다.

9 I 열린 학습(open learning)

열린 학습은 말 그대로 정해진 한계가 없이 열려 있는 학습활동이다. 열린 학습은 지금껏 닫혀 있음으로 인해 여러 가지 병폐를 야기한 학교 교육의 규정된 양식을 깨뜨림으로써 새로운 교육의 성과를 기대할 수 있다. 지금까지의 획일화된 교육방식, 입시 위주의 지식편중 교육, 비인간화 등을 극복하기 위해 열린 학습 지도방법을 채택해야 할 필요성이 대두되고 있다. 열린 학습은 기본적으로 교과를 중시하면서 개별 학습자의 능력과 관심을 존중하고, 학습에 대한 흥미를 북돋우기 위한 문제의식에서 발전한 학습 형태이다.

열린 학습에서는 지적 · 정의적 · 감각적 능력을 총체적으로 경험할 수 있도록 교육내용과 학습 환경을 구성하고, 교육과정 편성, 학습집단 구성방법 등을 유연하게 운영해야 한다. 학습에 대한 평가는 개별 평가를 주로 하되 학습결과보다는 학습과제의 수행과정에 대한 평가를 중시하며, 지필 평가보다는 수행과정에서의 관찰활동이나 작품에 대한 발표력 등을 종합적으로 평가한다.

5. 학습 지도의 계획

어린이 그림 지도는 가장 쉬운 선 긋기에서부터 시작하여 낙서하기, 그리고 싶은 것 그리기 등으로 조형적 욕구를 만족시켜 주면서 경험을 통한 창조적 자유화와 용구를 다루는 내용으로 서서히 진행되어야 한다. 개인의 창조 생활 향상과 풍부한 경험을 일깨워 주는 교육적 의미를 지녀야 한다. 전문적인 미술가 양성 목적의 교육이 되어서는 안된다. 미술 교육을 통한 바람직한 정서 함양과 인격 형성에 주안점을 두어야 한다.

1 | 수업목표 설정

수업목표의 설정은 학습지도의 가장 중요한 부분이라 할 수 있다. 수업목표란, 한 단위 수업시간이 종결된 후에 학습자에게 나타나기를 기대하는 학습성과를 말한다. 수업목표는 학습자로 하여금 수업을 통하여 기르려고 하는 목표가 무엇인지 진술하여 놓은 문장을 말한다. 이러한 수업목표는 동원되어야 할 학습경험의 내용을 시사해주고, 학습자의 학습을 촉진하는 기능을 해야 하며, 수업이 끝난 후에는 학습평가의 기준이 되어야 한다. 그리고 교사는 새로 배울 단원의 학습요소를 확인하고 단원의 전체적인 내용에 대하여 명확한 지식을 갖고 있어야 하며, 단원의 내용을 가르치고 난 후에 변화될 행동이 어떤 것인가를 예측하고 찾아내어야 한다.

교사는 어떤 방법으로든지 수업목표를 진술하게 되는데, 수업목표를 설정하여 진술하는 것은 학습지도안 작성에서 가장 중요한 부분이다. 수업목표를 진술할 때에는 모호성과 일반성을 피하고 학습과정의 방향을 구체화해야 한다.

수업목표를 명시하게 되면, 학습자가 무엇을 해야 하는지 명확한 동기유발이 가능하고 학습결과가 예측 가능하기 때문에 학습의 조작적 계획과 전개에 유리하다. 또한 무엇을 못했는지를 파악할 수 있으므로 교정지도가 유리하며, 평가의 타당도와 신뢰도를 높일 수 있다. 그러나 학습자가 스스로 탐구하는 과정이 무시되지 않도록 유의해서 학습목표를 설정해야 한다.

2 | 계획 단계

표현 활동을 통해서 도달해야 할 기본 조형의 감각의 폭을 넓히기 위해서는 실제로 일상 생활을 하는 동안에 자연스럽게 몸에 익혀지는 창의성의 함양이 중요하다. 아동들 스스로의 욕구나 흥미를 바탕으로 묘화, 공작에의 의욕이 생기는 법이므로 이와 같은 표현 활동을 통해서 회화적 조형 감각과 기능적 감각까지 관련된 기본 감각을 기르도록 한다. 미리 예상을 세워 계획하는 일과 또한 실제로 표현하는 일 그 자체에 주안점이 있다고 본다. 언제나 우연의 결과를 기대하는 학습이 아니라 미리 계획적인 표현을 시도할 필요성도 알아야 한다.

한 작품의 제작 과정을 만족스럽게 표현하는 데만 그치지 말고 또 다른 제작 방법을 생각하여 예기치 않았던 새로운 결과를 얻었을 때 조형 활동의 즐거움이 있는 것이다.

계획 단계란 도입 단계를 거쳐 아동들의 제재에 대한 감동이나 자아 표출의 의욕이 높아짐에 따라서 이를 어떻게 실제로 표현할 것인가에 대한 계획을 세우는 단계라 할 수 있다. 스스로의 생각이나 생활 경험을 나타내는 데 있어서 점차 계획적으로 표현할 수 있도록 지도해야 한다. 계획의 단계는 학년 발달의 단계에 합당한 행동 목표와 발달의 단계에 맞추어 아동들의 계획성을 기르는 데 주안점을 두어야 한다.

3 | 도입 단계

미적 감각 및 정서를 기르기 위한 발상 단계는 우선 아동의 흥미와 관심에 주안점을 두고 그 다음으로 감정 및 감각의 실태를 중시하면서 학습의 과정을 생각할 수 있다. 즉 감각적인 내용을 잘 나타내 주는 주제나 대상을 선택하는 일, 새로운 재료 또는 다른 기법으로 감각을 자극하거나 의욕을 높이는 표현으로서 아동들에게 '재미있다, 또 하고 싶다' 등의 흥미를 유발하는 일이 중요하다.

다시 말하자면 주위 환경의 색채와 형태에 대한 관심, 아름답게 표현하는 일에 대한 관심, 아름답고 쓸모 있는 것을 꾸미거나 만드는 일에 대한 관심 등을 배려함이 옳을 것이다.

현행 미술 교과서에서 볼 수 있는 단원 가운데 모양 찾기, 배수성(排水性)의 원리, 입체감의 표현, 배색, 데칼코마니, 붙이기, 만들기, 음악을 듣고 그리기 등의 단원은 곧 아동의 감각을 훈련하는 단원이다. 여러 가지 헝겊 조각을 모아 놓고 색의 관계를 공부하는 것도 그러한 목적에서이다.

이와 같이 감각 훈련을 위한 지도에서는 우선 아동 스스로의 느낌을 존중하며 주제나 대상 그리고 재료, 용구 등 표현에 필요한 방법, 내용에 이르기까지 감각을 활용시켜서 착상을 가능케 한다. 또 그것을 심화시켜 표현을 통한 조형의 기초를 확립하는 동시에 조형 감각이나 미적 정서를 기르게 해야 한다.

4 | 표현 단계

조형 감각이나 미적 감각을 높이기 위해서는 색채나 형태 등 조형 요소를 통한 표현을 많이 반복하는 일이 중요하다. 그러한 활동을 통해서 예상과 결과를 비교해 보는 일이 있어야 하며, 또한 기법을 여러모로 생각하는 태도 등 조형의 본질을 실제로 생활화하는 과정이 필요하다.

따라서 여기 표현 학습 과정에서는 단원간의 횡적 · 종적 계연성을 생각하는 한편, 모든 표현의 문제를 발전적으로 보는 태도가 요구된다. 즉 같은 개념을 반복하지만 말고 항상 정도에 맞는 가설을 권장하고, 또 교사의 지도 조언도 이들의 가설 내용을 존중하는 방향으로 이끌어 아동들이 자아 표출을 자신 있게 전개할 수 있도록 하는 것이 중요하다. 마찬가지로 아동들의 작품 결과를 중시하기보다는 그 과정에 더 비중을 두면서 조형 감각 및 미적 감각의 본뜻을 스스로 나타낼 수 있고, 또 그러한 결과를 점차적으로 객관화시키는 표현 단계를 전개하도록 해야 한다.

따라서 아동의 조형 감각 및 미적 감각을 높이기 위한 단원 전개에 있어서는 특히 아동의 경험과 감각 능력의 변천을 예의 관찰함으로써 개개인의 특성에 맞게 개별 지도해야 한다.

가령 재질감을 공부하는 '프로타주' 단원의 경우, 실제 표현 단계의 예로서 자연물이나 재질이 강한 물건의 표면에 종이를 대고 문질러 보는 데 있어 여러 가지 다른 재질을 문질러 봄으로써 그 각각 다른 재질감을 체험토록 한다. 이때 아동이 재질감을 어떻게 느끼고 있으며 또 그 느낌이 어디에 어떻게 응용될 수 있나를 지도해야 한다.

01_ **그리기**:그리는 활동을 통하여 표현 의욕에 만족을 주며 자유롭고 창조적인 능력을 기르는 것을 내용으로 삼는다. 그리고 미에 대한 느낌을 자극하여 풍부한 미적 감정을 갖게 한다. 그리는 대상에 따라 자연 · 인공적인 형태, 색채, 명암, 질감 같은 것을 설명과 함께 관찰하도록 한다. 그리기의 종류에는 상상화, 기억화, 생활화, 사생화 등이 있는데 크레파스, 색연필, 컬러 펜, 수채 물감, 포스터 컬러 등의 다양한 재료를 이용하여 표현하도록 지도한다.

02_ **찍기**:우리 생활 주변의 여러 가지 다양한 재료를 이용하여 찍어내는 기법이다. 실물을 있는 그대로 찍어내어 사실감을 나타내기도 하고, 고구마 · 감자 · 당근 등을 새겨서 찍어내기도 한다. 또 판을 만들어 찍어내기도 하고, 우연하게 이루어지는 기법으로 찍어내기도 하여 다양한 효과를 나타낼 수 있어 어린이들의 창의력과 상상력을 키워 주는 데 좋다.

03_ 꾸미기:우리 생활 주변에 있는 여러 가지 재료를 구성 요소로 하여, 평면적 또는 입체적인 표현으로 아름다움을 느낄 수 있는 경험의 범위를 넓혀 준다. 꾸미기의 기본 성질이 되는 무늬 만들기나 디자인 등에 활용시켜 흥미를 더욱 유발시켜 준다. 꾸미기에는 모양이나 색깔별로 모으기, 늘어놓기, 종이로 접기, 만들기, 붙이기 등 다양한 기법을 활용할 수 있다. 꾸미기의 욕구는 생활의 경험을 풍부하게 만들어 줄 수 있는 좋은 계기가 된다.

04_ 만들기:그리는 것과 꾸미는 것은 집단 생활에 처음 들어온 유아들에게는 재미있는 놀이가 된다. 그러나 만들기는 그리기 다음에 하는 것이 적합하다. 미숙한 어린이에게 가위나 칼 등의 재료를 다루게 하는 문제는 안전 지도를 요하므로 그리기 등 기초 학습 다음에 이루어지는 것이 효과적이다. 만들기 재료로는 빈 상자, 빈 병 등을 사용한다. 어린이에게는 이런 것들이 자동차나 기차로 바뀐다. 이런 장난감은 그들의 꿈의 세계나 생활 감정을 풍부하게 표현할 수 있는 계기가 된다. 만드는 기술과 결과보다는 만드는 과정이 중요하다. 이러한 과정을 통해 재료에 대한 경험과 상상력을 쌓아 갈 수 있다. 종이, 책 표지, 헝겊, 나무토막, 병, 빈 상자, 수수깡, 찰흙, 자연물 등 우리 생활 주변에서 구하기 쉬운 물체를 만들기에 이용한다.

5 l 평가 및 정리의 단계

대자연의 아름다움과 신비, 인공적 조형미에 대하여 쉬운 말로 이야기해 줌으로써 정서와 감정이 풍부해지도록 자극을 주어야 한다. "푸른 하늘에 비행기가 떴다. 뒤로는 하얀 연기를 뿜으며…, 어떤 아저씨가 조종하고 있을까?" 하고 난 다음 비행기를 그리게 하면 이야기와 비슷하게 신기할 정도로 표현해 낸다. 이와 같이 선생님의 설명과 이야기를 들음으로써 미적 · 정서적 감각이 솟아나 특별한 준비 없이도 금방 그리게 되는 것이다. 어른들의 입장에서는 별로 신기하지 않은 것이라도 어린이들에게는 곧 그들의 경험으로 축적되어 그리기에서 잘 나타난다. 별로 신통치 않은 사물에 대하여도 옆에서 누가 훌륭하고 아름답다고 칭찬을 하게 되면, 무의식중에 신통할 정도로 어린이들은 미적 감각이 풍부하게 그 사물을 나타낸다.

조형 감각 훈련으로서의 표현 학습이 정리 단계에 접어들게 되면 여러 가지 감각적 표현에 관심이 높아진 결과가 나온다. 비록 우연의 효과로 나타난 작품이라 할지라도 다양한 표현의 추구 끝에 나타난 작품을 늘어놓고 비교해 보는 일이 중요하다. 그리하여 각각의 차이점을 발견하여 그것이 어떤 결과 끝에 생긴 것인지를 파악하게 하며 점차로 감각적인 자아의 발견을 위해 노력하도록 지도한다.

감각 훈련에 관련된 여러 가지 표현의 특색이나 표현 과정에 생긴 일들을 정리하는 한편, 아동의 감각 발달 단계를 항상 감안하여 능력을 길러 주도록 해야 한다. 그래서 이런 생활이 언제나 몸에 배도록 함으로써 다른 영역의 표현에서 얻은 감각을 최대한으로 살려 주는 것도 필요하다.

자기가 사용하고 있는 도구와 기법까지도 이해할 수 있도록 설명해 주고 완성된 작품은 서로 비교하고 스스로 평가할 수 있도록 지도한다. 이때 특정한 어린이의 그림만 칭찬하거나 잘못되었다고 지적해서는 안된다. 정리 단계에서는 아동 개개인의 경험을 서로 좋은 면에서 보아 주는 습관을 기르고 의욕을 높여 줌으로써 다음 학습에 대한 새로운 바탕이 되도록 배려하는 것이 중요하다.

6. 학습 지도안 작성

학습 지도안은 학습자를 지도할 때 어디에 목표를 두고 어떤 방법으로 지도하여 어떻게 응용하고 연습하게 할 것인가를 계획하는 일이다. 그러므로 학습 지도안에는 수업에서 도달해야 할 목표가 명확하게 제시되어야 하며, 수업의 전체적인 개요가 일목요연하게 표현되어야 한다.

1 I 학습 지도안 작성방법

학습 지도안은 교과목의 특성, 학교, 급별 또는 수업목표나 내용에 따라서 다양하게 나타나고 있다. 대개의 학습지도안은 단원의 설정이유를 기술하고, 그 다음에 매 수업시간별 지도계획을 작성하며, 본시(本時) 학습 지도안을 작성하게 된다.

01_ **단원명**:단원명이란 지도해야 할 학습내용의 제목을 말한다. 단원명은 교과에 따라서 대단원, 중단원, 소단원으로 나눈다.

02_ **단원설정의 이유**:왜 이 단원을 취급해야 하는지, 교육과정 개발에서 이 단원이 포함된 이유와 그 의의를 밝혀 진술하도록 한다.

03_ **단원의 학습목표**:단원 전체에 대한 목표를 기재한다. 학습자 측면에서 내용과 행동을 포함한 학습목표 진술을 한다. 학습목표는 기능, 이해, 태도로 나누어

지식을 습득하고 학습을 통하여 도달할 수 있는 학습태도를 진술한다. 단원의 학습목표는 교육인적자원부의 교육과정 일람표나 교사용 지침서를 참고하면 된다.

04_ 단원지도계획서 작성:대단원은 몇 차시(此時)로 나누어 지도할 것인가를 밝히고, 차시에 따라 학습할 내용과 준비자료 및 타 단원이나 타 교과와의 관련사항을 제시한다. 일반적으로 교과서는 여러 개의 대단원으로 구성되고 대단원은 여러 개의 중단원 또는 소단원으로 구성된다.

2 I 본시 학습 지도안 작성의 실제

전체 지도계획에 차시별 학습 지도안이 구체적으로 작성되어야 한다. 본시 학습 지도계획은 단원학습에 소요되는 총 시간 중 1회의 시간에 지도할 학습내용에 대하여 계획을 세우는 것이다. 본시 학습의 목표 및 주제에 해당되는 차시, 실시 일자, 수업단계 등이 구체적으로 제시되어야 한다.

01_ 본시 주제:주제명을 쓰는 양식은 학습내용에 따라서 단원명과 같은 제목을 쓴다.

02_ 지도 대상:지도하게 될 학년과 학급명을 기재한다.

03_ 차시:단원의 수업 및 학습이 일어나는 순서를 쓴다.

04_ 일시:수업하는 날짜와 요일을 기재한다.

05_ 본시 학습목표:학습자가 학습 후에 도달해야 할 성취행동을 진술하되 명시적 동사를 사용하여 성취 결과를 명확하게 알 수 있도록 써야 한다.

06_ 수업진행:본시의 수업에 대하여 시작에서 끝날 때까지의 수업활동의 진행을 도입, 전개, 정리 등으로 기재한다.

① 도입:학습목표를 자각시켜 학습내용에 접근하도록 하는 활동으로서 수업의 필요성과 흥미를 가지도록 학습동기를 유발시켜 주는 단계이다. 전시(前時) 학습과 예고했던 내용을 확인하고, 본시 학습의 목표와 내용 및 학습과제를 확인한다.

② 전개:전개활동에서는 단원내용의 주요사항을 학습한다. 학습 형태를 학습사항에 알맞게 변형시키고 학습 분위기를 조절한다.

문제처리를 다양하게 다루고, 말하기와 듣기로 내용을 정리하며 처리해 나간다.

내용의 정리는 애매함이 없이 명료하게 한다.

최선의 답으로 요령 있는 판서(板書)를 하거나 지도를 한다.

삽화를 비롯한 각종 자료를 그때그때 활용한다.

참고서적의 이용법을 소개하여 자학자습의 습관을 가지게 하여 학습능률을 높인다.

③ 정리:학습내용의 이해와 습득한 기능을 확인하고, 그것을 응용하여 생활화시키는 단계로서 학습사항의 정리, 판서 정리, 차시 학습내용에 대한 예고 및 의견 교환, 가정학습 내용 등을 안내한다.

07_ **학습내용**:수업의 흐름에서 나타난 도입, 전개, 정리의 학습요소를 기재한다.

08_ **학습활동**:교사의 수업활동과 학습자의 학습활동을 구체적으로 기재한다.

09_ **지도상의 유의점**:학습활동에 임하기 전에 교사는 교사용 지도서에 기록되어 있는 지도상의 유의점을 살펴보아야 한다.

본시 학습 지도안 양식

<table>
<tr><td colspan="6">본시 학습 지도안</td></tr>
<tr><td>주제</td><td colspan="2"></td><td>학년, 반</td><td>일시</td><td></td></tr>
<tr><td>본시
학습목표</td><td colspan="5"></td></tr>
<tr><td>단계</td><td>학습내용</td><td>학습활동</td><td>시간</td><td colspan="2">학습자료 및 유의점</td></tr>
<tr><td></td><td></td><td></td><td></td><td colspan="2"></td></tr>
</table>

7. 유아 미술 교육의 지도 요건

1 | 동기 유발로 생각을 끄집어낸다

인간의 행동에는 반드시 그 원인이 되는 계기가 있게 마련이다. 그 계기를 동인(motive) 또는 충동(drive)이라고 한다. 인간은 본질적인 욕구를 지닌 존재이다. 1차적 욕구, 즉 생리적인 욕구와 2차적인 욕구, 즉 사회적 · 심리적 욕구로 나눈다면 학습은 주로 2차적 욕구와 관련이 크다. 동기 유발(motivation)이란 일반적으로 개체가 동인을 가지고 일정한 행동을 일으키는 것을 의미한다. 그뿐 아니라 동기 유발이라고 하면 자칫 외부로부터의 작용이라고 해석되기 쉽고, 그렇게 되면 학습 활동이 교사 중심의 교육으로 되돌아가는 결과가 된다. 그러므로 학습 지도에서는 아동들의 학습 활동이 자발적인 것으로 동기화되어야 한다.

유아들의 조형 활동에 대한 학습 의욕은 주위 여러 사람의 이미지나 여러 가지 동기들의 상호 작용에 의하여 발생한다. 허리크(Hurlick)에 의하면 흥미란 어떤 개체로 하여금 그 흥미에 맞추어서 활동하게 하는 학습된 동기라고 하였다. 즉 동기란 감각적으로 새로운 아이디어를 표현하려는 요구에 대하여 사유, 감각, 직관에 자극을 주어 흥미를 불러일으키는 것이며, 유아들은 발달 단계에 따른 적절한 동기를 필요로 한다. 그러므로 교사는 유아들이 표현 활동에 임하기 전에 좀더 쉽게 접근할 수 있도록 흥미를 북돋워 주어 감정을 적절하게 자극시켜 주는 것이 좋다.

제퍼슨(Tomas Jefferson)은 "감동은 동기를 유발시킨다"라고 하였다. 이는 어떤 현상이나 대상에 대한 인간 개개인의 느낌은 창조적인 행동을 유도하여 감동의 강화가 이루어질수록 풍부한 예술 표현이 된다는 것을 의미한다. 이러한 동기는 너무 지나치지 않게 점차적으로 제시되어야 한다.

또한 연령이 높아질수록 수준 높은 동기를 제공하여야 한다. 만약에 유아들의 발달 수준에 알맞은 적당한 동기가 주어지지 않는다면 유아들의 표현은 판에 박은 듯이 진부한 표현으로 뒤떨어질 위험이 있다. 연령이 낮을수록 사실과는 거리가 먼 추상적이거나 개념적인 이야기보다는 그들이 직접 경험을 했거나 늘 가까이할 수 있는 사실에 관한 이야기가 동기 유발에 효과를 줄 수 있는 것이다.

01_ 동기 유발의 방법

① 학습 목표를 제시하여 학습자가 목표를 성취하려는 의욕을 가질 수 있게 한다.
② 흥미를 느낄 수 있도록 장소나 분위기를 바꾸어 준다.
③ 경쟁 의식을 적당히 고취시켜 준다.

④ 재미있는 이야기로 상상력을 자극시킨다.
⑤ 시각 재료를 제시하여 그것들에 대한 느낌을 갖게 한다.
⑥ 여러 가지 소리를 들려 주고 형상을 연상하게 한다.
⑦ 상과 벌을 적절하게 활용한다.
⑧ 심리적인 해방감을 준다.
⑨ 낙서와 같은 그림을 마구 그리게 한다.
⑩ 주제 대상에 대해 이야기하게 한다.

02_ 상벌과 동기 유발

이것은 외재적인 동기화의 대표적인 예다. 여기에 허리크의 연구 결과를 보면 다음과 같다.

① 상찬 집단(항상 학급의 아동들 앞에서 상찬한다.)
② 질책 집단(항상 학급의 아동들 앞에서 질책한다.)
③ 무시 집단(상찬도 질책도 하지 않는다.)

상찬, 질책, 무시 등 세 집단을 동일 교실에서 학습시켰다. 그 결과 상찬 집단의 성적이 제일 우수하고 질책 집단은 상찬 집단과 비슷한 듯했으나 점차 성적이 떨어졌으며, 무시 집단은 성적에 큰 발전이 없었다. 그리고 내향적이고 나이가 어릴수록 상찬이 효과적이며, 우수아는 어느 정도 벌에, 열등아는 상에 의하여 더욱 강하게 동기화되고 있음을 보여 주었다.

2 | 흥미 주도의 지도가 되어야 한다

유아의 조형 활동은 유아의 생활 행위를 기초로 하여 조형 활동으로 승화되어 더 높은 표현으로 구체화되는 것이므로 넓은 영역에서 다루어져야 한다. 따라서 유아 미술 교육에 있어서의 '회화 제작의 개념'은 언어, 자연, 사회, 건강, 음악적 리듬과 통합되는 과정으로 파악되어야 한다.

학교에서의 미술과라는 교과 활동이 일정한 시간을 단원으로 하여 행하는 교육 활동이라 한다면, 하루의 즐거운 생활 속에서 유아들이 실제 재미있고 즐거운 분위기 속에서의 자기 자신을 그림으로 표현하는 활동이야말로 유아 미술 교육의 학습 목표를 달성하는 것이다. 여기에서 회화 제작은 이들이 언어로 표현하는 일과 함께 그림으로 그리는 소위 회화(painting), 묘화(drawing)의 활동이다. 그러므로 조형 교육은 기본 개념의 미술(fine art)이라고 볼 수 있는 기능 중심의 지도가 되어서는 바람직하지 못하다. 표현 활동을 통하여 즐거움과 행복을 느끼게 지도해야 한다.

3 | 다양한 재료와 기법의 경험이 중요하다

표현 활동은 인간의 내면을 외면에 나타내는 것으로, 특히 상상력을 움직여 정서를 풍부하게 드러내며 인간 생활에 여유와 빛을 주는 것이라고 한다. 유아의 표현 활동은 심신 전반에 걸친 종합적인 활동으로서 신체 기능이나 운동 신경을 일층 발달시키는 것과 함께 사고의 힘을 늘려 사회성을 키우는 것이 목표이다. 유아들이 여러 가지 방면이나 양상으로 발전하는 활동을 적절하게 도와서 그것을 활발하게 지도하는 것이 중요하다.

평면 작업이라는 것은 다양한 재료와 소재를 중심으로 평면 위에 그림 그리기, 손가락으로 그리기(finger painting), 데칼코마니(décalcomanie), 찢거나 잘라 붙이기, 스크래치(scratch), 판화 등 평면으로 표현할 수 있는 모든 작업을 말한다. 유아들이 그림을 그리는 이유는 그냥 그리고 싶어서 그릴 수도 있고, 자신의 마음을 표현하는 방법으로도 그리게 되고, 주위 사람들에게 인정이나 칭찬을 받고 싶어 그릴 때도 있다. 유아의 그림 그리기 활동은 유아가 상상력에 의하여 자신의 의도를 스스로 표현하는 아주 중요한 활동이기 때문에 보이는 것을 그린다기보다 알고 있는 것, 경험한 것 등 직접 느낀 것들을 즐겨 그리게 된다. 그림 그리기를 시작할 때 부모나 교사는 여러 가지 재료에 따른 성질들을 가르쳐 주고 그 재료를 다양하게 제공하도록 하고, 유아가 재료에 익숙해질 수 있도록 여러 가지 방향으로 그 재료의 성질과 효과에 대해 이해시킨다.

평면 작업의 대표적인 재료인 연필, 볼펜, 색연필, 사인펜, 컬러 펜 등으로 그리게 하여 사물의 정확한 묘사를 해보는 것도 좋다. 그러나 나이가 어린 유아에게 사물의 정확한 묘사를 하게 한다는 것은 맞지 않다. 오히려 유아들에게는 크레용, 크레파스, 수채 물감 등을 이용하여 굵은 선, 강한 색을 경험하게 하거나 또는 크레용과 수채 물감을 이용한 반발성 표현이나 번지기, 찍기, 실그림, 데칼코마니 등의 감각을 경험시키는 것이 중요하다. 뿐만 아니라 화지의 모양도 직사각형, 정사각형, 삼각형, 오각형, 육각형, 원형 등 다양한 색도화지를 사용하게 함으로써 표현의 욕구를 새롭게 할 수 있다. 화지의 크기도 일반적으로 8절지를 많이 사용하고 있으나, 표현 기법이나 재료에 따라서 다르겠지만 유아들에게는 16절지 정도가 알맞다고 할 수 있다.

4 | 지도방법이 좋아야 한다

교사는 때때로 어떤 것이 좋은 그림인지, 또는 어떤 태도가 표현 활동에 좋은 것인지 고민할 경우가 많다. 그것은 어떤 교사도 자신 있게 대답할 수 없을 정도로 어려운 문제이기 때문이다.

기준이 모호한 데도 그 원인이 있다. 또한 우리 주변에서는 미술 학원을 비롯해 각종 예능 학원이 많다. 학부모들은 학원에 보내서 그림을 잘 그릴 수 있도록 훈련시키고 있다. 학부모의 욕구에 맞추기 위해 학원에서는 열심히 그림을 그리게 한다. 놀라울 정도로 갖가지 기술을 가르치기도 한다. 어린이가 혼자서 잘못 그리면 옆에서 이렇게 그려라, 저렇게 그려라 하고 간섭을 한다. 그래도 못하면 다른 그림을 보여 주고 보고 그리라고 한다. 아니면 그려 주고 색칠하게 하거나, 다 그린 그림을 가필하여 다른 그림으로 만들어 놓는다. 그렇게 해야만 학부모로부터 지도를 잘하는 학원으로 인정받을 수 있기 때문인 것 같다.

예능 교육은 기능 교육이 아니라 감정 교육이요, 정서와 창의성의 교육으로 인간적인 품성을 기르는 것이 무엇보다 중요하다고 하겠다. 어린이의 소질이나 능력 계발은 부모의 무관심 아니면 과욕으로 그르치는 경우가 많다. 어린이가 좋은 그림을 그리게 하려면 어떻게 지도해야 하는지 그 지도법을 열거해보면 다음과 같다.

01_ 열등감을 제거해 주어야 한다

어린이의 좋은 그림이란 어떠한 형태를 닮게 잘 그린 것보다 어린이의 천진 난만한 진실성과 순수성 그리고 창조성이 깃든 그림을 말한다. 창조적인 그림이란 어린이의 자유스러운 마음 상태에서 나온다. 자유로운 표현을 하자면 어린이의 열등감을 제거하고 자신감을 심어 주어야 한다.

02_ 의욕을 북돋워 주어야 한다

그림을 그리려는 의욕을 잃거나 흥미를 느끼지 못하여 그림을 그리려 하지 않는 어린이가 있다. 이러한 결과가 나오는 이유는 여러 가지가 있다. 그러나 가장 큰 원인은 선생님이나 학부모가 일부 기교파 어린이의 그림만 칭찬하고 못 그린 어린이의 그림은 관심없이 보아 넘기므로 소외감과 열등감을 느끼고 있기 때문이다. 자유로운 해방감과 자신감을 느낄 수 있도록 칭찬으로 북돋워 주어야 한다.

03_ 칭찬을 해주어야 한다

선생님이나 학부모들은 어린이의 그림에서 장점을 골라 칭찬을 해주어야 한다. 아무리 못 그린 그림에도 "대담하게 잘 그렸다", "선이 굵고 남자답다", "색이 곱고 여자같이 예쁘다", "다른 아이보다 독특하다", "끝까지 침착하게 잘 그렸다" 등의 칭찬을 해주어야 한다.

"너는 사람을 왜 이렇게 그렸니, 팔이 머리에 달리고…", "자동차 바퀴가 위에 달렸니", "하늘이 어떻게 까맣니" 등의 표현은 어린이의 자존심을 상하게 하고 열등감만 준다.

기교파의 개념적인 그림이 반드시 좋은 것만은 아니다. 아무리 서투른 그림이라도 진실성이 있고 의욕적인 제작 태도에서 그려진 것이라면 좋은 그림이 될 수 있다. 창조란 스스로의 의지로 주위의 것을 흡수하여 자기의 것으로 표현해 나가는 과정의 결과라고 할 수 있다.

04_ 순수한 자기 생각을 표현하게 한다

많은 어린이들이 나는 잘 그릴 수 없다는 생각에서 자신을 잃고 있는 경우가 많다. 이러한 경우에 도식화된 부족한 그림을 보여 주고, "선생님은 이 그림을 참 좋다고 생각해요. 모양은 좀 이상하지만 어린이답게 자기가 보이는 대로 정직하게, 열심히, 그리고 남의 그림을 흉내내지 않고 그렸다는 것이 참 좋아요. 여러분도 정직하게, 열심히 그려 보겠다고 마음만 먹으면 참 좋은 그림을 그릴 수 있을 거예요"라고 하여 자기의 그림에 대하여 자신있게 표현할 수 있는 용기를 준다.

05_ 창조적인 표현을 하게 한다

어린이의 심리 발달 상태에 맞게 꾸밈 없이 그대로 나타나 있고, 성인 세계의 영향을 받지 않은 것을 좋은 작품이라고 보는 것이 좋다. 따라서 어린이의 심리 발달 단계와 묘화 형식에 관하여 어느 정도 이해가 있어야 한다는 것이 중요하다. 사물의 모양이나 크기 그리고 원근이나 색채가 맞지 않는다 하더라도 나름대로의 개성을 인정해 주어야 한다.

어린이 그림에서 표현 방식이나 내용을 관찰하여 어린이의 심리를 살펴보면 그 속에서 무엇인가를 느끼게 될 것이다. 어린이가 보고 느낀 것을 거짓 없이 자기의 개성을 담아 표현한다면 창조성이 성장해 갈 것이다.

06_ 자신감 있는 지도 방법이 필요하다

선생님이 어린이에게 대하는 태도와 대화가 큰 영향을 준다. 선생님이 같은 말이라도 말의 억양이나 표정으로 감정을 넣어서 말을 하면 어린이들 마음에 쉽게 감동을 줄 수 있다. 또는 선생님이 옷을 다르게 입고 어린이들 앞에 나타나도 시각적 자극을 주므로 새로운 감정으로 임하게 된다.

참고로 예화를 소개하면서 "여러분은 모두 예쁘고 그림도 참 잘 그릴 것 같아요. 여러분 중에는 못 그린다고 생각하는 어린이가 있는 것 같은데 그것은 잘못된 생각이에요. 여러분 모두가 입고 있는 옷의 색깔은 참 예쁘고 멋있어요. 그것과 마찬가지로 여러분은 누구나 그림을 잘 그릴 수 있어요. 여기 이 그림을 보세요". 여기서 매우 유아적이고 도식적인 초기의 그림을 보여 준다. "선생님은 이 그림을 참 좋아해요. 여러분도 이 정도로 그릴 수 있겠지요?"

어린이들은 유치한 초기의 도식적인 그림을 보고 나도 그릴 수 있다는 자신감을 얻게 된다. 이러한 방법으로 학습의 흥미를 유발시킴으로써 그리고자 하는 의욕을 북돋워 주고 좋은 그림을 그릴 수 있게 해준다.

8. 문제 어린이의 그림 지도

1 | 항상 똑같은 그림만 그리는 어린이

어린이가 항상 똑같은 그림만 그리게 되는 데는 두 가지 요인이 있다. 그 하나는 어느 특정한 것에 유독 흥미를 가지고 있기 때문이든가 아니면 그 이외의 것을 발견하고, 살펴보고, 상상하는 능력이 없기 때문이다. 우선 어린이가 무슨 이유로 똑같은 것만을 그리는가를 파악하여 어린이가 첫번째 이유로 똑같은 것만을 그린다면 성격이 민감하거나 지나칠 정도로 아는 것 한 가지에만 집중하기 때문이고, 두 번째 이유라면 감정이 풍부하지 못한 것이다.

가령 어린이가 비행기에 특별한 흥미를 가졌다고 하면 여러 가지의 비행기 모양과 이착륙하는 장면, 하늘 높이 나는 장면 등을 여러 각도에서 그릴 것이다. 그러나 감정이 굳어져 있는 어린이는 똑같은 상태의 비행기만 되풀이하여 그리게 된다. 어린이의 표현 정도에 따라서 관심의 폭을 넓히고 어린이의 억제된 심리를 부드럽게 해주어야 하며, 새로운 상황에 적응할 수 있도록 지도하여야 한다.

2 | 무엇을 어떻게 그려야 할지 모르는 어린이

예술 표현의 기초가 확실한 경험에서 온다는 것은 사실이다. 경험이 강렬할수록 창조적으로 표현하려고 한다. 어린이가 무엇을 그려야 좋을지 모른다면 거기에는 두 가지 이유가 있을 것이다. 그 하나는 어떤 이야기를 그릴 것인가 결심을 하지 못하는 경우이고, 다른 하나는 그리려고 하는 생각보다는 확고한 경험이 없는 이유에서 온 것이다. 먼저 어린이가 어떤 원인에서 그리지 못하고 있는가를 살펴보아, 무엇인가 생각하는 것이 있는가 물어 본다. 만일 "생각한 것은 있지만 무엇을 그려야 할지 몰라요"라는 대답이 나올 땐 좀더 자세히 물어 본다. 어린이가 무엇을 그려야 하나? 비행기로 할까? 놀이터로 할까? 하고 망설인다면 지도의 방향은 명백해진다. 비행기보다는 놀이터가 훨씬 개인적으로 긴밀한 관계에 있기 때문이다. 비행기보다는 놀이터에 대해서 보고, 느끼고, 생각한 바가 분명히 많을 것이다. 놀이터에 대해서 특별한 질문을 해본다.

"놀이터에 가 보았니? 누구하고 갔니? 어떻게 놀았니? 시소도 타고, 그네도 타고 놀았니? 무엇이 제일 재미있었니?" 이런 질문으로 어린이의 주의를 놀이터로 집중시킬 수 있고, 어린이는 곧 그림을 그리기 시작할 것이다. 창조적 표현에 있어서 개성이란 참으로 중요한 요소이다. 어린이가 경험이 확실하지 않기 때문에 그림을 못 그린다면 경험과의 연결에 자극을 주어야 한다. '어린이의 창조적 활동과 바른 자극' 은 연령과 발달 단계에 따라서 달라진다.

3 | 만화만 그리는 어린이

만화를 잘 그릴 수 있다는 것은 결코 나쁜 것만은 아니다. 현재 어린이들의 생활 자체가 TV나 만화책을 많이 볼 수 있게끔 되어 있으므로, 그러한 어린이는 능력과 손재주 그리고 모방 능력을 가지고 있다고 볼 수 있는 것이다. 문제는 그 모방력을 어떻게 독창적이고 창조적인 힘으로 변하게 하느냐에 달린 것이다.

TV의 만화는 타인이 만든 영상이며 그 어린이가 창작한 이미지가 아니다. 미술 교육은 자기의 정신 생활을 색채나 형태로 똑똑히 표현할 수 있는 능력을 육성하는 것이며, 그로 인하여 내적 생활이 풍부해지고 독창력이나 아름다운 정서 생활을 기르기 위한 교육이므로 만화만 모방하는 것은 미술 교육의 올바른 방향과는 거리가 멀다. 그러한 어린이에게는 창작 생활과 생활 경험의 범위를 넓혀 그림으로 발전할 수 있도록 이끌어 주면, 그가 지니고 있는 손재주와 모방력을 자신의 이미지에 부합시켜 표현할 수 있게 될 것이다. 그것을 아낌없이 격려해 주고 계속 새로운 체험에 흥미를 갖도록 힘을 기울여 도와 준다면 바람직한 창조의 힘이 배양될 것이다. 또한 체험 표현 이외에 옛날 이야기를 듣고 느낀 점을 표현하는 방법도 겸하여 창의적인 표현이 되도록 지도하여야 한다.

4 | 못 그린다고 하는 어린이

자기와 표현과의 관계에 자신을 잃고 언제나 나는 못 그린다는 반응밖에 없는 어린이의 지도가 문제이다. 이런 어린이는 자기 동일화의 욕구에 대해서도, 그것을 외부에 표현하는 능력에 대해서도 장애의 원인이 있기 때문이다.

어린이가 작품에 융합되어 자기 동일화를 꾀하려면, 그 경험에 자신을 갖는다는 것이 필요하다. 이러한 어린이에게는 공동 제작이나 쉬운 것을 그리게 하여 흥미를 갖게 하고, 칭찬을 많이 해서 열등감을 제거해 주어야 한다.

5 | 기교파의 어린이

개념적인 기교파의 어린이는 어떻게 지도해야 할 것인가? 기교파의 어린이란 특별히 기술 지도를 하지 않아도 사물을 닮게 잘 그린다. 이런 어린이를 칭찬할 수도, 그냥 버려 둘 수도 없는 것이다. 사물의 모양이나 명암 그리고 터치를 어른스럽게 사용하였다고 반드시 좋은 그림은 아니다. 자신을 표현하는 개성 있는 그림이 되도록 지도하여야 한다.

6 | 싫증을 잘 내는 어린이

이런 어린이의 그림을 보고 "이런 그림은 좋지 않아요" 하고 꾸짖거나 독촉해서는 안된다. "아, 참 재미있군. 좋은 그림이야. 그런데 조금만 더 그리면 아주 좋은 그림이 되겠는데…" 하고 따뜻하게 지도해야 한다. 전체가 같은 주제로 그리는 경우라도 이런 어린이는 자유로운 것을 그릴 수 있게 해준다. 친구도 없이 가정에서 혼자 자란 어린이는 교실이란 집단 생활이 큰 압박감을 주어 모든 행동이 소극적으로 되기 쉽다. 이러한 어린이는 재료나 기법을 다양하게 바꾸어 주거나 화지의 색깔, 크기, 모양도 바꾸어 주어 새로운 호기심을 가질 수 있게 동기를 유발시켜야 하며, 그리는 시간도 10~20분 정도가 알맞다.

7 | 이미 그려진 그림에 색칠하는 어린이

도화지 위에 본이 그려진 인쇄물이나 이미 그려진 형태 위에 색칠하기 등은 자기 생각을 끌어내는 방법이 아니고 발랄한 어린이들의 가능성을 미리부터 잘라내버리는 것이 된다. 추상적인 사고의 발상을 편협되고 제한된 통로로 몰아넣는 결과가 되는 것이다. 이러한 것은 이미 만들어진 것에 대한 추종이기 때문에 어린이의 감정을 메마르게 할 것이며, 틀에 박힌 성격으로 만들고 만다.

8 | 모방하는 어린이

전달의 가장 중요한 수단의 하나인 언어는 모방에서 얻어진다. 그렇다고 하여 학습 수단으로서 모방의 중요성을 과대시해서는 안된다. 모방은 자기를 표현하여 타인에게 전달하기 위해서 쓰여야 한다. 모방은 어떠한 경우든 어느 목적에 도달하기 위한 수단으로 사용되어야 하며, 결코 모방 자체가 목적이 되어서는 안된다. 모방은 자기를 잃은 상태에서 다른 사람의 흉내만 낸 것에 그치고 만다.

창의적 표현의 경우와 모방하는 경우에 있어 어린이 성격 형성의 차이점을 비교해 본다.

■ **표현 방법에 따른 인성의 변화**

창의적 표현의 경우	모방의 경우
자기 수준에 의한 표현이다.	타인의 수준에 의한 표현이다.
사고 방식이 자립적이다.	사고 방식이 의존적이다.
정서적인 감정의 표현이다.	틀에 박힌 개념적 표현이다.
자유스러움과 유연성이 보인다.	억압과 속박을 느낀다.
새로운 환경에 쉽게 적응한다.	융통성이 없고 고립형이다.
매사에 적극적이다.	매사에 소극적이다.
자기 표현에 자신감이 있다.	자기 표현에 불안해한다.
집단을 이끈다.	집단에 따른다.
생활에 만족을 느낀다.	열등감을 느낀다.

9. 조형 놀이의 지도

1 | 조형 놀이의 성격

놀이는 유아들에게 있어서 자유롭고, 재미있으며, 그들의 감정을 가식 없이 드러내 놓는 하나의 방법인 동시에 그 속에서 자신을 성장시키는 행위이다. 또한 유아들은 즐거운 놀이 속에서 주어진 역할의 행동을 학습할 뿐 아니라, 주어진 역할을 실제로 행하는 데 있어서 그것이 어떠한 느낌을 주는가를 경험하게 된다. 이와 같이 자연스런 놀이를 통하여 나타나는 호기심과 탐구하고 표현하려는 욕구는 유아들의 본능적인 특성이며, 예술 표현의 창조적인 태도와 밀접한 관계가 되어 때로는 그 자체가 바로 예술 표현의 동기가 될 수도 있는 것이다.

심리학자 프뢰벨(F.W. Fröbel)은 "놀이란 유아들에게 있어서 성장의 최고 표현이며, 동시에 모든 단계의 인간 성장에 있어서 하나의 반영이며 유형이다"라고 하였다. 또한 로웬펠드는 유아들의 놀이를 자신의 정서 생활을 구체화한 표현이라고 하였으며, 유아에 있어서 놀이가 성인이 예술을 창작하는 정신적 상태와 유사한 점을 시사하였다. 철학자 칸트(I. Kant)도 "유희적인 행위 속에서 인간은 매우 수준 높은 상상적인 예술 표현을 기대할 수 있다"라고 하였다.

리드는 놀이란 유아들의 세계를 발견하는 유일한 방법이며 동시에 정신적 안정을 가져다 줄 수 있는 중요한 행위임을 시사하였다. 또한 놀이 속에서 유아들은 내면적인 정신 상태의 여러 요소들을 조화롭게 구체화시킬 수 있다고 하였다.

이와 같이 놀이는 예술의 진정한 모태이며, 모든 인간은 놀이라는 표현 형태를 통하여 재미와 자유와 행복을 느낄 수 있으며 성취감을 맛볼 수 있다. 특히 유아들은 놀이의 자유스럽고 재미있는 분위기 속에서 자신의 발상을 생동감 넘치게 표현할 수 있으며, 놀이 속에서 복잡하고 억눌린 감정을 발산하면서 성장해 가는 것이다.

프랭크(K. Frank)는 놀이 활동에 대하여 "놀이를 통하여 어린이들은 끊임없이 학습하고 성인의 세계와 동등하게 상상하도록 탐험하고 조작한다"라고 하였다.

프랭크는 조형 놀이의 가치를 다음과 같이 말하고 있다.

① 창의적인 자기 표현을 통하여 조화로운 인성을 기른다.
② 상상의 세계와 행동의 자유를 제공한다.
③ 언어 구조의 기초와 사회적 인간 관계를 수립한다.
④ 자기의 감정을 통제할 수 있는 기회를 제공한다.
⑤ 사물의 관찰에 대한 흥미와 집중을 조장한다.
⑥ 성인의 역할을 학습할 수 있는 원동력이 된다.
⑦ 욕구 불만을 해소케 함으로써 정신 건강을 돕는다.
⑧ 재료를 탐구하고 조작하는 과정 속에서 재료 지배 능력을 기른다.
⑨ 새로운 것을 발견할 수 있는 능력과 예민한 시지각을 기른다.
⑩ 민주 시민으로서 지녀야 할 사회적인 성장을 꾀한다.

유아들은 자신들에게 잠재하는 무한한 가능성을 자연스럽고 재미있는 놀이 행위를 통하여 창의적인 자기 표현으로 나타낸다. 즉 어떠한 규칙이나 법칙에 얽매이지 않고 자유 의지로 표현할 수 있는 그리기나 만들기, 꾸미기 등의 조형 활동이 자유로이 행할 수 있는 놀이 형태로 나타나게 된다. 모래나 진흙 놀이를 통하여 자기 마음대로 여러 가지 다양한 형태를 만들거나 부수며, 종이를 접고 오려서 재미있는 모양을 만들고, 종이나 담벽에 그림을 그리는 것도 재미있는 놀이가 될 수 있다.

그들은 무엇을 창작한다는 높은 이상을 지닌 예술가적인 의지보다는 재료와의 자연스러운 만남 속에서 물체를 다루는 경험, 즉 모래로 성을 쌓고, 진흙을 두들기고, 방바닥에 낙서를 하는 등의 과정 그 자체를 즐긴다. 이러한 과정 속에서 유아들은 본래의 진실된 자아 표현이 가능하며 뛰어난 상상력과 창조적인 능력을 발전시킬 수 있다.

2 | 조형 놀이의 교육적 의의

조화로운 전인 교육을 목적으로 하는 조형 교육은 유아들이 일상 생활을 보다 즐겁게 영위하도록 도와주며, 그들 자신의 사고와 느낌과 창의적인 상상력을 충분히 발휘할 수 있도록 도와준다. 또한 이것은 유아들에게 여러 가지 재료를 다루는 다양한 경험 및 능력을 길러 주며 주위 환경을 보다 개성적으로 장식하려는 창작 의지와 인위적인 디자인에 대한 미적인 인식을 높이고 예술적인 취향을 기르도록 도와준다. 그러기 위해서는 유아들에게 보다 폭 넓은 조형 놀이의 미적 경험이 유도되어야 하며, 이에 따른 자기 표현이 이루어져야 한다.

이와 같이 유아들의 조형 활동은 '자기 표현' 이 근본임을 인식하고, 조형 놀이를 통한 경험이 유아들에게 미치는 교육적 의의를 살펴보면 다음과 같다.

01_ 창의적인 자기 표현을 통하여 조화로운 인성을 기른다

유아들은 자유로운 놀이를 통하여 언제나 탐사하고 경험하는 기회를 갖는다. 또한 놀이 속에서 자신과 주위 환경에 대한 생각이나 느낌을 나타낸다. 조형 놀이는 이러한 유아들의 심리적 욕구를 만족시켜 주며, 표현에 대한 즐거움과 자신감을 길러 준다. 동시에 이러한 창의적인 활동은 유아들의 인성 계발에 실제적인 효과를 주고 있다. 또한 언제나 새로움을 지닌 채 환경에 대응하고 발전적인 태도를 취하여 새로운 해결 방법을 발견할 수 있게 한다.

02_ 내면의 불만을 놀이를 통하여 발산함으로써 정신 건강을 돕는다

유아들의 어휘는 제한되어 있으므로 욕구 불만이나 갈등 등의 내적인 긴장은 표현 행위로 정화될 수 있다.

부모와의 관계, 형제간의 사소한 다툼, 친구로부터의 소외감, 외로움 등 일상생활에서 흔히 일어날 수 있는 불만이나 갈등 등이 종이를 찢거나 점토를 두들기면서, 그림을 그리거나 나무에 망치질하면서, 노래 부르고 춤추면서 자연스럽게 해소된다.

03_ 재료들을 탐구하고 조작하는 과정 속에서 지적인 성장 및 창의성을 높일 수 있다

재료를 보다 적절히 선택하고 사용하는 데 있어서, 잘 다루는 기술과 새로운 방법을 발견하는 데에서 창의적 잠재력을 기르고 지적 성장을 꾀할 수 있다. 비록 미숙하더라도 유아들이 스스로 발견해 내는 발상, 표현의 연구, 기술의 발견이야말로 조형 교육의 기본적인 자세요, 보람인 것이다.

04_ 광범위한 조형 활동을 통하여 풍부한 정서를 기를 수 있다

유아 조형 교육의 중요한 점은 다양한 조형 활동 경험을 갖게 하여 그들의 미적 정서를 높이는 데 있다. 이러한 미적 정서는 개인이나 집단으로 조형 활동에의 동기를 유발시켜 주는 여러 가지 인공 재료나 자연 재료들을 관찰, 감상, 비교, 분석, 처리하는 과정에서, 또는 실제로 만들고 꾸미며 놀이하는 과정 속에서 자연스럽게 길러진다. 자연과의 일차적인 만남, 그 자체 속에서 인간은 충분히 순화될 수 있으며 아름다운 정서를 되찾을 수 있다.

05_ 재료를 탐색하고 관찰하는 중에 시지각이 예민하게 길러진다

쾌적한 환경이나 예술가들의 훌륭한 창작품을 감상하고, 친구들의 작품을 서로 관찰하게 하는 중에 조형 놀이를 통한 감각 활동은 새로운 것을 발견할 수 있는 능력과 시지각을 예민하게 길러 준다.

06_ 신체의 대 · 소근육의 발달과 운동 기능의 적응력을 높인다

선을 긋거나 그림을 그리면서 또는 모형 제작을 통하여 신체적인 발달 및 눈과 손의 협응력을 발달시킨다.

07_ 민주 시민으로서 지녀야 할 사회적인 성장을 꾀한다

유아들은 지극히 비논리적이므로 이론적으로 그 시대의 문화 전통이나 관습을 이해하는 것이 어렵다. 따라서 주로 주위 여러 사람과의 직접적인 만남이나 협동 작품을 통하여 그 사회의 문화, 관습 및 지켜야 할 여러 사항들을 익힌다고 볼 수 있다.

08_ 조형 놀이를 통한 다양한 경험은 다른 교과의 학습 효과를 증진시킨다

조형 학습은 조형 활동뿐만 아니라 무용, 음악, 연극 등과 같이 여러 예술 분야와 밀접한 연관을 가짐으로써 예술 활동 전반에 대하여 폭 넓은 학습을 실시할 수 있다.

6장 창작품의 감상

1. 감상의 의미

어떤 수준의 것을 막론하고 창작품은 인간의 사상과 감정, 정신의 표현이며 그것은 작가와 환경과의 관계를 표현한 것이다. 따라서 창작품은 자기와 사물과의 관계를 표현한 것이며, 결코 그 사물 자체를 표현한 것은 아니다.

감상 활동은 미적 대상에 단순히 접하는 미적 향수 활동의 발전 형태로서, 좀 더 적극적으로 예술적인 가치를 인식함으로써 감상 활동에 이르게 된다. 작품은 작가의 생명과 경험과 사상의 솔직한 표현이기 때문에 감상자는 이 전달된 가치를 알려고 노력하여야 한다.

인간이 추구하는 문화의 목표를 '진(眞) · 선(善) · 미(美) · 용(用)' 이라 한다. 진은 과학에 의하여, 선은 종교에 의하여, 미는 예술에 의하여, 용은 정치 · 경제 등에 의하여 인류의 발전에 쉬지 않고 공헌해 오고 있다. 그중 미술은 시간과 공간의 예술로서 인류가 발생한 시대로부터 오늘에 이르기까지 민족 특유의 문화 유산을 남기면서 변천해 가고 있다. 우리들은 주변의 수없는 문화 유산과 더불어 끊임없이 창조 활동을 계속해 가고 있으며, 장래 문화 발전에 미치는 자원의 기초로서 올바르게 예술을 감상하는 안목을 지녀야 할 것이다.

그러나 이와 같은 분석적이고 논리적인 방법도 당연히 필요한 것이지만 더욱 중요한 것은 작품이 주는 감동이다. 미의 향수와 지각 작용에 우선하는 직감 활동인 것이다. 작품의 배경을 이루는 시대적 상황과 작가의 세계관 그리고 현대 예술의 상황을 이해하는 것도 배제할 수는 없지만, 작품을 진지하게 대하고 시각 체험을 통해서 마음속 깊숙이 감동될 수 있다는 것이 더욱 중요하다.

아름다움이란 단지 객관적으로 주어진 대상의 속성이 아니라, 대상을 보는 마음속에 깃든 것이다. 인간의 외부에 존재하는 자연이 그냥 그대로 아름다움인 것이 아니라, 순수한 시각성의 입장에서 이것을 보는 행위 속에 자연의 아름다움이 만들어지는 것이다. 자연은 누구 앞에서나 존재하지만 아름다운 자연은 그것을 볼 수 있는 사람 앞에서만 존재한다. 볼 수 없는 사람, 보려고 하지 않는 사람에게는 유감스럽게도 자연의 아름다움은 보이지 않는 것이다. 어떤 작가가 그의 특유한 미의식을 가지고 어떤 산을 보거나 혹은 밤하늘의 둥근 달을 보았다면 그 느낌은 보는 사람에 따라 다른 것이다. 거기에서 느낀 미적 감정은 그 작가 특유의 것이고, 그것을 어떤 작품으로 나타냈다면 그 작품을 보는 사람은 작가 특유의 사상과 감정을 그 작품 속에서 느낄 수 있어야 한다.

2. 감상의 태도

작품이란 사물 자체를 표현한 것이 아니라, 사물을 통하여 작가의 사상이나 감정, 그리고 사물과의 관계를 표현한 것이다. 그러므로 작품과 자기 동일화가 되었을 때에야 비로소 그 작품을 이해하기도 하고 감상할 수도 있는 것이다. 그러면 작가가 작품과 자기 동일화를 하려면 어떻게 하여야 하는가? 동일화란 작품 활동에 있어서 동기, 의도, 표현, 감상이 밀접한 관계를 가지고 이루어짐을 뜻한다.

창작품은 개개인이 자기를 그것에 연관시킨 것이 아니면 무의미한 것에 불과하다. 대개의 경우 감상자의 이해력과 정서적 수준이 무시되는 경우가 많다. 다시 말해서 작품이 너무도 일방적인 취급을 받을 때가 많다. 교사가 작품에 관한 이야기를 함에 있어서도 교사의 주관적인 감상을 주입시키는 경우를 자주 본다.

어린이들의 발달 수준이 다르면 사물과 작품에 대한 이해나 반응도 다르다는 것을 명심해야 한다. 어린이의 반응을 무시하고 어린이들의 요구를 들어 주지 않는다면 어린이들의 표현 활동과 감상 활동은 좌절될 것이다. 그러므로 어린이의 반응을 존중해야 하며, 그 표현의 의도나 심정을 이해하려고 노력해야 한다. 감상 활동은 보는 사람의 자유로운 느낌이라 하지만, 표현하고자 하는 사상이나 감정을 찾아보려고 하는 태도가 필요하며, 작품 속에서 그 정신을 읽을 수 있어야 한다.

작품을 대할 때는 정중하게 마음의 대화가 이루어져야 한다. 그렇게 함으로써 나 자신이 그 작품의 작가가 되어 그 작품 속에 깊숙이 몰입될 수 있는 것이다. 이러한 감상의 태도로 나 자신과 작품과의 접근을 더욱 쉽게 이룰 수 있다.

3. 감상의 방법

감상의 지도는 표현 활동과 더불어 이루어지는 것이며 평가와도 직결되는 문제이다. 감상은 아동의 미적 감각의 발달이나 능력을 위한 면이 있는가 하면, 스스로의 표현 기술 면과 관련된 문제를 해결하기 위한 수단으로서의 감상을 겸하는 수가 많다. 그러나 진정한 감상의 목적은 그림을 분석하는 것도 아니고, 미술 작품을 어떻게 이해하는가를 배우는 것도 아니다. 그것보다는 어린이들이 작품에 깊은 관심을 가질 수 있게 하고, 작품의 가치를 민감하게 느낄 수 있게 하는 것이다.

아동화를 대할 때는 그들의 심리적 상태와 창조성을 중시해야 한다. 진실성이 없는 그림책을 모방한 것 같은 그림이나 개념화되고 틀에 박힌 그림과, 그들의 심리 상태가 솔직하고 순수하게 표현된 개성적이고 창의적인 그림과의 차이점을 구별할 수 있어야 한다. 또한 중요한 것은 편견 없는 마음가짐이다. 이것이 작품을 감상하려는 사람으로서의 기본 자세요, 방법이다.

감상자의 주관적 감정에 의하여 감상되는 것보다 그런 사람이 표현하고자 하는 의도나 심정을 객관적으로 이해하려고 하는 태도가 중요하다. 작품 속에서 작가의 심정을 읽을 수 있고, 그 나름대로의 아름다움과 가치를 찾아내고, 그 속에 도취될 수 있다면 그것이 곧 작품의 감상 활동이 되는 것이다.

작품의 감상 방법은 첫째, 작품의 대상적 흥미에서 시작되는 경우가 많다. 이것은 작품의 외면적 부분을 통하여 내부의 정신적 작용에 접근하려는 경우이다. 둘째는 문헌적인 지식에 의하여 작품이 제작된 동기나 환경, 작가의 성격, 시대성, 민족성 등을 감상해 나가는 경우이다. 이 두 가지 경우를 거듭함으로써 미적 감각이 예민해져서 차츰 작품 감상의 안목이 생겨 작품의 예술성과 미적 본질을 맛볼 수 있는 경지에 도달하게 될 것이다. 이것이 곧 감상의 방법이다.

무엇을 표현하고자 하는 의욕이 의도라면 그 동기(motive)에 의해 선택된 재료는 주제(theme)라고 할 수 있다. 들판에 핀 노란 들국화를 보고 그림을 그리고 싶은 충동을 느꼈다면 그 충동은 모티브요, 그리려고 하는 들국화는 테마가 되는 것이다. 다른 사람이 이 작품을 보고 들판에 핀 노란 들국화를 보듯이

〈우리집〉 이주현, 6세
아파트와 슈퍼마켓, 산과 꽃나무를 기저선 위에 표현하고 있다. 기저선의 표현은 사물과 사물과의 관계를 인식하는 시기에 나타나며 사회성이 발달되고 있다.
태양이 구름에 가려 있는 것으로 보아 아빠의 표정이 어둡거나 집에 늦게 들어오거나 해서 아빠의 사랑이 부족한 어린이인 것 같다. 크레파스를 스쳐 칠한 것은 성격이 소극적이고 소심하며, 열등 의식이 잠재되어 있는 것을 의미한다.

〈수영장〉 송윤지, 8세
실내 수영장에서 여러 어린이들이 수영하는 모습을 재미있게 표현하였다. 수영하는 어린이의 표정과 움직이는 팔 모양을 인상적으로 잘 나타내었다. 화면 구성과 물방울, 색채 표현도 크레파스와 수채 물감을 같이 사용하여 동심의 세계를 밝고 명랑하게 나타내었다. 화면 구석구석 빈틈없이 그려 넣은 것을 보면 욕심이 많고 인내심과 책임감도 강한 성격인 것 같다. 그러나 과잉 보호를 받고 자란 어린이인 것 같기도 하다.

〈항아리와 꽃〉 채혜수, 13세

실내에서 항아리와 꽃이 있는 정물을 그린 것이다. 있는 그대로를 묘사한 것이 아니고, 정물화를 변형하여 자기의 생각으로 재구성한 작품이다. 살아 있는 벌이나 무당벌레를 그려 넣어 생동감을 주기도 하고 화면 위에 곡선을 넣어 운동감을 느끼게 한다. 필요한 부분에 불기, 뿌리기, 핑거 페인팅 등의 기법을 적절히 사용하여 정지된 정물화가 아니라 움직이는 정물화로 자신의 이미지를 재미있게 표현하였다. 마치 기성 작가의 일러스트레이션 작품을 보는 듯하다.

〈우주 박물관〉 채문형, 10세

우주 박물관을 길게 곡선 형태의 둥근 관으로 화면에 재미있게 배치하였다. 우주 박물관 안으로 들어가면 공룡의 뼈나 유적의 흔적이 나타나 어린이의 무한한 상상의 세계를 짐작할 수가 있다. 현재 어린이의 눈은 아름다운 미래의 세계를 보고 있다. 우주의 비닐 하우스 안에 식물, 곤충들이 살고 있는 모습을 자유롭고 대담하게 표현하였으며, 화면 구성 능력이나 상상력, 그리고 색채 감각이 탁월한 것 같다.

〈줄넘기〉 진기용, 11세

친구들과 함께 즐겁게 줄넘기 놀이를 하고 있다. 주제를 화면 중앙에 크고 대담하게 배치하였다. 배경은 구경하는 아이들로 빈틈없이 메우고 있다. 화면의 구석구석까지 소홀히 처리한 부분이 없다. 줄을 넘고 있는 어린이의 표정이나 옷의 주름살, 명암 등도 잘 표현하였으며 운동장 위의 여백도 단순하게 처리하지 않고 질감 표현을 재미있게 나타내었다.

황홀감을 느꼈다면 작가의 의도에 접근했다고 볼 수 있다.

주제는 당연히 내용과 관련이 있다. 어떤 수준의 표현에서도 그 모든 주제에는 다양한 종류가 있어서 사회적인 것, 종교적인 것, 역사적인 것, 자연적인 것, 추상적인 것, 개인적인 것 등이 있고 어느 것이나 그 주제에 자기 동일화를 이룬다는 것이 창작 활동에는 꼭 필요하다. 그 주제를 선택한 동기와 감정을 모르고서 그의 의도에 동일화하고 바르게 감상한다는 것은 어려운 일이다.

어린이들의 그림 속에서 그들이 표현하고자 하는 의도나 심정을 찾아내어 동일화되도록 노력해야 한다. 나타내려고 하는 주제가 화면 중앙에 대담하게 잘 표현되었는가, 주제의 특징은 잘 표현되었는가 하는 것을 보아야 한다.

그림에는 주제와 부제, 다시 말해서 표현하고자 하는 중심체와 배경이 있다. 특히 아동화에서는 주제를 구체적이고 대담하게 잘 표현하는 것이 좋은 작품이라고 할 수 있다. 이러한 주제를 어떻게 표현하였는가, 색채는 어떻게 표현하였는가, 상상력은 풍부한가, 창의적이고 개성적인 표현인가, 선은 대담한가, 정서성은 풍부한가, 재료의 특성을 잘 표현하였는가를 관찰하는 것도 중요한 감상 활동인 것이다.

7장 창작품의 평가

1. 평가의 의의

조형 활동이란 본래 표현을 중심으로 해서 행해지는 것이기는 하지만 표현과 감상과 평가가 잘 이루어져야만 학습 활동이 어느 정도 목표에 도달하였다고 본다. 표현 활동이란 각자의 개성에 따르는 사상, 감정을 조형적인 시각 언어를 통해서 표현하는 것이며, 감상 활동은 시각 언어를 읽고 그 의미를 이해하는 향수 활동인 것이다.

모든 어린이를 조형 교육의 목적에 도달시키기 위해서는 합당한 교수 방침과 교육 과정이 구성되고 학습 활동이 전개되도록 해야 한다. 평가란 그러한 학습 활동 결과, 아동들이 어느 정도 학습 목표에 도달하였는가를 측정하는 것을 말한다. 즉 학습 활동이 끝난 뒤 최초에 의도한 학습 목표에 얼마나 접근할 수 있었는가, 과연 얼마만큼 학습 성과를 올렸는가 등을 반성하고 학습에 도움을 줄 수 있는 학습 활동을 평가라고 한다.

2. 평가의 목적

우리는 먼저 어린이의 창작품을 왜 평가하는지 그 목적을 생각해야 한다. 어린이의 올바른 성장을 위해서인가, 아니면 어린이의 장단점, 기술적인 기교, 성격 등을 어린이에게 알리기 위해서 또는 분류하기 위해서 하는 것인가를 생각해야 한다. 평가의 목적은 첫째, 진단과 치료를 하기 위하여, 둘째, 평가자와 학습자와의 관계를 맺고 다음 학습을 위한 개선의 자료가 되게 하기 위하여, 셋째, 다른 어린이의 작업 활동을 이해하고 관찰함으로써 자신의 조형 활동에 도움을 얻기 위해서이다. 정확한 평가 없이는 효과적인 교수 활동을 크게 기대하기 어렵다.

미술 교과의 평가가 다른 교과에 비하여 가장 문제가 많고 어려운 것은 다음과 같은 이유 때문이다.

- 미에 대한 견해 차이로 평가의 기준이 평가자에 따라 각각 다르기 쉽다.
- 교과의 내용이 정서나 감정 등 인간성의 육성을 목표로 하고 있기 때문이다.
- 주관적 요소가 개입하여 시험지에 의한 객관적 평가가 되기 어렵다.

이것은 미술과의 교육 목표가 단순한 기술이나 획일적 방법이 아니고, 널리 인간이 가지는 창조력을 계발하기 위하여 사물을 통하여 여러 가지 양식을 발견케 하는 인간 형성에의 활동에 있기 때문이다. 미술과는 다른 교과와 같이 객관적인 정답이 있는 것이 아니고, 미에 대한 가치 기준이 다를 뿐만 아니라 고도의 지도 방법상의 배려를 필요로 한다.

따라서 평가는 단순한 측정이 아니라 가치 판단인 것이다. 구체적인 단원 목표에 어느 정도 접근하였는가의 교육적 가치 판단으로 평가가 이루어지는 것이 바람직하다.

3. 평가의 대상

미술 교육의 평가는 학습의 결과라고 할 수 있는 작품을 대상으로 하는 것과 그 작품이 완성되기까지의 학습 활동 과정을 대상으로 하는 것이 있다. 일반적으로 좋은 지도로부터 좋은 작품이 나올 것 같지만, 반드시 그렇지만은 않은 데 문제가 있다.

학습 활동에 있어서는 단원 목표를 구체적으로 밝히는 한편, 그것을 향하여 학습 활동이 이루어져야 한다. 평가를 할 경우에는 학습의 결과가 목표에 도달했는가를 측정하는 것이므로 만약 그 목표가 적합하지 않을 때에는 평가가 이루어지기 어려운 것이다.

지도 결과, 목표의 수준이 너무 높거나 학습량이 과다하여 성취가 잘되지 않을 수도 있다. 학습 목표에 연령, 제재, 지도 내용, 발달 단계 등이 적절히 배려되었는지를 평가에 즈음하여 검토해 보아야 한다. 그것이 부적합할 때는 커리큘럼을 개선하여 재구성할 필요가 있다.

• 지도 목표:연령, 영역, 제재, 지도 내용, 발달 단계 등에 비추어 목표 설정이 적절하였는가?
• 지도 계획:시간의 배분, 지도 내용, 타교과와의 관련, 시설이나 준비물은 어떠하였는가?
• 지도 방법:지도안의 전개, 준비, 지도 내용의 연구, 지도 과정, 지도 기술 등 구체 항목을 정하여 평가해 본다.
• 학습 성과:작품의 평가에 있어서 어떤 기준에 의할 것인가를 생각해야 한다. 표현력의 평가, 감상력의 평가, 이해 · 기술 · 태도 · 습관의 평가 등 행동 목표를 설정해서 평가해야 한다.
• 결과의 처리:학습의 결과로서 작품이 남는 것이 이 교과의 특징이다. 따라서 이 작품을 잘 활용하여 다음 번 학습에 유용하게 사용하는 것이 바람직하다.

4. 평가의 내용

어린이의 작품을 평가할 때는 완성된 작품보다는 과정이 더 중요함을 인식한다. 그리고 각 어린이의 연령, 미적 재능, 성숙도, 환경, 지적 수준 등을 참작하여 비평하기보다는 칭찬과 격려로써 평가해야 한다. 각 어린이의 개성을 참작하지 않은 지나친 기대감에서의 평가는 어린이에게 열등감과 좌절감을 줄 수가 있다. 어린이는 성장 과정에 있으므로 쉬지 않고 발달하여 무한한 가능성을 지니고 교육을 받으면서 자라나고 있는 존재이며, 지금까지 이룩한 것보다 앞으로의 세계가 더 크고 넓다는 것을 생각해야 한다. 그러므로 완성된 작품보다는 활동 속에서 어린이의 신체적인 활동과 심리 상태의 표현을 중요시하여 제작 과정을 잘 관찰하여 다음과 같은 내용을 염두에 두고 평가에 임해야 한다.

• 작품에 나타나는 어린이의 마음 상태를 본다.
• 작품 속에서 어린이의 욕구와 소원을 읽도록 한다.

- 어린이의 개성과 창의력을 본다.
- 어린이의 상상력과 정서성을 본다.
- 작품 속에 나타나는 어린이의 발달 수준을 본다.
- 재료와 도구의 활용 방법을 본다.
- 남녀 성의 차이에 따른 특성을 비교한다.
- 제작 과정과 사회성을 본다.

5. 평가의 유형

"어린이가 그림을 잘 그린다"는 평가적인 말을 생각해 보자. 여기에서 '잘 그린다'는 말은 두 가지로 해석할 수 있다. 하나는 어린이가 속한 집단 내에서 다른 어린이보다 더 잘 그렸다는 뜻이요, 다른 하나는 다른 어린이와는 관계없이 성취하고자 하는 목표에 가깝게 접근했다는 뜻이다. 앞의 것을 상대 평가라 하고 뒤의 것을 절대 평가라고 한다.

일반 교육에서 학습의 성취는 개인의 잠재적 능력을 최대한 계발하는 데 목표를 둔다. 전문 교육에 있어서도 학습자가 무엇을 얼마나 알고 또 할 수 있느냐가 중요한 것이지, 그 집단 속에서 어느 위치에 있느냐가 중요한 것은 아니다.

교육의 전체 과정을 통해서 볼 때 교수 · 학습 활동의 계획을 위한 평가를 진단 평가(diagnostic evaluation)라 하고, 교수 · 학습 활동 과정에서 수정 보완을 위한 평가를 형성 평가(formative evaluation)라 하며, 한 단위의 교수 · 학습 과정이 끝난 뒤에 그 결과에 대한 판정과 다음 단계의 계획을 위한 평가를 총괄 평가(summative evaluation)라고 한다.

6. 평가의 방법

조형 활동의 평가는 주로 어린이들의 행동 의식에 대한 관찰에 의해서 행해지기 때문에 행동 발달의 평가라고도 할 수 있다. 또한 평가하는 사람에 따라서 교사에 의한 평가, 친구 상호 평가, 자기 평가, 전문가에 의한 평가, 부모에 의한 평가 등도 행할 수 있으나, 이들 모든 입장은 반드시 어린이의 실제를 대상으로 행해져야 한다.

지도 결과, 어린이들의 흥미와 관심이 깊어졌는지 분석하는 일을 게을리 해서는 안될 것이다. 학습의 결과를 평가하는 구체적인 방법을 열거한다면 다음과 같다.

01_ 관찰 기록법(method of observation check list)

관찰 항목을 몇 개 설정하여, 표현 과정이나 작품상으로 볼 수 있는 행동이나 특징을 잡아 체크해 나간다.

02_ 일 대 일 비교법(method of paired comparison)

작품 평가시 일 대 일로 우열을 비교하는 구체적인 방법이나 많은 시간이 소요된다.

03_ 등거리차법(method of equal-appearing intervals)

전체 작품 속에서 등간격의 가치차를 가진 대표 작품(A, B, C, D)을 골라내어 나머지 작품 하나하나를 그것과 일 대 일로 비교하여 동등하다고 생각되는 위치에 놓는 방법이다. 이때 배정률이 정상 분포 곡선에 맞도록 한다.

04_ 순위 평가법(method of rank valuation)

다수의 작품을 상하로 구분하고, 다시 상의 작품을 상하로, 하의 작품을 상하로 나누어 그 작품의 우열 순위를 정하는 방법이다. 일명 선별법이라고도 한다.

05_ 평정 척도법(method of rating scales)

완성된 작품을 한 사람씩 들고 앞에 나와 자기의 작품을 보이고 이야기하게 하는 방법이다. 기술 척도법이라고도 하며 발표력도 기를 수 있다.

06_ 병립 비교법(method of stand abreast comparison)

가치차가 있는 예시 작품을 A, B, C, D로 구분하여 놓고 개별 면접으로 그 우열을 스스로 판정하여 같은 가치로 인정되는 부분에 작품을 놓게 한다. 가치 척도가 바르게 나타나지 않을 때는 정정해 주고 오차가 심할 경우에는 감점을 하여 장난스러운 행동을 방지해야 한다. 우열 판정의 이유를 질문하여 감상의 심도를 알 수도 있다.

07_ 유형 비교법(method of type comparison)

많은 작품을 제시하고 동질적인 것이나 같은 수준의 작품을 분류하게 하는 방법이다. 같은 유형, 같은 구도, 주제 및 내용, 기법, 특징 등을 식별하는 능력을 평가한다.

08_ 작문법(method of writing)

작품에 대한 감상을 글로 발표시키는 것이다. 작품의 발상 동기나 표현하고자 하는 의도를 알 수 있다는 것은 좋으나 글로 쓰는 문장력과 감상 능력은 같지 않을 수도 있다는 것을 생각해야 한다.

7. 평가의 요점

조형 활동에 있어서 평가는 학습 목표에 입각하여 설정되어 있는 교육 과정의 실행에 그 기준을 두고 미래 지향적인 발전이 강구되어야 한다. 학습 목표에서 빗나간 평가를 학습자의 수준이나 학습 내용과 관련시키지 않고 적용하는 것은 결코 바람직한 방법이 아니다.

객관적이고 타당성 있는 평가가 되도록 하기 위하여 다음과 같은 평가의 요점을 정리해 본다.

• 평가는 모든 아동들이 교육 목표를 성공적으로 달성할 수 있도록 하기 위하여 목표 지향적 평가가 되도록 한다.

• 공정성과 객관성이 유지되어야 하며, 평가 방법은 내용과 대상의 특성을 고려하여 다양한 도구와 방법을 활용하도록 한다.

• 지적 · 정의적 · 기능적 측면이 함께 고려되도록 평가하고, 단순한 사실의 기억보다는 이해나 응용력에 중점을 둔다.

• 아동의 학습을 촉진할 수 있도록 적절한 시기에 학습 성취도를 확인하고, 그 결과에 따라 적절한 지도가 이루어지도록 한다.

• 학습의 결과인 완성된 작품만으로 우열을 판단하여 평가한다면 인간성 회복이라는 미술 교육의 근본 목표에 어긋난다.

8장 미술 교사의 요건

1. 미술 교사의 자질

미술이 전인적으로 생생하게 살아 있는 현실임을 가르치는 길은, 미술에 관계하는 사람 자신이 올바르게 이해하고 미술을 외부적으로 받아들이는 사람으로 하여금 미술의 역할에 대한 정당한 통찰을 바라는 것이라 할 수 있다. 무엇보다도 미술 교사의 중요한 역할은 미술을 할 수 있는 인간, 미술을 함으로써 추출되는 원리를 일상 생활에 응용할 수 있는 생활 태도를 기르는 데 있다고 본다.

이러한 역할을 담당하기 위해서 미술 교사는 다음과 같은 기본적 자질을 갖추고 있어야 한다.

• 미적인 것을 분석하고 그 가치를 판단할 수 있는 폭넓은 지식은 물론 미학적인 식견을 지녀야 한다.

• 미적 조형 요소에 대한 올바른 분석으로 창작품의 이해, 감상, 평가를 바르게 할 수 있는 능력이 있어야 한다.

• 표현 활동이나 감상 활동을 통하여 아름다움을 느낄 수 있는 뛰어난 예술적 감각이 있어야 한다.

• 아동을 이해하고 아동과 더불어 조형 활동의 즐거움을 나눌 수 있어야 하며 사랑, 겸손, 봉사를 실천할 수 있어야 한다.

• 바람직한 인간 관계는 물론 모든 일에 긍정적이고 수용적 태도로써 타인을 존중하고 신뢰할 수 있는 성품이어야 한다.

2. 미술 교사의 역할

아동기에 조형 경험을 풍부하게 갖는다는 것은 매우 중요하다. 조형 활동은 아동을 정서적으로 안정되게 하고, 인간의 감정을 깊이 있게 해준다. 미술은 애초에 하나의 표현 매체로 간주되었던 것이다. 그리기, 만들기 등의 행동은 지적으로 또는 감정적으로 내적인 상태를 외적으로 표현하는 것이다. 그러므로 어떤 아동이 자신의 생활 연령 이상으로 인지적 능력이 발달했다면 미술에서도 같은 발달 상태를 나타낼 것이다.

미술 활동은 아동의 내적 상태를 그대로 반영하는 것이므로 교사는 아동의 심미적 표현과 건강한 성격을 기르는 데 조력해야 한다. 미술 교사의 역할은 전문가를 양성하는 것이 아니라, 발달하고 있는 아동들의 인간 교육을 행한다는 사명을 띠고 있다는 것을 잊어서는 안된다.

미술의 과정은 계속적인 상호 작용에 의해 그리기, 만들기, 보기, 냄새 맡기, 맛보기 등으로 세상에 대한 이해의 기초를 얻게 하며, 아동 발달에 있어 필요한 경험을 할 수 있는 환경 공간을 제공하는 것이다.

한편 교사는 아동이 사랑, 봉사, 믿음을 실천할 수 있는 민주 시민으로서의 자질을 향상시키고, 성실한 마음과 튼튼한 몸으로 창조적 정신을 육성하도록 조력해야 한다. 나아가서 행복에로 향할 수 있도록 조력해야 한다.

마골린(E. Margolin)은 조형 활동에서의 교사의 역할을 다음과 같이 제시하고 있다.

- 너무 복잡하지 않은 한 여러 가지 매체를 어린이 스스로 선택해서 표현할 기회를 준다.
- 새로운 생각을 해내도록 장려한다.
- 어린이가 즐길 수 있는 미술 활동의 배경을 어린이 스스로 만들 수 있도록 한다.
- 작업 활동에 관련된 즐거움과 자신감을 갖도록 도와준다.
- 여러 가지 재료를 기꺼이 실험해 보는 태도가 발달하도록 돕는다.
- 작업하기에 넉넉한 공간과 즐거운 분위기를 마련한다.
- 정확한 미술 용어를 배우도록 해준다.
- 생일 카드와 같이 활용 가능한 어떤 것을 필요에 따라 스스로 만들도록 장려한다.
- 주변에서 늘 볼 수 있는 물체의 모양이나 선의 아름다움, 질감 등을 관찰하도

록 한다.

- 그림자와 햇빛에 의한 색깔의 변화와 명암을 구별하도록 돕는다.
- 작업 후에는 자리를 정리하고 재료를 제자리에 정돈하는 태도를 익히도록 한다.
- 어린이에 대하여 끊임없이 연구한다.

3. 작가와 미술 교사

캘드 웰 쿡(Cald Well Cook)은 "예술가, 그것이 너의 진실한 교사이다"라고 말하고 있다. 이 말에서 보면 예술가 속에 교사란 개념이 포함되어 있다. 진실로 바람직한 미술 교사는 어떠한 존재인가를 논의할 때, 우리는 종종 예술가와 교사란 개념을 별개의 것으로 생각하는 경우가 있다. 그러나 이 말은 예술가의 생활 그 자체가 교사의 역할을 한다는 말이다. 다시 말하면 예술가의 진실된 생활의 표현, 그것이 곧 교수 활동이라는 것이다. 그러므로 작가와 교사는 일체화가 되어야 바람직하다.

유아의 그림을 평가할 때, 그것을 그리는 과정이야 어떠했건 좀더 색깔이 곱고 선의 변화가 있어 작품 전체가 조화 속의 통일을 거쳐 아름다웠으면 하는 것이 조형 활동 전문가의 바람이라면, 다소 기능이 미숙하여 표현이 거칠고 조잡하더라도 어린이의 마음 그대로가 솔직하게 표현되었으면 하는 것은 그림을 지도하는 교사의 바람일 것이다.

전문가인 화가 쪽에서 요구하는 것은 조형 표현을 위한 조형 능력의 진단이며, 교사 쪽에서 요구하는 것은 조형 능력 이전에 그것을 계발하는 심성과 어린이 태도 등의 진단에 크게 의의를 두고 있는 것이다. 이러한 서로의 의의를 강조하는 심도가 클수록 작가와 교사는 그 차이를 크게 하게 된다.

그러나 미술 교육의 이념을 확고히 가진 교사라면 예술가의 입장과 교사의 입장, 그 양면을 다 지녀야 된다는 것을 절실히 느끼고 있을 것이다. 작가와 교사가 떨어진 개념으로서가 아니고 작가로서의 자질과 교사로서의 자질이 일체화를 꾀하는 데서 미술 교사의 출발이 있는 것이다.

제2부

실기편

1장 그리기

2장 찍기

3장 붙이기

4장 꾸미기

5장 만들기

밝고 명랑하고 정서적으로 건강한 어린이로 성장하게 하려면, 어린이들의 미술 실기 지도에 있어서 그들의 마음속에 있는 아름다운 꿈을 마음껏 펼칠 수 있도록 지도해야 한다.

정서적으로 억압되지 않은 상태에서 자유롭게 자신감 있는 자기 표현을 할 수 있도록 교사는 도입 단계에서부터 여러 가지 자료를 풍부하게 준비하고 재미있는 이야기로 그들의 동기를 유발시켜 주어야 한다.

우리들이 일상 생활에서 접하게 되는 많은 회화나 일러스트레이션은 내용과 표현 양식이 구상적인 것에서부터 추상적인 것에 이르기까지 폭넓게 다루어지고 있는데, 이렇게 다양한 표현들의 뒷받침으로 다양한 표현 기법들이 사용되고 있다. 오늘날 조형 활동에 있어서도 전통적인 기법들이나 새로운 기법들이 점차로 확대되어 사용되고 있으므로 어린이들이 표현 활동에서 새로운 이미지와 흥미를 가지고 학습할 수 있도록 새로운 재료와 기법을 개발하는 것이 무엇보다 중요하다.

따라서 이러한 조형 활동에서 개개인의 독창성과 조형 감각을 기르기 위하여 실기편에서는 여러 가지 표현 기법의 개념, 지도 방법 등을 다루었다. 그리기, 찍기, 붙이기, 꾸미기, 만들기로 구분하고 현장에서 어린이들과 학습할 수 있는 70여 가지로 나누어 알기 쉽게 설명하였으며, 270여 점의 예시 작품들도 함께 제시하였다.

다양한 재료와 기법을 사용함으로써 어린이들에게 지적 발달, 심미성의 발달, 창의성의 발달, 정서성의 발달, 사회성의 발달을 가져오게 한다. 뿐만 아니라 어린이들이 기법의 특성을 실제 학습에서 체험하게 함으로써 보다 효과적인 창작 활동을 기대할 수 있을 것이다.

재미있고 유익한 실기 시간이 되도록 다양한 기법들을 실제 작품에 응용하여 표현해 보자.

1장
그리기

01 크레파스로 신나게 칠하기

보통 어린이들은 하얀 도화지 위에 그림을 그려 보아라 하면, 무슨 그림을 그릴까 하고 망설이거나 표현에 부담을 느낀다. 그러나 지도 방법에 따라서는 어린이들이 부담을 전혀 느끼지 못하고 마치 즐거운 놀이를 하듯이 즐겁게 접근할 수 있다. 크레파스를 신나게 칠하게 하여 선의 표현과 색에 대한 흥미를 느끼게 하고 손으로 크레파스를 다루는 능력을 갖도록 한다.

준비물 도화지, 크레파스

지도 방법

① 크레파스의 색깔 이름을 이야기해 주면서 큰 도화지(4절)에 선 긋는 방법을 시범으로 보여 준다. 혹은 선생님이 분필로 칠판에 팔을 크게 휘두르면서 선을 긋는 시범을 보여 준다.
② 다음에는 좀더 변화 있게 가로 긋기, 세로 긋기, 둥글게 긋기 혹은 빠르게 칠하기, 느리게 칠하기, 힘있게 칠하기, 가볍게 칠하기 등 소리를 내면서 신나게 색칠하도록 한다. 이때 신나는 음악을 들으면서 율동적으로 칠하게 하면 더욱 효과적이다.
③ 이와 같은 동작을 반복하여 크레파스로 도화지에 대담하게 빈틈없이 칠하도록 하는데, 크레파스로 칠하는 방법은 일정하지 않으므로 자유자재로 마음껏 칠하게 한다.

02 세모 · 네모 · 동그라미 그리기

세모, 네모, 동그라미의 모양을 크레파스로 도화지 위에 자유롭게 그리게 한다. 크고 작은 모양을 겹쳐서도 그리게 하여 좋아하는 색깔을 예쁘게 칠할 수 있도록 지도한다. 이러한 구성 활동은 형태를 이해시키고 화면 구성 능력을 길러 줄 뿐만 아니라 조직적이고 계획적인 성격으로 성장하게 해준다.

준비물 도화지, 크레파스

지도 방법

① 세모, 네모, 동그라미의 기본 도형 이름을 말하며 선생님이 칠판에 그려 보여 준다. 다음에는 선생님이 칠판에 모양을 그려 놓고 어린이들에게 모양의 이름을 말하게 해본다.

② 크고 작은 세모, 네모, 동그라미의 모양을 도화지 위에 자유롭게 그리게 하고 모양 안에 예쁜 색을 깨끗하게 칠하도록 지도한다.

③ 세모, 네모, 동그라미의 모양을 나열식으로 배치할 수도 있지만 이들 모양을 결합하여 재미있는 모양이 될 수 있도록 하여 상상력과 창의력을 길러 준다.

03 우리 가족 그리기

유아들이 제일 먼저 그릴 수 있는 것은 동물도, 꽃도, 친구도 아닌 가족들의 모습이다. 자라면서 가장 많이 볼 수 있는 모습이 엄마, 아빠, 할머니, 할아버지 등 늘 가까이하는 가족들의 모습이다. 가족들의 모습을 생각하며 자유롭게 그리게 한다. 이때 가족 관계의 인지 능력과 자기와의 관계를 중요시하여 나타내게 된다.

준비물 도화지, 크레파스

지도 방법

① 엄마, 아빠, 할머니, 할아버지, 언니, 오빠 등 가족들을 머리에 떠올리게 한다.

② 여러 가족들 중 누구의 모습을 그릴 것인가, 그리고 싶은 가족의 모습을 자유롭게 그리도록 한다.

③ 가능한 누구를 그려 보아라, 또는 화면 중앙에 크게 그려야 한다는 등의 말로 틀에 박힌 그림을 그리지 않도록 하는 것이 좋다.

④ 그림에 나타나는 가족들의 모습을 보고 가정의 분위기나 가족들의 모습을 진단할 수 있다.

손혜민, 6세

04 미래의 나의 모습 그리기

내가 자라서 어른이 된다면 무엇이 될까요? 건강하고 씩씩하게 자라서 어떤 사람이 되고 싶은가요? 교통 순경, 소방관, 집배원, 군인, 비행기 조종사, 의사, 이발사, 축구 선수, 야구 선수, 대통령, 농부, 어부, 간호사, 유치원 선생님 등을 이야기해 주고 나서 여러분은 어떤 사람이 되고 싶은가요? 물어 생각하게 한 후 어른이 되어서의 모습을 상상하여 그리게 한다.

준비물 크레파스, 수채 물감, 사인펜, 도화지, 붓 등

지도 방법

① 어른이 되어서의 모습을 재미있고 대담하게 그릴 수 있도록 상상력을 자극시킨다. 그리고자 하는 주제가 제각기 다르므로 어린이의 생각을 존중하면서 개별 지도를 한다.
② 그리고자 하는 주제가 화면 중앙에 대담하게 그려졌는가, 화면 구석에 나약하게 그려지지는 않았는가를 살펴보고 주제를 크게 그릴 수 있도록 지도한다.
③ 서로 마주보게 하거나 앞에 나와서 자기가 그린 그림을 이야기하게 함으로써 자기 희망에 대한 자긍심과 발표력을 길러 줄 수 있다.

윤나리, 8세

안정원, 10세

05 재미있었던 일 그리기

즐거운 생활은 삶의 보람을 느끼게 한다. 재미있었던 경험들을 화면에 옮기는 일은 어린이들을 즐겁게 한다. 일상 생활에서 어린이들이 재미있게 느꼈던 일을 생각하며 즐겁게 그리도록 하여 상상력과 표현력을 길러 준다. 재미있었던 일을 서로 이야기하게 하여 그림의 주제를 찾도록 해준다. 어린이들의 생활 경험과 흥미는 다양하므로 다양한 주제를 표현할 수 있도록 상상력을 자극시킨다.

준비물 도화지, 크레파스, 수채 물감 등

지도 방법

① 친구들과 어떤 놀이를 하였나요? 엄마, 아빠랑 어디에 갔다 왔나요? 무엇을 보고 왔나요? 등의 구체적인 질문을 하여 기억을 상기시켜 그리고자 하는 주제를 확실히 알도록 해서 그리게 한다.

② 어린이들이 자유로 주제를 정하여 그림을 그리게 할 때에는 그림의 주제가 제각기 다르므로 개별적인 질문과 지도가 되어야 한다.

③ 어린이들의 그림이 완성되면 자기 그림에 대하여 이야기하게 하여 자기 경험과 표현에 대하여 자신감을 길러 준다. 이때 선생님은 어린이마다 다른 점과 잘된 점을 찾아내어 칭찬을 해준다.

〈창문 청소하는 날〉 양택혁, 6세

06 이야기 듣고 그리기

전설이나 동화, 위인전 등은 어린이들에게 많은 감동을 주며 풍부한 상상의 자료를 제공해 준다.

어린이들이 재미있게 생각하고 있는 동화를 이야기해 주고 난 다음 인상적이고 재미있는 부분을 생각하여 그리게 함으로써 상상력과 창의력을 풍부하게 길러 준다.

준비물 도화지, 크레파스, 수채 물감, 붓, 팔레트 등

지도 방법

어린이들이 좋아하는 동화를 선생님이 들려 주고 상상력을 자극하기 위하여 다음과 같은 구체적인 질문을 해본다.

· 지금 들은 이야기의 제목은 무엇이지요?

· 이야기에 나오는 동물의 이름은 무엇인가요?

· 어떤 옷차림을 하고 있었지요?

· 재미있다고 생각되는 장면을 흉내내어 보세요.

· 이야기 속의 어떤 장면을 그리고 싶나요?

〈흥부와 놀부 이야기를 듣고〉 김지양, 13세

07 번지기 blotting 기법

도화지 한쪽 면에 붓으로 물을 바르고, 마르기 전 그 위에 물감을 칠하거나 떨어뜨려 보면 환상적으로 번져 나가는 효과를 느낄 수 있다. 젖은 도화지가 아니더라도 화장지나 화선지와 같이 그 조직의 침수성에 의해서도 동일한 효과를 볼 수 있다.

이것은 사용되는 도구, 즉 환필인가 또는 평필인가에 따라 그 효과가 달라지며 그릴 때에 도화지에 닿는 힘의 강약, 선 또는 면의 번지는 효과에 따라 다양한 특징이 나타난다. 또 도화지에 물을 바르고 나서 펜이나 사인펜으로 그리거나 도화지 위에 사인펜으로 그림을 그리고 그 위에 수채 물감으로 칠하면 사인펜이 번져 독특한 효과를 나타낼 수 있다.

준비물 화선지, 켄트지, 와트만지, 먹물, 수채 물감, 붓, 접시

지도 방법

① 도화지 위에 물을 바르고 먹물이나 수채 물감을 붓에 묻혀 떨어뜨리거나 칠해 본다. 붓으로 칠할 때에는 가볍게 한번의 터치로 칠해야 선명하게 번져 나가는 것을 볼 수 있다.

② 화선지나 켄트지, 와트만지 등에 물을 바르고 먹물이나 수채 물감을 칠하여 번져 나가는 효과를 비교해 보는 것도 재미있다.

③ 여러 가지 색깔로 번지게 하고 나서 말린 다음 가는 붓으로 가필하여 하나의 작품으로 완성하여도 좋다.

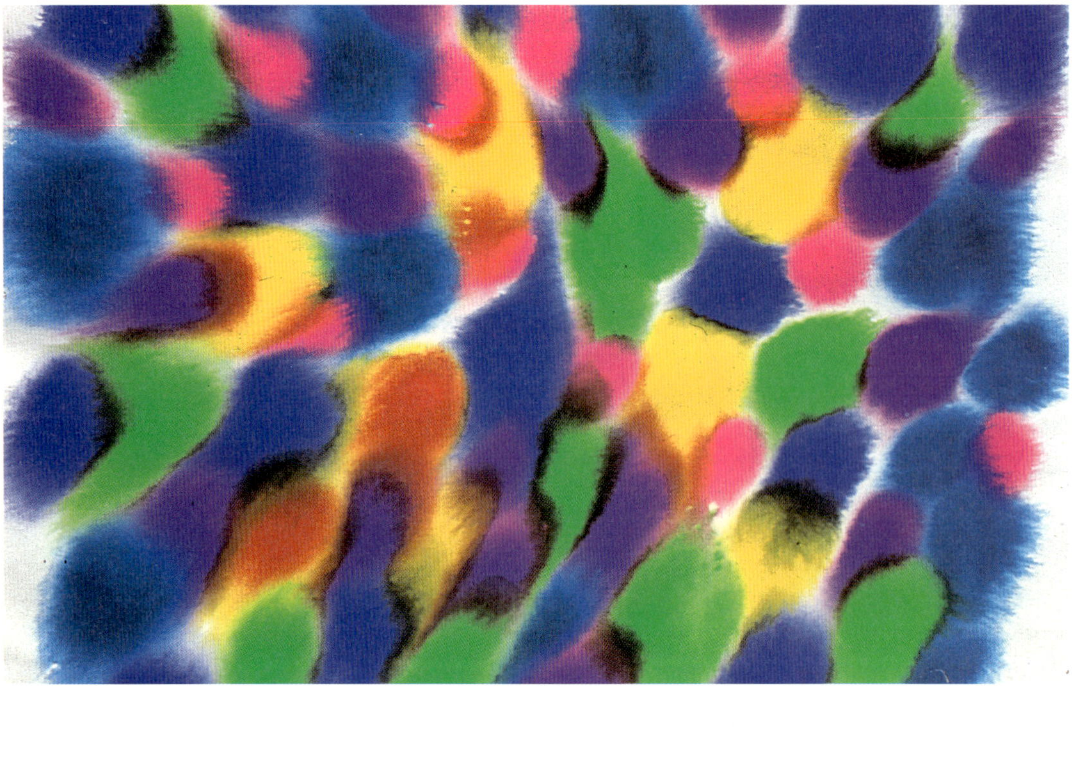

08 흘리기 spilling 기법

판지 위에 물감을 방울로 떨어뜨리고, 물감이 마르기 전에 그 판지를 여러 각도로 기울여 물감이 흘러내리게 하는 방법이다. 처음에는 엷은 색으로 흘리고 말린 다음 조금 진한 색으로 그 위에 겹쳐 흘려도 색의 중복이나 원근 효과를 얻을 수 있다.

이때 의도적인 효과를 노리기 위해서는 물방울의 크기나 판지의 각도 등을 알맞게 조절하여야 한다. 때로는 우연한 효과로도 훌륭한 결과를 얻을 수 있는 기법이다.

도화지 위에 물을 칠하고 그 도화지 상단에 물감을 찍어 칠하면 우연성에 의하여 재미있게 흘러내리는 효과를 나타낼 수 있다.

준비물 수채 물감, 붓, 켄트지, 화선지, 와트만지

지도 방법

① 도화지 위에 큰 붓으로 물을 칠한 다음 물이 마르기 전에 수채 물감을 칠하여 도화지를 비스듬히 경사지게 들어 흘러내리게 한다. 우연한 효과로 색깔이 혼합되면서 흘러내리는 모습은 환상적이라 할 수 있다.

② 마른 도화지와 젖은 도화지에 물감을 칠하거나 뿌려서 흘러내리게 한다. 마른 도화지에서 흘러내리는 모습과 젖은 도화지에서 흘러내리는 효과의 차이점을 관찰시킨다.

③ 종이의 재질에 따라 흘러내리는 모습도 다르게 나타나는 것을 비교하여 관찰하게 한다. 켄트지보다 화선지나 와트만지가 더 쉽게 번지고 효과적으로 흘러내리는 모습을 비교하여 보여준다.

09 뿌리기 sprinkling 기법

화선지나 켄트지 또는 천 위에 물감을 뿌려 보면 여러 가지 색깔이 서로 혼합되어 재미있는 효과가 나타나는 것을 볼 수 있다. 종이나 천 위에 물을 바르고 난 다음, 그 위에 물감을 뿌려도 색깔이 번져 나가 우연의 효과를 맛볼 수 있다.
물감을 뿌릴 때에는 붓으로 직접 뿌리는 방법과 붓에 물감을 묻혀 붓대나 자 등에 두드려서 뿌리는 방법이 있다. 그 외에도 칫솔로 뿌리기, 에어브러시로 뿌리기 등 다양한 방법들이 있다.

준비물 도화지, 수채 물감, 나뭇잎, 칫솔, 붓, 에어브러시 등

지도 방법

① 화선지나 켄트지 또는 천 위에 붓으로 물감을 뿌려 본다.
② 종이나 천에 물을 바르고 그 위에 물감을 뿌려서 번지는 효과를 살려 본다.
③ 붓에 물감을 묻혀 붓대나 자 등에 툭툭 두드려서 뿌려 본다.
④ 종이 위에 나뭇잎 등을 올려 놓고 그 위에 칫솔이나 에어브러시를 이용해서 물감을 뿌려 본다.

〈눈 오는 날 연날리기〉 김영배, 9세

10 떨어뜨리기 dropping 기법

드로핑(dropping)은 '방울져 떨어지다', '물방울을 떨어뜨리다'의 뜻을 가지고 있다. 물건이 위에서 밑으로 떨어지는 물리적 운동을 이용하여 표현하는 기법으로 지면에 흩어져 떨어지는 수많은 점 모양의 형태로 나타낸다.
그 방법은 경사를 이용하여 흐르는 형을 정착시키는 기법으로서 지면 전체를 임의로 경사지게 하여 물감을 떨어뜨리는 방법과, 지면은 수평 상태이지만 높은 곳에서 붓으로 떨어뜨리거나 주사기에 넣어 떨어뜨리는 방법이 있는데 그 효과가 매우 다르다. 또 다른 방법은 지면 위에서 물감을 붓는 방법으로, 떨어뜨릴 때의 높이와 물감의 농도 그리고 사용하는 물감의 양에 따라서 흩어지는 모양이 여러 가지로 변한다.

준비물 도화지, 수채 물감, 포스터 컬러, 컬러 잉크, 접시, 붓, 주사기 등

지도 방법

① 물감을 붓에 묻혀 도화지 위에 떨어뜨리면 된다. 이때 붓에 물감을 많이 묻혀 높은 곳에서 떨어뜨려 보기도 하고 낮은 위치에서 떨어뜨려 보기도 한다.
② 전지 켄트지를 펴 놓고 여러 사람이 한 가지씩 다른 색을 준비하여 접시에 담아 높은 위치에서 조심스럽게 부어 보도록 한다.
③ 떨어뜨리는 높이에 따라 다르게 나타나는 효과를 보여 주고 색과 색이 겹쳤을 때 나타나는 색의 혼합 관계를 설명해 준다.

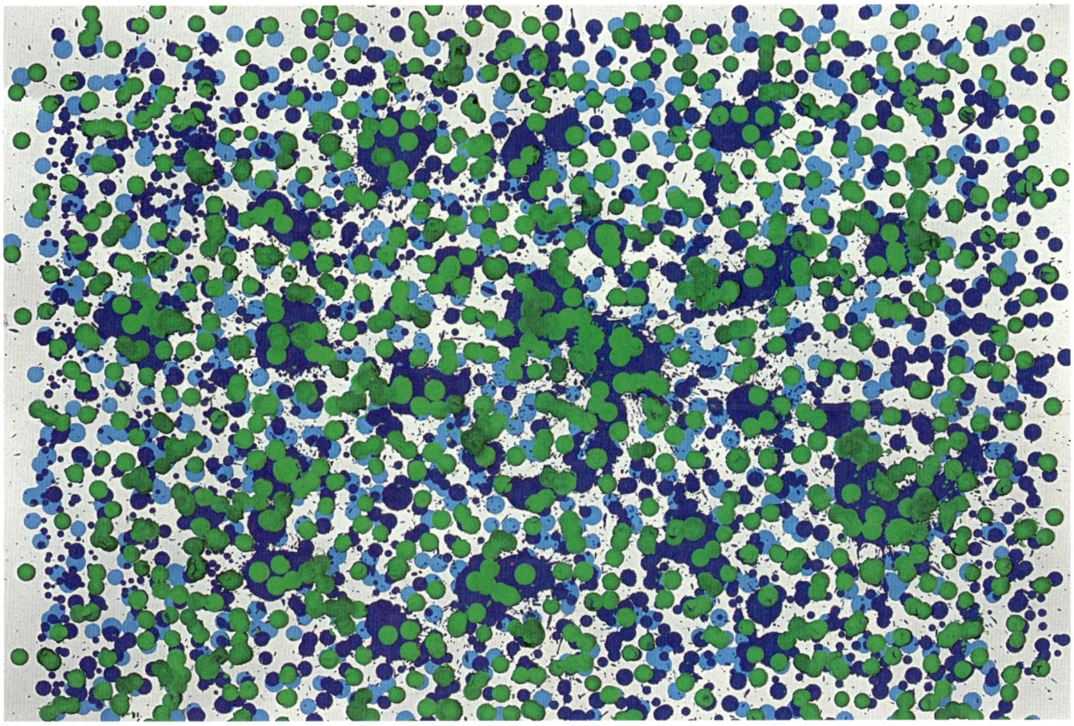

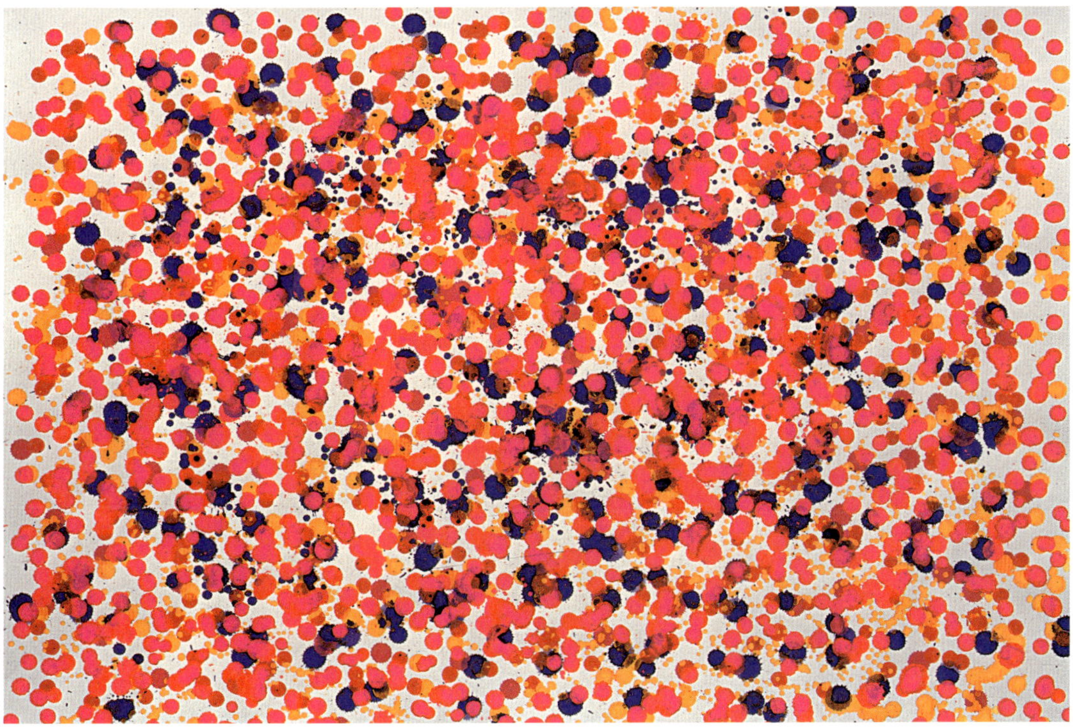

11 불기 blow 기법

종이 위에 정착이 잘되는 액체 잉크, 물감 등을 찍어 놓고 여러 위치, 각도에서 입으로 불거나(blow) 때로는 용구 등을 병용하여 불어서 변형된 신선한 형태를 추출하여 형상화한다.

부는 각도는 위에서 부는 것과 비스듬히 부는 경우가 있다. 입으로 부는 경에는 그때그때 부는 강도에 따라서 그 결과도 다르고 강도나 작업 방법에 따라서 퍽 섬세하고 복잡한 형까지 만들 수가 있다. 빨대나 에어브러시의 공기압을 이용하는 방법도 있다. 에어브러시의 경우 공기의 강도로 인하여 물감이 한껏 잘게 흩어지기 때문에 진행 방법에 따라 여러 가지 재미있는 결과를 얻을 수 있다. 그렇게 얻은 모양에 색종이로 꽃 모양과 나뭇잎 모양 등을 오려 붙이거나 붓으로 그림을 그려 넣어도 재미있는 작품으로 발전시킬 수 있다.

준비물 수채 물감, 잉크, 도화지, 빨대, 에어브러시

지도 방법

① 도화지 위에 잉크나 물감을 한 방울씩 찍어 놓고 입으로 불거나 빨대를 사용하여 불어 번져 나가게 한다.

② 불꽃 모양이나 나뭇가지를 연상하면서 불어 본다. 다 불고 난 다음 나뭇잎이나 꽃 모양을 가필하여 그려 넣거나 색종이로 모양을 접어 붙여도 재미있는 작품이 될 수 있다.

③ 에어브러시를 이용하면 쉽게 효과를 낼 수 있어 좋다. 재미있는 작품이 될 수 있도록 불기 기법을 다양하게 응용해 보자.

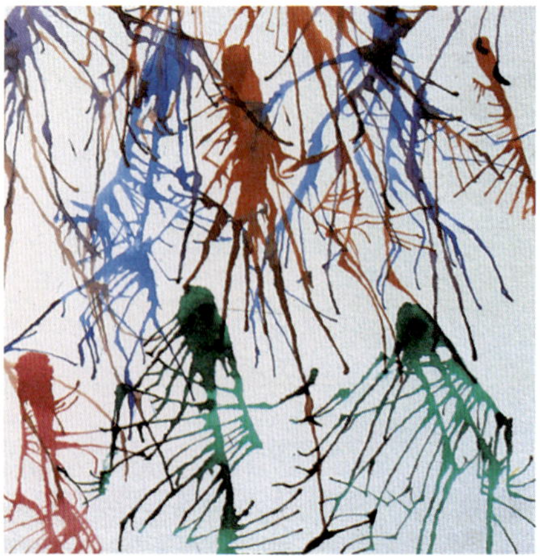

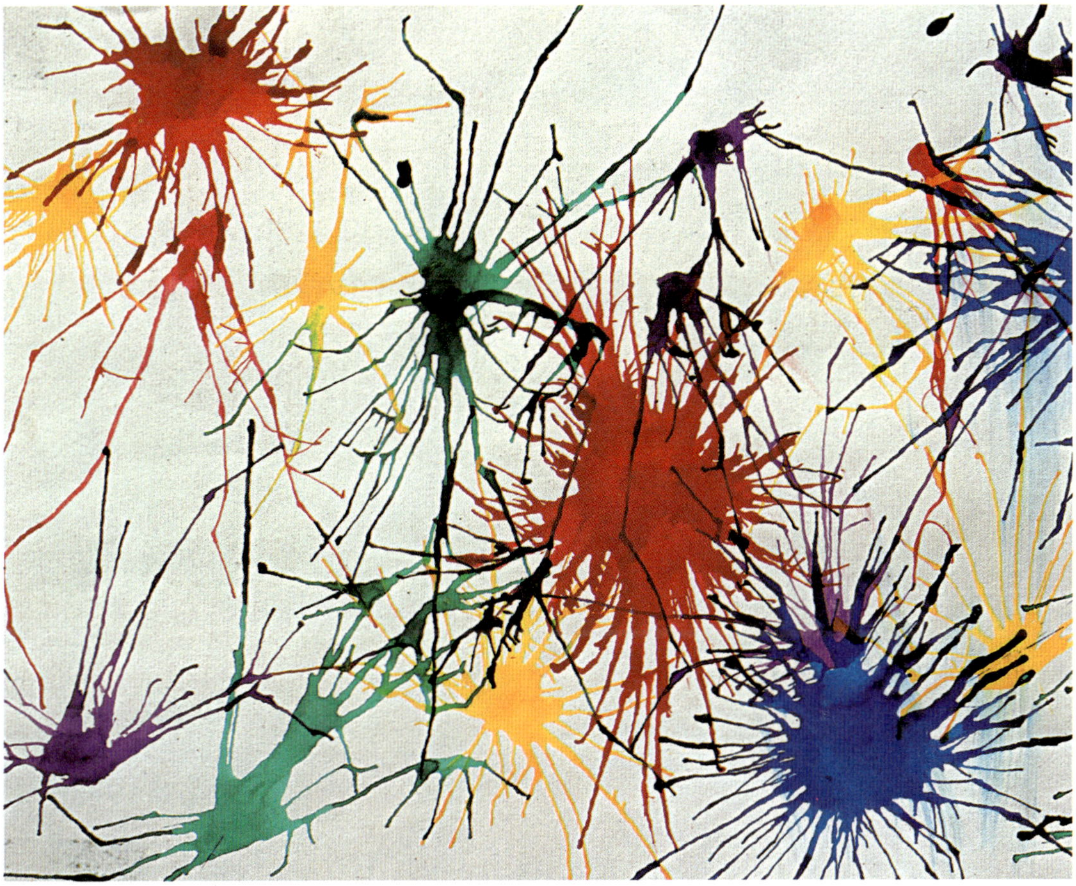

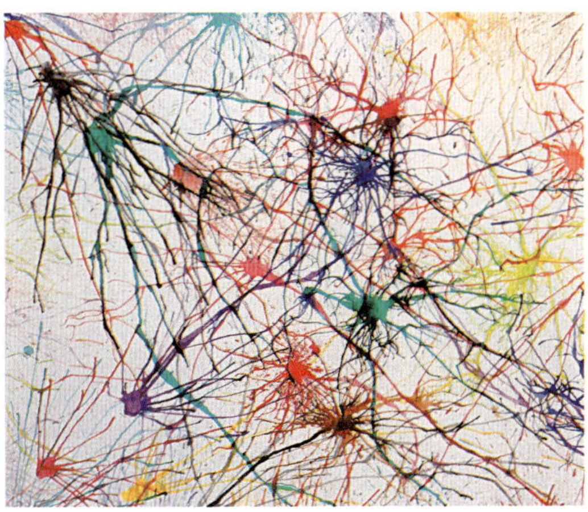

〈정물화와 불기〉 김미나, 13세

12 반발성repellency 기법

수채 물감, 컬러 잉크, 염료 등의 수성 물감과 크레용, 크레파스, 양초, 파라핀 등의 유성 재료를 사용하여 상호간의 반발 작용에 의한 크고 작은 여러 가지 모양의 우연적 형태와 작은 단위 형태로 나타나는 반발성 효과의 아름다움을 나타낼 수 있다.

자칫하면 단조롭게 되기 쉬운 아동화에 있어서 이 기법은 재료 사용법도 간단하고 변화 있는 느낌을 줄 수 있다는 점에서 많은 어린이들이 즐겨 사용하고 있다.

반발성 기법 중에서 가장 단순한 방법은 크레파스와 수채 물감을 병용해서 작업하는 방법이다. 도화지 위에 나타내고 싶은 그림을 크레파스로 그리고 나서 그 위에 수채 물감을 덮어 칠하면 크레파스 위에는 수채 물감이 반발 작용으로 묻지 않고 바탕에만 채색되어 크레파스로 그린 그림이 더욱 선명하게 나타난다.

준비물 도화지, 크레용, 크레파스, 수채 물감, 붓, 팔레트

지도 방법

① 크레파스와 같은 유성 재료와 수성 물감은 서로 성분이 다르므로 배척한다는 것을 알게 한다.
② 도화지 위에 어떤 그림을 나타낼 것인가를 생각하여 크레파스로 재미있게 그린다.
③ 크레파스로 그린 그림 위에 수채 물감을 덮어 칠하게 한다.

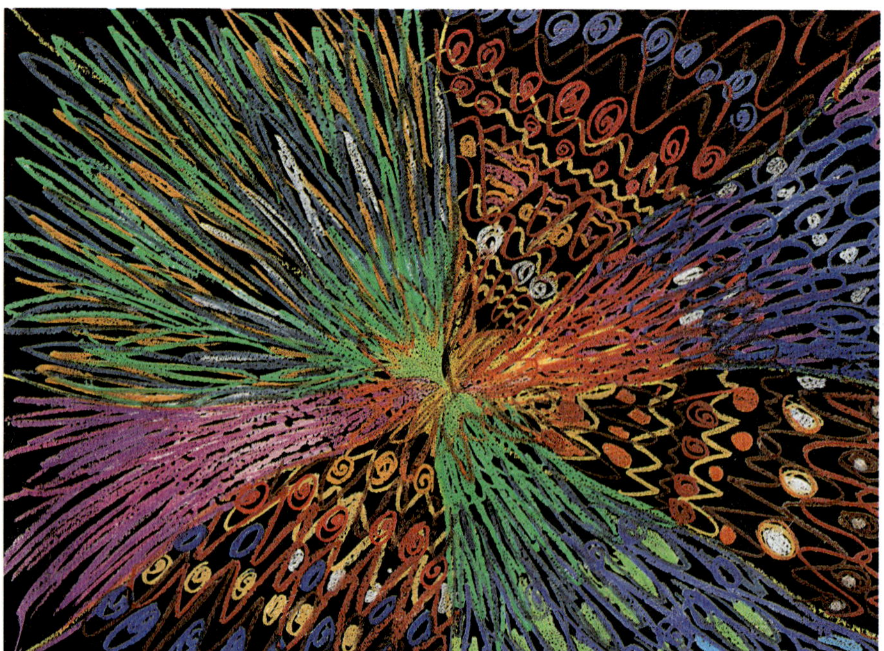

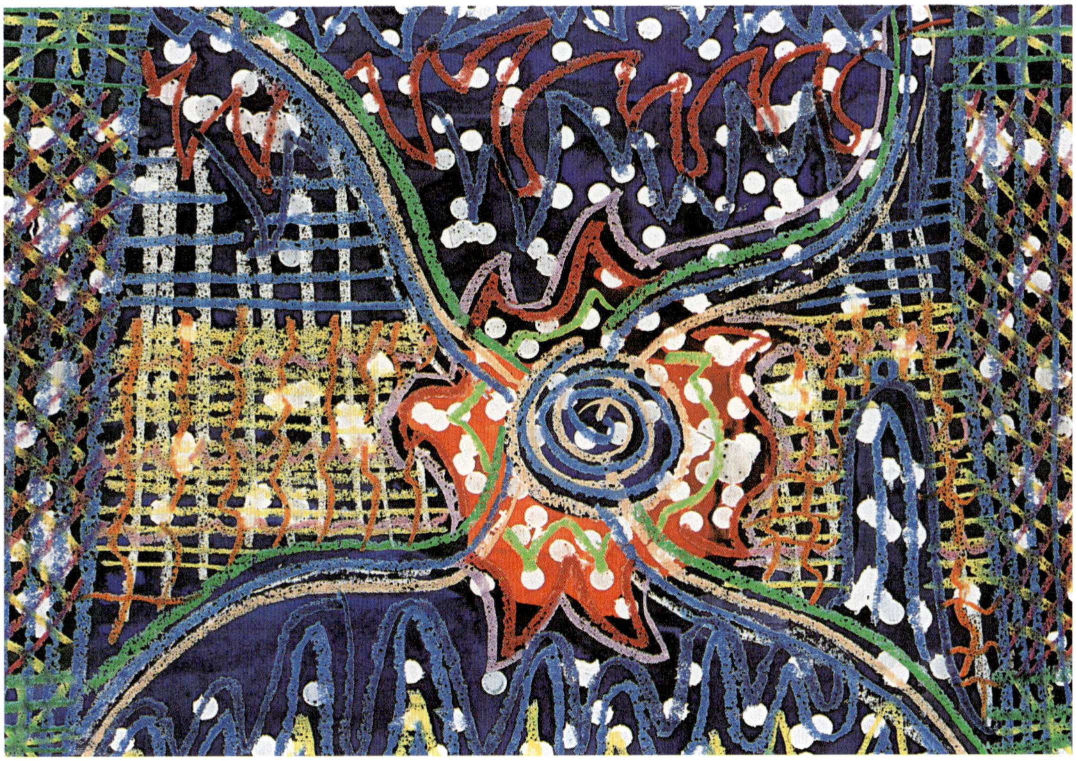

13 양초로 나타내기

수채 물감, 컬러 잉크, 염료 등의 수성 물감과 크레용, 양초, 파라핀 등을 사용하여 상호간의 반발 작용에서 생기는 크고 작은 여러 가지 모양의 우연적 형태와 작은 단위 형체로서 느껴지는 텍스처(texture) 등의 제작 과정을 통하여 표현의 즐거움을 맛보게 한다.
켄트지 위에 양초로 그림을 그리거나, 촛물을 녹여 떨어뜨리거나 흘리거나 한 다음 그 위에 수채 물감으로 덮어 칠하게 되면, 양초 자국이 선명하게 나타난다.

준비물 도화지, 양초, 성냥, 수채 물감, 붓 등

지도 방법

① 양초에 불을 붙여 도화지 위에 촛물을 떨어뜨리거나 흘러내리게 한 후 수채 물감으로 여백을 칠하면 양초의 무늬가 선명하게 나타난다.
② 도화지를 비스듬히 들고 촛물을 떨어뜨리면 속도감이나 물방울의 효과를 낼 수 있어 재미있다. 촛물을 1차 떨어뜨리고 수채 물감을 칠하고 마른 다음에 2차로 떨어뜨리고 다시 수채 물감을 덮어 칠하면 양초 방울에 색을 나타낼 수 있어 원근감이나 공간감을 느낄 수 있다.
③ 하얀 도화지 위에 양초로 그림을 그린 후, 친구들과 함께 "무슨 그림이 있나요? 숨은 그림을 찾아봅시다" 라고 하며 수채 물감을 덮어 칠하면 숨은 그림이 나타난다.

14 스치기 sweeping 기법

주로 물감을 끈끈하게 한 상태에서 행하는 기법으로, 물감이 칠해지는 판지의 표면에 칠하는 도구의 모질이나 납작붓, 둥근붓의 스치기에 따라서 변화 있는 텍스처가 얻어진다. 이때 살짝 스치는 정도로 도구를 움직이면 그 표현의 특징이 재미있게 나타난다. 물감의 농도를 알맞게 하고 붓의 움직이는 속도를 빠르게 하여 동적인 느낌을 나타내기도 하고, 물감을 끈끈하게 하여 거친 질감을 나타내 보자.
우툴두툴한 돌의 질감을 느낄 수도 있고 곱고 매끄러운 질감과는 다른 재질감을 느낄 수 있다. 붓의 움직임이나 물감의 농담에 따라 나타나는 새로운 느낌을 표현하고 감상해 본다.

준비물 켄트지, 수채 물감, 아크릴 물감, 납작붓, 아크릴 판 등

지도 방법

① 수채 물감 또는 포스터 컬러를 묻힌 넓은 납작붓을 켄트지 위에 비스듬히 눕혀 가볍게 칠한다. 물감을 두텁게 찍어 우툴두툴한 질감을 거칠게 나타낸다.
② 켄트지 위에 물감을 곱고 매끄럽게 칠할 때와 우툴두툴하게 스쳐 칠할 때와의 차이점을 비교하여 느낌을 말하게 한다.
③ 아크릴 물감 등으로 요철이 나타나게 릴리프 효과를 내고 그 위에 스치기로 가볍게 칠하면 돌과 같은 질감을 얻을 수 있게 된다. 물감의 농담이나 붓의 속도에 따라 질감이나 속도감이 다르게 나타나는 것을 느끼도록 한다.

15 손가락그림 finger painting

손가락그림 또는 풀그림이라고 한다. 사용하는 재료로는 흔히 일반적으로 알려진 수성 풀에 적당한 물감이 가해진 컬러 페이스트(color paste)가 있다. 손끝이나 손바닥 등으로 간단히 작업을 할 수 있는 촉감적 착화 방법으로 때로는 폐쇄적 성격의 개방을 위해 유아 교육에 도입되어 그 방면에도 많은 성과를 올리고 있다. 팔과 온몸을 사용하여 표현하는 이러한 기법은 어린이들의 신체적 감각을 성장시킬 뿐 아니라 정신 건강에도 매우 좋은 표현 활동이다.

사용하는 풀 상태의 재료는 끈기가 있는 것이므로 제작이 쉽다. 또 농도의 가감에 따라 비교적 치밀한 착화(錯畵)도 가능하다. 응고 전에는 부드러운 재료이므로 여러 가지 용구를 사용하여 변화 있는 요철감이 느껴지게 만들 수 있다. 사용하는 방법에 따라서 손가락이 지나간 자리의 밑종이 판이 들여다보이기 때문에 반투명 효과를 나타낼 수도 있다.

준비물 수성 풀, 접시, 켄트지(4절), 수채 물감

지도 방법

① 접시나 큰 그릇에 수성 풀과 수채 물감을 반죽하여 여러 가지 색깔을 만들어 놓는다.

② 다른 기법보다 조금 큰 도화지가 적합하다. 사회성과 적응성을 기르기 위해서 전지 켄트지에 몇 명씩 공동 작품으로 하게 하여도 좋다.

③ 손가락, 손바닥 등을 이용하여 큰 도화지에 자유롭게 나타내게 함으로써 정신건강에 좋은 표현 활동이 될 수 있다.

16 닦아 내기washing 기법

물감으로 칠한 지면을 물과 기름으로 닦아 내는 기법으로 붓이나 스펀지 등을 사용한다. 사원에서 볼 수 있는 오래된 벽화나 족자, 땅속에 오랫동안 묻혀 있었던 미술품은 화면이 거칠어져 있고 곳곳에 균열, 변색 등의 현상이 나타난 것도 있다. 이러한 미술품은 당연히 원상태로 복원되어 후세에까지 소중히 보존되는데, 표현 기법의 관점에서 볼 때는 훼손된 상태에 오히려 흥미를 느껴 때로는 그러한 화면을 인위적으로 표현하고 싶어지기도 한다. 닦아 내기 기법은 이러한 효과를 내는 것이 가능하다.

준비물 켄트지, 와트만지, 연필, 수채 물감, 크레파스, 붓

지도 방법

① 도화지 위에 나타내고자 하는 그림을 생각하면서 포스터 컬러 또는 수채 물감으로 바탕 색을 칠한다.

② 물감은 단색으로 칠할 수도 있지만 다른 색을 같이 사용하여 번지는 효과를 내어 칠하는 것도 재미있다. 바탕 색 위에 크레파스 등으로 스케치한다.

③ 스케치한 부분을 보고 붓으로 닦아 낸다. 이때 밑그림을 평면적으로 닦아 내는 것보다 한쪽 방향이나 부분적으로 닦아 내면 형체의 입체감을 느낄 수 있다.

17 그을리기 sooting 기법

호롱불, 촛불 등의 연기로 그을린 농담과 형체를 조형적 각도에서 나타내기도 하고 종이 또는 그을음이 나오는 재료의 어느 쪽인가를 움직임으로써 정착된 그을음의 농담은 물론 움직임과 변화를 나타낼 수 있다. 마치 담배 연기와 뜨거운 김이 서려 올라오듯이 가냘프게 흔들려 움직이는 것과 같은 그을음의 형을 종이에 정착시킬 수 있는 것이 이 기법의 특징이라 할 수 있다.
그을음은 다른 물질이 닿았을 때 쉽게 지워질 수 있기 때문에 정착제(fixative)를 뿌려 손상이 가지 않도록 유의해야 한다.

준비물 양초, 성냥, 도화지, 밝은 색지, 정착제

지도 방법

① 양초에 불을 붙여 고정시킨 다음 도화지를 촛불 위에 갔다 대어 그을음이 종이에 묻게 한다.
② 촛불에 종이가 닿으면 불이 꺼지거나 종이가 불에 탈 수 있기 때문에 종이에 닿지 않을 정도로 이리저리 종이를 움직여 본다.
③ 종이는 불에 잘 타는 물질이라는 것을 이해시키고, 양초나 종이 등의 모든 물질이 불에 탈 때는 연기가 나고, 그 연기에는 그을음이 있으며, 연기와 그을음은 자연을 오염시킨다는 것을 이야기해 준다.

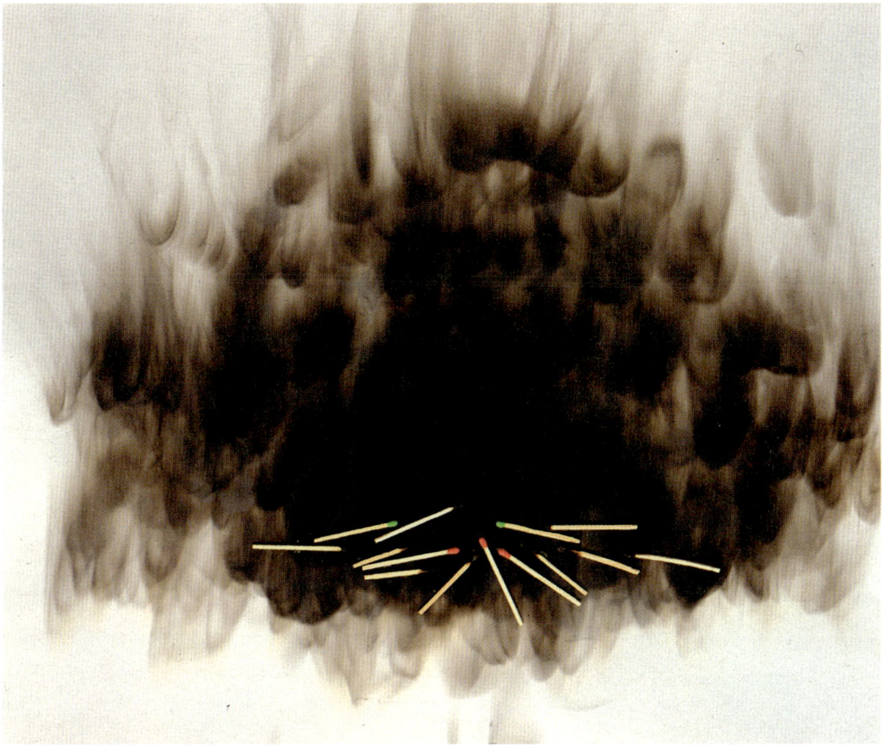

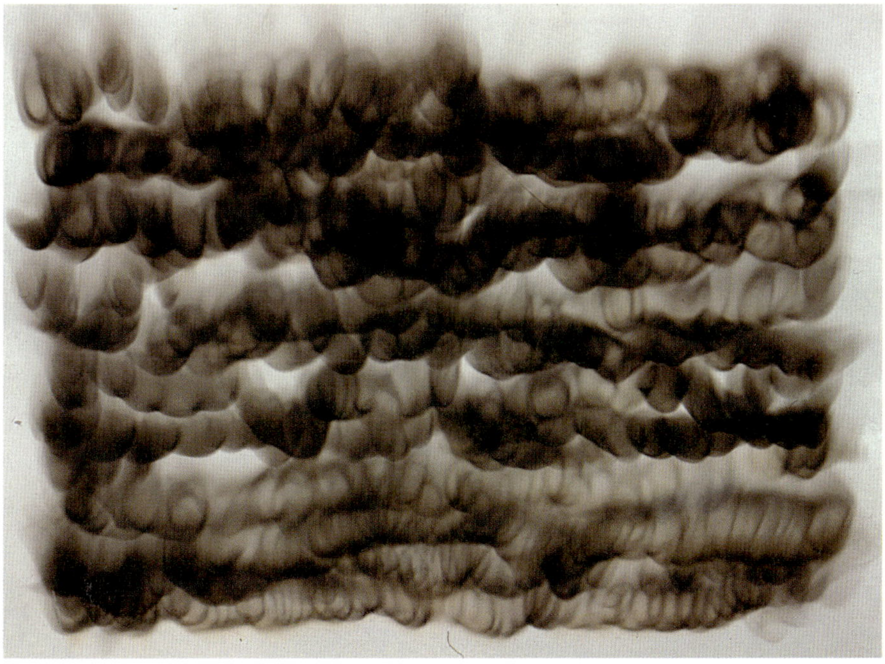

18 홀치기염 plangi

홀치기염은 인류가 최초로 만들어 낸 옷감 문양의 염색 방법으로서 오랫동안 인간과 친숙하여 오늘날까지 계승되어 온 염색 기법이다.
홀치기염은 물리적으로 염료의 침투를 방지함으로써 성립되는 기법으로 우연성이 수반된다.
천의 특성인 유연성을 이용하여 접거나, 꼬아 틀거나, 주름을 잡거나, 실 · 끈 · 나뭇조각 · 막대기를 이용하여 천을 꿰매거나, 감거나, 누르기 등을 하여 방염한 다음 염액 속에서 침염한다. 그리고 여러 가지 모양으로 접은 헝겊을 판자 사이에 끼워 조이거나 빨랫집게로 집어서 침염하면 우연적인 효과로 독특한 무늬가 생길 수 있다.

준비물 헝겊, 실, 바늘, 염료, 한지, 화선지 등

지도 방법

① 염색 물감이나 잉크, 수채 물감 등을 만들어 놓고 천이나 종이를 접고, 꿰매고, 묶고 해서 물감에 부분적으로 담근 다음 들어내어 펼쳐 보면 재미있는 문양이 나타난다.
② 나무막대를 이용하여 감거나, 꼬아 틀거나, 누르기 등을 하여 방염한 다음 염색 물감 속에 담갔다가 들어낸다.
③ 한지나 화선지 등을 여러 가지 모양으로 접어 가장자리나 모서리를 물감에 담갔다가 펼쳐 보자.

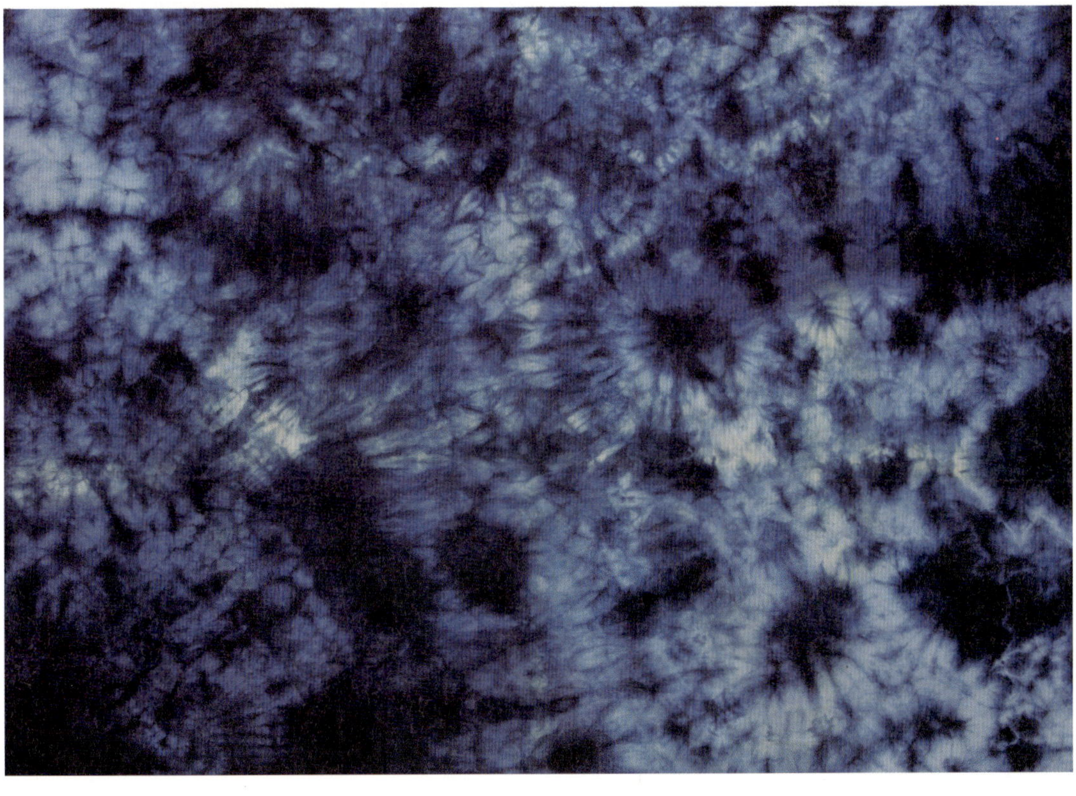

19 실그림 thread picture

수성 물감, 잉크, 먹물, 유성 물감, 염료 등에 다양한 굵기와 재질의 여러 가지 실을 담갔다가 도화지 위에 다양한 모양으로 놓고, 도화지를 접어 누른 다음 실 끝을 당겨 내고 펴 보면 재미있는 모양이 대칭형으로 나타난다. 이러한 실그림은 제작 방법이 쉽기 때문에 어린이들이 흥미 있게 제작할 수 있는 기법이다.
유아들은 신체적 미분화 상태이므로 혼자서 제작하기에는 어려운 점도 있다. 두 사람이 공동 제작으로 한 사람은 누르고 한 사람은 실을 당기게 하여, 서로 돕고 협력하면 어려운 일도 쉽게 해낼 수 있다는 사실을 인식시킨다.

준비물 도화지, 실, 잉크, 먹물, 수채 물감, 붓, 팔레트 등

지도 방법

① 실에 수채 물감 또는 잉크를 묻혀, 반으로 접어 놓은 도화지 한 면에 꾸불꾸불 재미있게 놓고 도화지를 접어서 누른 후 실을 당기게 한다.
② 실을 당겨 내고 도화지를 펼쳐 보면 재미있는 모양이 나타나게 된다. 실의 굵기나 색을 바꾸어 가면서 나타낸다.
③ 굵은 실과 가는 실을 사용하였을 때 그 질감이 어떻게 나타나는가를 경험하게 한다. 굵은 실을 사용하였을 때는 질감이 거칠게 나오고, 가는 실을 사용하였을 때는 부드럽고 곱게 나타난다는 것을 이야기한다.

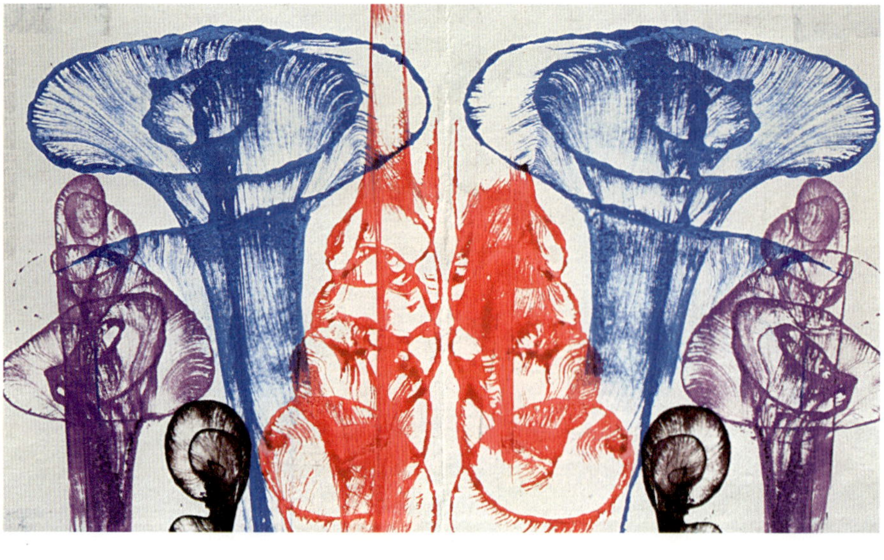

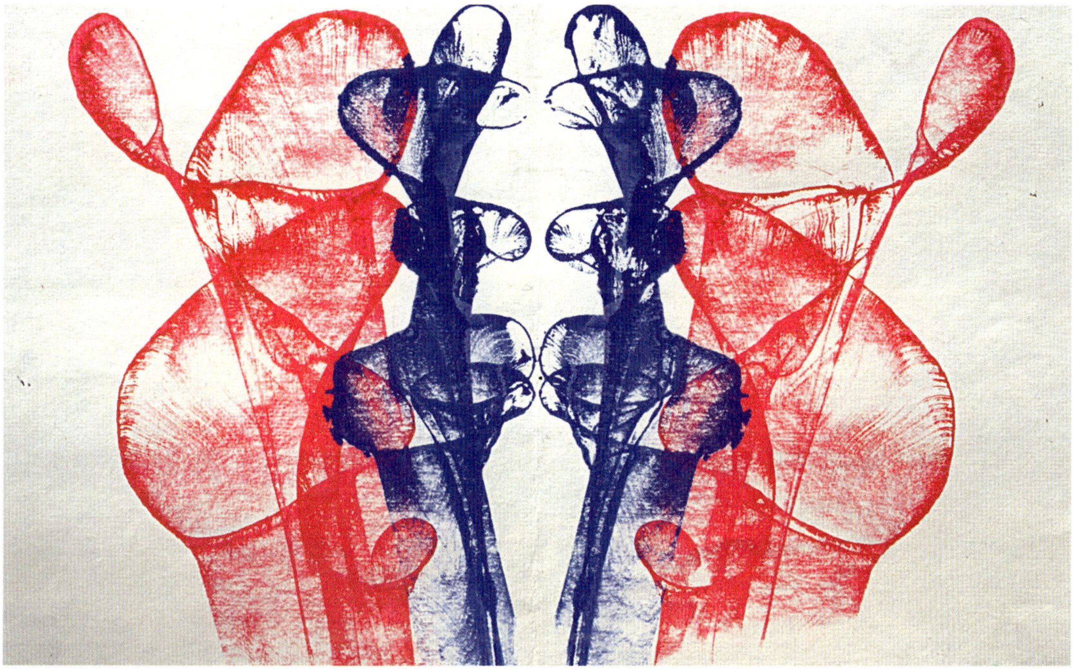

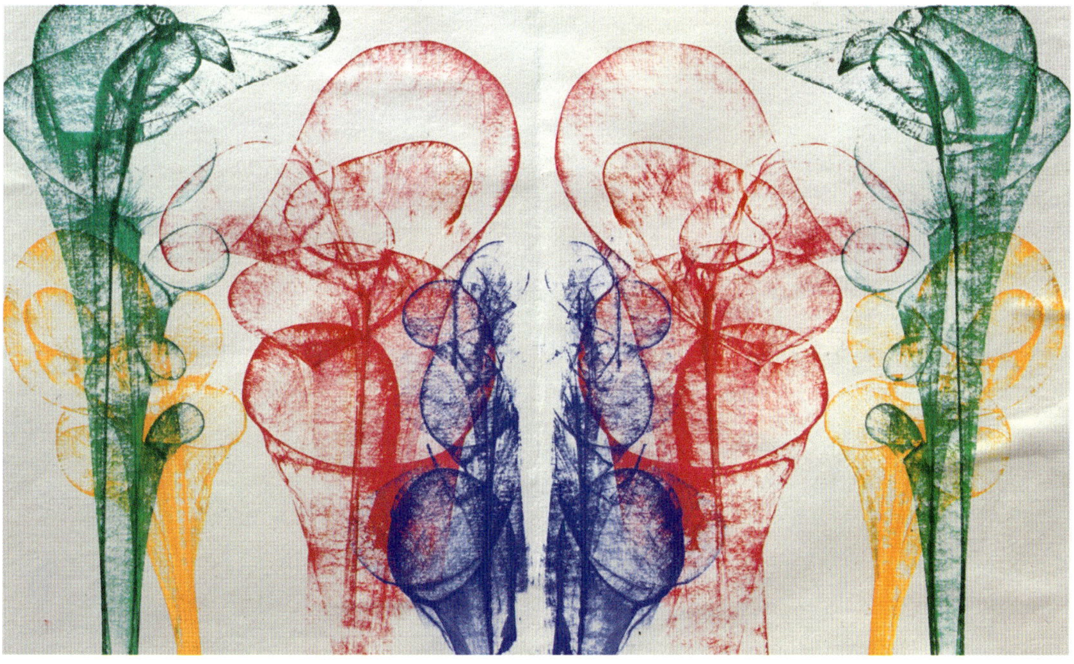

20 화장지에 그리기

화선지나 화장지와 같이 부드러운 종이에 수채 물감 등으로 그림을 그리게 하여 번져 나가는 효과를 맛보게 한다. 더 많이 번지도록 하기 위해서는 화선지나 화장지에 물을 묻힌 다음 수채 물감으로 그리게 한다. 화장지를 켄트지 위에 풀로 붙이고 그 위에 붓으로 물을 묻혀 보면 화장지의 쭈글쭈글한 마티에르(matiére)를 신기하게 느낄 수 있다. 젖은 종이 위에 여러 가지 색으로 재미있게 표현해 본다.

준비물 켄트지, 화선지, 화장지(티슈), 수채 물감, 풀, 팔레트, 붓

지도 방법

① 화장지는 부드럽고 힘이 없기 때문에 그림을 그리고자 할 때에는 켄트지 위에 풀로 붙여서 물로 적신 다음 사용하는 것이 좋다.
② 화장지나 화선지에 물을 칠하고 나서 그림을 그리거나, 붓으로 선을 긋거나, 물감을 떨어뜨려 보면 많이 번져 나가 우연의 효과도 맛볼 수 있게 된다.
③ 생활 주변의 모든 재료가 창작 활동의 소재가 될 수 있다는 가능성을 재료의 경험을 통해 느끼게 지도한다.

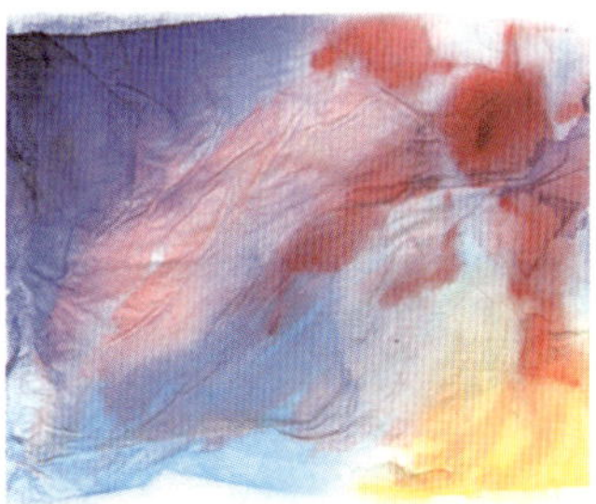

21 구겨진 종이에 나타내기

도화지를 적당히 구겨서 펼친 후 포스터 컬러나 수채 물감을 칠하면, 구겨진 종이의 요철에서 나타나는 재질이나 여러 가지의 색과 면이 독특한 효과를 나타내어 재미있게 표현할 수 있다. 종이를 구길 때에는 두꺼운 켄트지보다 얇은 모조지 같은 것이 더욱 섬세하게 구겨질 수 있어 좋다. 모조지를 구긴 다음 그 위에 물감을 거칠게 칠하여 말린 후 펼치면 마치 높고 낮은 산맥을 보는 듯한 무늬가 나타난다. 다른 방법으로는 켄트지 위에 화선지를 구겨 붙이고 물을 묻혀 화선지를 정착시킨 다음 물감을 칠해 나타낸다.

준비물 켄트지, 모조지, 크레파스, 수채 물감, 포스터 컬러, 붓

지도 방법

① 도화지를 적당히 구겨서 뭉친 다음 펼친다. 이때 도화지가 찢어지지 않도록 조심해서 구겨야 한다.

② 구겨진 도화지 위에 크레파스나 수채 물감으로 그리고 싶은 주제를 그리거나 여러 가지 색을 자유롭게 칠하여 구겨진 종이의 질감과 색의 변화에 따라 나타나는 재질감을 맛보게 한다.

③ 구겨진 도화지에 색을 칠하는데 표면이 울퉁불퉁하여 물감이 묻지 않는 부분은 그대로 살려 둔다. 이때 사용하는 붓은 큰 붓이 좋으며 물감을 충분히 묻혀서 같은 방향으로 칠하는 것이 좋다.

22 사포에 그리기

일반적으로 그림은 종이에만 그리는 것으로 생각하기 쉬우나 사포(sand paper, abrasive paper)나 베니어(veneer) 합판, 천, 돌, 마대 등에 그림을 그려 보면 종이에 그렸을 때와는 또 다른 질감과 분위기를 느낄 수 있다. 새로운 재료를 발견하여 그림을 그리는 것은 창의성을 계발하는 데 좋은 방법이 된다.

준비물 사포(8절), 크레파스

지도 방법

① 그리고 싶은 주제를 생각하여 사포 위에 크레파스로 스케치하게 한다.
② 크레파스를 너무 눌러 칠하면 사포의 질감이 잘 나타나지 않기 때문에 적당히 자연스럽게 색칠하면 된다.
③ 종이에 그렸을 때와 사포에 그렸을 때와의 차이점을 생각하고 사포의 재질감을 감상하게 한다.

〈우주 탐험〉 이주현, 8세

〈해저 탐험〉 장성일, 9세

〈놀이터〉 김선화, 8세

23 파스텔로 그리기

파스텔(pastel)은 색감이 부드럽고 색의 종류가 많아 편리하게 사용할 수 있다. 크레용보다 더 부드러운 것이 크레파스이고 크레파스보다 더 부드러운 것이 파스텔이다. 파스텔은 켄트지보다는 와트만지나 켄숀지 같은 종이에 착분이 잘된다. 파스텔을 이용하여 그리고 싶은 그림을 그린 다음 손가락으로 문질러 보면 처음 색깔을 칠할 때와는 다른 새로운 느낌을 느낄 수가 있다. 재료의 특성을 생각하며 재미있게 그려 보자.

준비물 색 켄트지 또는 와트만지, 파스텔, 스펀지, 정착제

지도 방법

① 색 켄트지나 와트만지 또는 켄숀지를 준비하고 그리고 싶은 주제를 생각하게 한다. 어떤 주제를 생각하여 그릴 수도 있고 파스텔의 특성을 살려 추상적 효과를 나타내도 좋다.

② 파스텔로 색을 칠하고 손가락이나 스펀지 등으로 문질러 부드럽게 퍼지는 효과를 감상하게 한다.

③ 완성된 그림은 정착제를 뿌려 보관한다.

최아라, 7세

〈운동회 날〉 윤예정, 9세

〈동물원〉 정문수, 7세

〈부채춤〉 김수미, 10세

24 골판지에 나타내기

골판지는 오목과 볼록의 요철이 있어서 평면 위에 표현하는 것보다 입체감이 있으므로 재미있게 나타낼 수가 있다. 골판지 위에 그림을 그리거나 물감을 칠하고 칼로 자국을 내어 뜯어내어 보아도 좋다. 골판지를 뜯어낼 때에는 골판지의 방향이 가로 방향이면 세로 방향으로 뜯어내는 것이 좋다

여러 가지 재미있는 그림을 스케치한 다음 크레파스나 파스텔 또는 수채 물감 등으로 색칠하고 필요한 부분을 칼로 뜯어내어 보면 재미있는 효과가 나타난다.

준비물 골판지, 파스텔, 크레파스, 수채 물감, 포스터 컬러, 칼 등

지도 방법

① 골판지를 준비하여 그 위에 나타내고자 하는 그림을 연필 또는 크레파스로 스케치하고 크레파스나 파스텔 또는 수채 물감 등으로 색을 칠한 후 필요한 부분은 칼로 뜯어내도록 한다.

② 골판지 위에 수채 물감 또는 포스터 컬러 등으로 여러 가지 색을 재미있게 칠하고 마른 다음 칼로 뜯어내도록 한다.

③ 완성된 작품은 측면 광선을 받도록 하여 감상해 보자.

〈엄마와 함께〉 이민주, 6세

25 제소 위에 나타내기

제소(gesso)는 포스터 컬러처럼 부드럽고 묽러서 사용하기 편리할 뿐만 아니라 마르고 나면 단단하여 오래 보존할 수 있기 때문에 조형의 소재로 많이 사용하는 재료이다. 제소를 하드보드지, 패널 또는 두꺼운 종이 위에 놓고 나이프로 터치를 살리든가 그림을 그리든가 하여 말린 다음, 그 위에 수채 물감을 덮어 칠하고 타월 등으로 닦아 내면 음영의 효과가 재미있게 나타난다.

준비물 하드보드지, 패널, 제소, 나이프, 수채 물감, 스펀지 등

지도 방법

① 패널이나 하드보드지 위에 나이프를 이용하여 제소를 2~3mm 두께로 바르고 난 뒤 나이프나 못으로 재미있는 그림을 그리거나 터치를 살려 효과가 나타나게 한다.

② 그림을 그린 제소 판이 완전히 마른 다음 수채 물감을 덮어 칠하고 타월 등으로 닦아 내게 한다. 이때 타월의 닦는 방향을 일정하게 해서 닦아 내는 것이 좋다.

③ 다른 방법으로서 마르고 난 제소 판 위에 수채 물감 또는 아크릴 물감으로 나타내고 싶은 그림을 붓으로 그려도 울퉁불퉁한 마티에르의 느낌이 독특하다.

26 크레파스 녹여서 나타내기

크레파스나 크레용을 촛불에 가까이 대어 촛불의 뜨거운 열에 적당히 녹았을 때 도화지 위에 찍어서 나타내는 방법이다. 도화지 위에 나타내고자 하는 주제를 연필로 스케치하고 그 위에 크레파스나 크레용을 녹여서 점묘법으로 나타내면 된다. 평면 위에 크레파스를 색칠하여 나타낸 것과 녹여서 점묘법으로 나타낸 그림의 효과를 비교하여 감상하면 색감이나 재질감이 전혀 다르게 나타나는 것을 발견할 수 있다.

준비물 도화지, 연필, 크레파스, 크레용, 양초, 성냥, 수채 물감, 붓 등

지도 방법

① 나타내려고 하는 주제를 생각하여 도화지 위에 연필로 스케치한다.
② 스케치한 그림 위에 크레파스나 크레용을 녹여 점묘법으로 찍어서 나타낸다.
③ 여러 가지 색을 변화 있게 사용하고 여백은 수채 물감으로 덮어 칠하게 한다.

27 크레파스를 다리미로 녹여 나타내기

짧아서 쓸 수 없는 크레파스를 모아 두었다가 도화지 위에 칼로 깎아 놓고 그 위에 다른 종이를 덮어서 전기 다리미로 눌러 녹인다. 크레파스가 녹아서 도화지 위에 완전히 흡수된 후 그 위에 수채 물감을 칠하면 반발 작용으로 크레파스의 무늬가 환상적으로 나타난다. 마치 바닷속의 신비스러운 모습이나 우주의 아름다운 별들을 보는 듯하다. 또한 크레파스로 먼저 그림을 그리고 하늘과 같은 여백에 이러한 기법을 응용하여서 나타내도 훌륭한 작품이 될 수 있다.

준비물 도화지, 크레파스, 크레용, 칼, 전기 다리미, 수채 물감, 붓 등

지도 방법

① 도화지 위에 크레파스나 크레용을 칼로 깎아 놓고 그 위에 다른 종이를 덮은 후 전기 다리미로 눌러서 녹인 다음, 위에 덮은 도화지를 들어내면 크레파스가 양쪽 도화지에 똑같이 찍혀 나온다.

② 크레파스가 녹아 찍혀 나온 도화지에 수채 물감을 덮어 칠하면 크레파스의 녹은 모양이 선명하게 나타난다.

③ 크레파스로 그림을 그린 다음 하늘과 같은 여백에 크레파스를 깎아 놓고 종이를 덮어 다리미로 다린 후 수채 물감을 덮어 칠해 보자.

〈우리 집〉 한윤제, 6세

28 스티로폴이나 우드락에 나타내기

스티로폴이나 우드락에 나타내고자 하는 주제를 연필로 스케치하고, 본드를 스케치한 모양에 따라 바르게 되면 본드가 묻은 자리는 녹아서 오목하게 나타난다. 그 위에 수채 물감이나 아크릴 물감을 이용하여 오목하게 들어간 부분까지 완전하게 색을 칠한다. 스티로폴은 색을 칠한 상태로 완성하는 것이 좋고, 우드락은 색을 칠하고 스펀지로 닦아 내면 대리석과 같은 느낌을 나타낼 수 있다.

준비물 스티로폴 또는 우드락(4절), 본드, 수채 물감, 아크릴 물감, 붓 등

지도 방법

① 스티로폴이나 우드락에 나타내고자 하는 모양을 연필로 스케치하게 한다.

② 스케치한 모양을 따라 본드를 바르게 되면 본드가 묻은 자리는 오목하게 패어 들어간다.

③ 그 위에 색을 칠해서 그 상태로 완성을 해도 좋고, 칠한 다음 스펀지로 닦아 내어 효과를 내도 좋다.

29 스크래치 scratch 기법

어린이들이 흔히 사용하는 방법으로, 크레파스로 2, 3층 중복되게 칠한 면에 핀이나 송곳, 조각도로 긁어 내 얻는 효과는 닦아 내기에서와 같이 깎아 내는 방법의 일종으로서 드물게 볼 수 있는 정밀감이나 공간감마저 느낄 수 있다.

종이 위에 빨강, 주홍, 노랑, 연두, 분홍, 하늘색 등 밝은 색을 먼저 칠하고 그 위에 검정이나 고동색, 파랑 등의 진한 색을 덮어 칠하는데, 칠할 때는 바탕 종이가 보이지 않도록 눌러 칠하는 것이 좋다. 조각도나 칼 등으로 표현하고자 하는 사물의 형태나 추상적인 문양을 긁어서 그리면 재미있는 효과가 나타난다.

준비물 크레파스, 도화지, 나이프, 송곳, 조각도 등

지도 방법

① 도화지 위에 빨강, 주홍, 노랑, 연두, 파랑, 분홍 등 밝은 색을 먼저 칠하고 그 위에 검정이나 고동색, 파랑 등의 진한 색을 덮어 칠한 후 나이프, 송곳, 조각도 등으로 긁어 표현하게 한다.

② 밝은 색을 칠할 때는 세모, 네모, 동그라미 등 사물의 모양을 연상하며 칠해도 좋고 추상적으로 바탕을 자유롭게 칠해도 좋다.

③ 어린이들에게 "자 밤이 되었어요. 예쁜 색들이 아무것도 보이지 않네요" 하며 어두운 색을 덮어 칠하게 한 뒤 "캄캄한 밤 속에서 재미있는 모양을 나타내 볼까요?" 하며 여러 가지 모양을 긁어 나타내게 한다.

30 프로타주 frottage 기법

동전 위에 얇은 종이를 대고 그 위를 연필로 문지르면 농담이 뒤섞여서 상이 부각되는 사실에 누구나 한번쯤은 놀라움과 흥미를 느꼈을 것이다. 'frot-tage' 란 프랑스어로 '마찰, 문질러 내다' 의 뜻을 가지고 있다. 그러나 요철이 그리 심하지 않은 것이라면 어떠한 대상이라도 이 기법이 가능하다는 것과 제작 순서가 지극히 간단하다는 것 때문에 자칫 단조로워지기 쉽다.
연필, 색연필, 볼펜, 크레용, 콩테 등 문지르는 재료를 다양하게 사용해 봄으로써 효과가 다르게 나타나는 것을 알게 한다. 둥글게 뭉친 헝겊에다 물감을 묻혀 위에서 가볍게 두드려도 요철 모양의 무늬가 나타난다.

준비물 모조지, 화선지, 연필, 색연필, 크레파스, 나뭇잎, 머리빗, 동전, 메달, 열쇠 등 요철이 있는 물체

지도 방법

① 나무껍질, 송판, 철망, 돗자리, 기계 부품, 나뭇잎, 머리빗, 동전, 메달, 열쇠, 신발 밑창 등 요철이 있는 물체를 수집한다.
② 수집된 물체를 놓고 그 위에 모조지나 화선지 같은 엷은 종이를 덮어 연필이나 크레파스 등으로 문질러 찍어 낸다. 문지르는 재료에 따라 섬세하거나 둔하거나, 강하거나 약하거나 하는 느낌이 다르게 나타난다.
③ 여러 가지 물체의 모양을 도화지 위에 문지를 때에도 전체 화면의 어울림이나 균형감이나 공간감을 생각하면서 배치하도록 지도한다.

LOVE

HENNESSY&C°. COGNAC
Diary

31 나이프knife 기법

도화지 위에 여러 가지 색의 물감을 짜 놓고 나이프로 긁어 내거나 문질러 보면 손의 움직임이나 방향에 따라 직선형, 곡선형, 와선형 등의 나이프 자국이 재미있게 나타난다. 아크릴 물감이나 제소를 판지 위에 놓고 나이프로 터치를 살린 다음 수채 물감으로 효과를 내도 재미있고, 도화지 위에 수채 물감을 짜 놓고 나이프로 긁어 내면 여러 가지 색의 수채 물감을 짜 놓은 자국이 그대로 나타나 아름답게 보인다.

준비물 도화지, 수채 물감, 아크릴 물감, 나이프

지도 방법

① 도화지 위에 수채 물감이나 아크릴 물감을 재미있게 짜 놓고 나이프로 긁어 내면 처음 물감을 짜 놓았을 때의 모양과 밀려 나간 모양이 겹쳐서 재미있게 나타난다.

② 나이프로 원 터치로 긁어 내서 나타나는 효과와 나이프로 여러 번 긁어 내서 나타나는 색의 효과, 그리고 나이프 자국을 비교해서 재미있는 표현이 되도록 지도한다.

③ 어떤 화가들은 붓을 사용하지 않고 나이프만 사용하여 작품을 만든다는 이야기를 해주고, 그림을 그리는 데 있어 여러 가지 재료와 도구를 사용할 수 있다는 가능성에 대해 이야기한다.

32 캘리그래피 calligraphy 기법

캘리그래피는 원래 필적, 서법, 서도의 뜻을 가지고 있다. 어원은 활자에 반해서 손으로 그린 문자라는 뜻을 가지고 있으나, 조형상에서는 본래 문자가 갖는 구조와 의미 전달로부터 초월하여 순수 조형의 차원에서 문장 형성의 제요소를 표현 소재로 응용하여 부분의 확장, 조립 등 어디까지나 조형적 관점에서만 취급하는 것이다. 회화의 추상화나 비형상 회화로 발전하고 다시 필세의 속도감이나 운동감에 의하여 새로운 공간 구성을 하려는 기법이다.
도화지 위에 물을 바르고 번지기나 뿌리기 등의 효과를 바탕으로 하여 자기 이름를 효과적으로 나타내 보자.

준비물 도화지, 수채 물감, 포스터 컬러, 붓, 팔레트 등

지도 방법

① 켄트지 위에 물을 바르고 수채 물감이나 포스터 컬러로 번지기나 뿌리기 등의 방법을 이용해 바탕에 재미있게 효과를 낸 다음, 조금 마르고 나서 그 위에 진한 색으로 문자를 나타내게 한다.
② 수채 물감이나 아크릴 물감을 먼저 접시에 덜어 놓고 도화지 위에 큰 붓으로 터치를 살려 재미있게 나타내도록 한다.
③ 큰 붓과 작은 붓 등으로 가필하지 않고 원 터치로 그리게 한다. 물감이 서로 섞이고 여러 가지 터치가 겹치게 되어 재미있는 효과를 느낄 수 있게 된다.

2장

찍기

01 데칼코마니 décalcomanie 기법

도화지 한쪽 지면에 물감을 짜 놓고 도화지를 반으로 접어 그 위를 손으로 눌러 문지른다. 종이를 펼치면 접은 선을 중심으로 좌우 대칭의 생생한 우연적 형태가 나타난다. 이렇게 대칭형으로 나타난 모양을 데칼코마니라고 말한다. 방법은 지극히 간단하므로 연령에 구애 없이 누구나 쉽게 할 수 있다.

여기에서 진일보한 데칼코마니의 또 다른 제작법으로, 두 장의 종이를 준비해 한쪽 종이에 물감을 짜 놓고 다른 종이를 덮고 문지르면 좌우 대칭과는 다른 형이 양쪽 지면에 단일형으로 나타나게 된다. 처음 물감을 짜 놓았을 때와는 다른 우연성의 효과에 의하여 환상적인 모양이 나타날 수 있다.

준비물 도화지, 수채 물감

지도 방법

① 도화지를 반으로 접어서 한쪽 면에 수채 물감을 재미있게 짜 놓고 도화지를 덮어 손으로 문지른 다음 펼쳐 보면 대칭형의 문양이 우연성에 의해 재미있게 나타난다.

② 물감을 짜 놓고 문지른 다음 펼쳐 보는 순간 어린이들에게 어떤 모양이 나타날까 기대를 갖게 한다. 천천히 펼치고 나서 "야! 참 예쁜 모양이구나, 병아리 모양? 강아지 모양? 나비 모양 같구나" 하며 어떤 모양인가 찾아보게 한다.

③ 무슨 모양인지 찾아보게 한 다음 의도적으로 가필하여 모양을 만들거나 꾸며 재미있는 모양을 나타내도록 한다.

02 종이 구겨 찍기 paper wrinkle printing

켄트지나 모조지 등을 구겨서 덩어리가 되도록 손으로 둥글게 뭉치게 한다. 종이의 질감을 느끼면서 구겨서 덩어리로 뭉친 종이 한쪽 면에 물감을 묻혀 도화지에 찍어 보게 한다. 구겨진 종이의 질감과 꽃무늬 같은 모양이 나타나게 된다. 같은 모양을 반복해서 찍게 하여 여러 가지 형태를 연상하게 한다. 연속 무늬와 같이 반복해서 찍든가, 꽃병, 꽃 바구니 등과 같은 단위형으로 찍고 잎이나 줄기 등은 가필하여 의도적으로 그려 넣어도 좋다. 부드러운 종이와 딱딱한 종이를 이용하여 찍어 보고 찍혀 나오는 무늬의 차이점을 비교하여 감상한다.

준비물 도화지, 화장지, 모조지, 켄트지, 골판지, 스탬프 잉크, 수채 물감 등

지도 방법

① 종이를 구기거나 둥글게 마는 것은 어린이들도 손쉽게 할 수 있는 방법이며, 종이는 찍기 놀이를 하기에 적합한 재료이다. 종이를 둥글게 말거나 구겨서 조그맣게 뭉치고 물감을 묻혀서 도화지에 자유롭게 찍어 본다.

② 구기는 종이는 화장지나 모조지같이 얇은 종이가 좋다. 화장지를 구겨서 찍으면 질감이 부드럽게 나타나고, 모조지를 구겨서 찍으면 구겨진 자국이 선명하고 강하게 나타난다.

③ 종이를 말아서 찍을 때는 켄트지나 골판지 등 두꺼운 종이가 선명하게 잘 나타난다. 켄트지나 골판지를 사용할 때는 이들을 잘 말아서 유리판이나 테이블 바닥에 툭툭 두들겨 찍히는 부분이 평면으로 되게 한 다음 스탬프 잉크나 수채 물감을 묻혀 찍으면 된다.

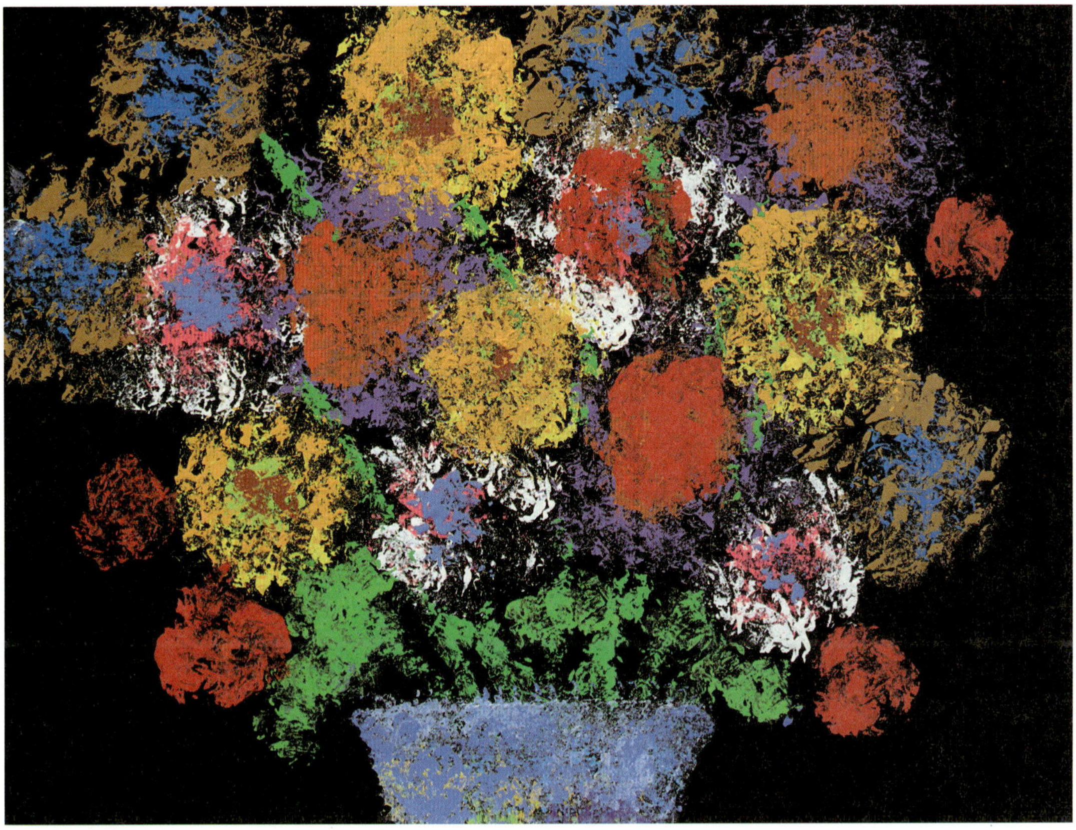

03 나뭇잎 찍기 leaf printing

여러 가지 나무에 따라 나뭇잎 모양이 각각 다르다는 것을 이야기하고 나뭇잎의 모양을 관찰하도록 한다. 크고, 작고, 길고, 짧은 제각기 다른 나뭇잎의 모양을 모아 여러 가지 색깔로 찍어 두면 오래 두고 볼 수 있다. 이러한 자연물은 우리 생활에 도움을 줄 뿐만 아니라 공기를 맑게 해주어 우리들의 건강에도 없어서는 안될 중요한 존재라는 것을 말해 주어 아끼고 사랑하는 마음을 갖게 한다. 여러 가지 모양의 나뭇잎에 색을 칠하여 도화지 위에 재미있게 배열하여 찍어 봄으로써 자연물의 아름다움과 조형 활동의 즐거움을 맛보게 한다.

준비물 나뭇잎, 꽃잎, 수채 물감, 붓, 팔레트, 도화지 등

지도 방법

① 여러 가지 모양의 예쁜 나뭇잎을 여러 개 수집하여 놓고 나뭇잎의 이름, 색깔 등을 선생님이 이야기해 준다. 나뭇잎과 꽃잎을 같이 사용하여도 재미있는 작품이 될 수 있다.

② 잎맥이 뚜렷한 뒷면 쪽에 물감을 묻혀 도화지 위에 놓고 손바닥으로 눌러 찍어낸다. 나뭇잎을 찍으면서 물감을 칠하는 요령을 생각하게 하고, 나뭇잎의 모양을 여러 가지 방법으로 배열하고 꾸미도록 한다.

③ 나뭇잎이나 꽃잎에 색을 칠할 때는 같은 색을 칠할 수도 있고 다른 색을 같이 칠하여 색의 변화를 느낄 수도 있게 한다.

나뭇잎을 직접 만져 보고 찍음으로써 모양, 크기, 질감 등을 이해하고 구성 능력을 기를 수 있다.

04 손바닥 찍기 | palm printing

손바닥에 수채 물감을 묻혀 여러 가지 색으로 종이 위에 재미있게 찍어 본다. 손바닥에 물감을 알맞게 묻혀 손바닥의 질감이 표현되도록 해보자. 손바닥의 모양을 합성해 동물의 모양이나 여러 가지 사물의 모양을 만들어 보아도 재미있다. 손, 발의 모양이나 신체의 부분을 찍어 다른 어린이와 크기나 모양을 서로 비교해 봄으로써 자기의 모습을 발견할 수 있게 지도한다.

준비물 도화지, 수채 물감

지도 방법

① 손바닥에 수채 물감을 붓으로 칠한 다음 도화지 위에 찍어낸다. 다른색으로 바꾸어 찍을 때에는 손에 묻은 물감을 깨끗이 닦아 내고 다시 색을 칠하여 찍도록 한다.

② 손바닥에 묻은 물감이 잘 찍히게 하기 위해서는 물감이 칠해진 왼손을 종이 위에 놓은 후 오른손으로 왼손을 힘껏 눌러 찍도록 한다. "누구의 손이 예쁠까?" "참 예쁘게 찍었어요" 하면서 칭찬을 해주면 어린이들은 신이 나서 더욱 열심히 찍는다.

③ 여러 가지 방향으로 찍게 하거나 다 찍은 모양에 사람이나 꽃 모양 등을 그려 넣어 재미있게 꾸며도 좋고, 켄트지 전지에다 여러 어린이의 손을 찍게 하여 협동심과 사회성을 기르도록 지도해도 좋다.

05 실물 찍기 | original printing

식물의 잎이나 올이 굵은 천 조각, 운동화 밑창, 동전 등에 물감을 묻혀서 종이에 찍어내는 방법이다. 여러 가지 모양의 나뭇잎, 삼베, 실, 머리빗, 골판지 등의 실물에 수채 물감, 잉크 등을 붓으로 칠한 다음 종이 위에 놓고 손바닥으로 힘껏 눌러 찍어낸다. 다양한 색을 재미있게 배치시키면 아름다운 작품이 될 수 있다. 어린이들이 쉽게 해볼 수 있는 판화 기법이다. 이러한 실물 판화는 모노타이프와 같이 단 한 장밖에 찍어낼 수 없는 것이 특징이다.

준비물 도화지, 수채 물감, 붓, 팔레트

지도 방법

① 주변에서 흔히 구할 수 있는 동전, 단추, 머리빗, 칼, 열쇠, 메달, 사인펜 뚜껑, 운동화 밑창, 천 조각, 골판지 등 다양한 재료를 준비한다.

② 실물에다 수채 물감이나 잉크 등을 묻혀 도화지에 찍어낸다. 여러 가지 모양을 많이 찍다 보면 반복적인 통일성, 모양과 색깔을 다양하게 찍을 수 있는 변화와 다양성, 집합하여 새로운 모양을 만들 수 있는 구성 능력을 기를 수 있게 된다.

③ 여러 가지 모양을 찍어 봄으로써 어떤 물감이 잘 묻고 잘 찍히는가, 어떤 종이에 찍는 것이 잘 찍히는가, 어떻게 배열하여 찍는 것이 재미있는가를 생각해 본다. 그리고 다른 친구들의 작품을 같이 놓고 서로 이야기하면서 찍기 놀이에 흥미를 갖게 한다.

06 마블링 marbling

물에 젖은 노면이나 물 위에 떠오른 기름을 자세히 보면 주위의 흔들림이 이에 전달되어 조금씩 변화해 가는 것을 볼 수 있다. 단순한 형에서 복잡한 무늬로 변하면서 분화하고 확산해 간다.
마블링은 이러한 물 표면의 움직임에 따라 변하고 있는, 우연에 의해 만들어진 무늬를 어느 한 순간에 종이 위에 흡착시키는 기법이다. 이와 같이 완성된 것은 조형적 매력이 있을 뿐만 아니라 제작 과정에서 변동하고 있는 형은 마치 현미경으로 들여다볼 수 있는 공간과 비슷하여 미지에 대한 흥미와 놀라움을 느끼게 한다. 이러한 유기형은 상상 행위를 환기시키는 데도 도움이 될 뿐만 아니라 텍스타일(textile)이나 내부 벽의 패턴 등에 크게 활용되고 있다.

준비물

여러 가지 물건, 도화지, 수채 물감, 붓 등

지도 방법

① 대야 같은 넓은 그릇에 물을 가득 채우고 물 위에 마블링 잉크나 유성 물감을 떨어뜨린 다음 나무젓가락 등으로 저으면 움직이는 물결에 따라 아름다운 무늬가 생긴다.
② 물 위에 아름다운 무늬가 나타났을 때 도화지를 덮어 10초 가량 있다가 도화지를 들어내면 아름다운 무늬가 도화지에 찍혀 나온다.
③ 움직이는 물결에 따라 색의 결합이나 무늬가 우연성에 의해 신비롭게 나타나는 것을 볼 수 있다. 이렇게 우연에 의해 나타난 모양을 보고 "무슨 모양같이 보이나요" 하고 물어 연상되는 모양을 찾아보게 한다.

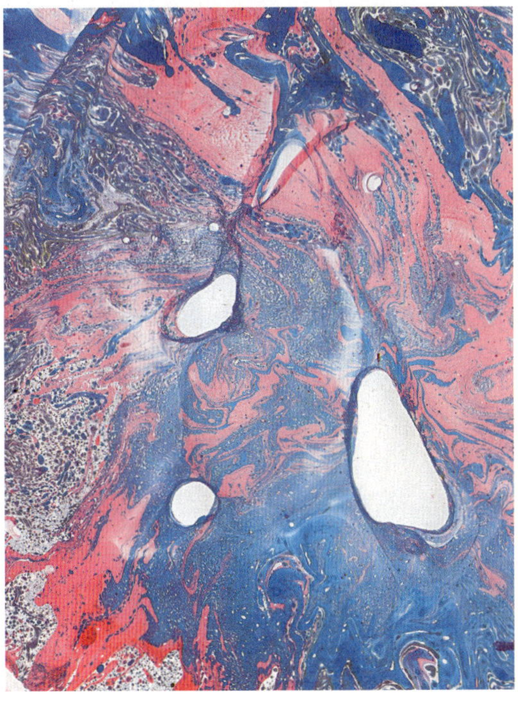

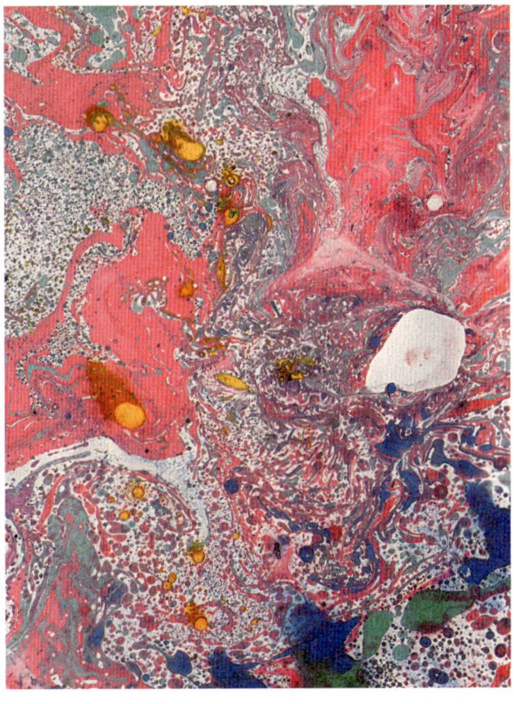

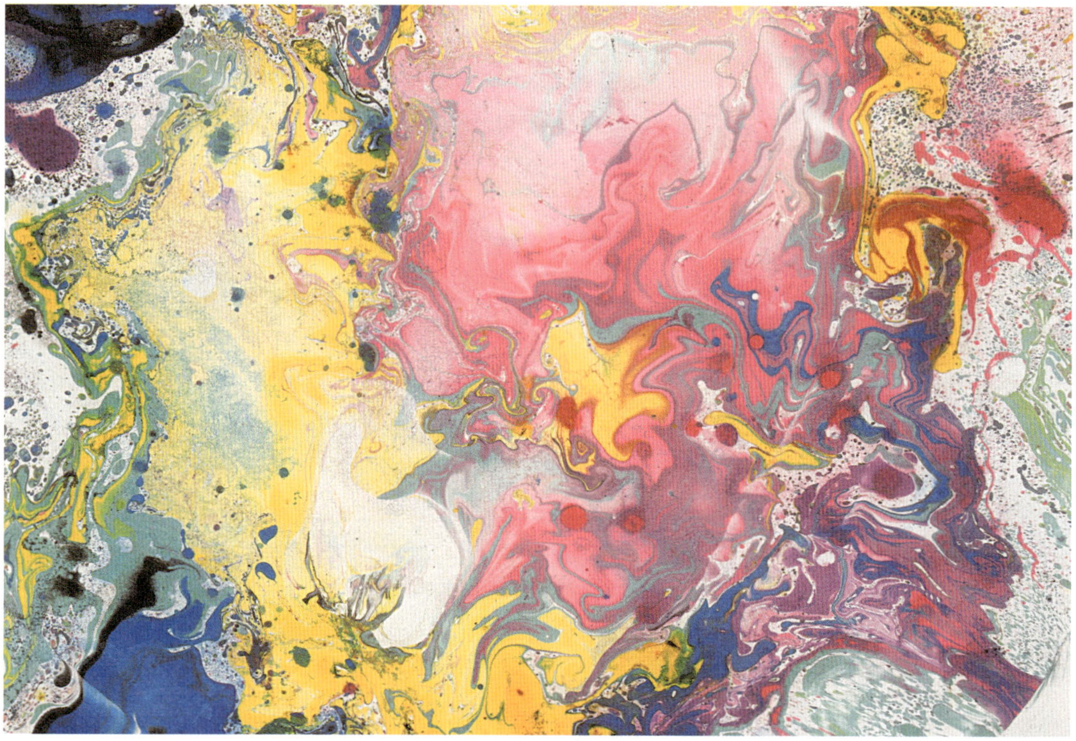

07 종이 판화 paper printing

질감이 다른 여러 가지 종이를 재미있게 오려 붙이거나 찢어 붙여서 판을 만든 다음 롤러로 잉크를 칠하고 찍어낸다. 종이를 붙일 때는 먼 곳에서 가까운 곳으로, 큰 것에서 작은 것의 순서로 붙이는 것이 좋다. 찍을 때는 프로타주와 같이 문질러 내기와, 롤러(roller) 또는 프레스(press)기로 찍어내는 방법과, 바렌 등으로 문질러 찍어내는 방법이 있다.

준비물 하드보드지, 마닐라지, 골판지, 와트만지, 도배지, 풀, 본드, 칼, 가위, 도화지, 잉크, 롤러 등

지도 방법

① 여러 가지 재질이 다른 종이를 이용하여 재미있는 모양을 연필로 스케치한 다음에 칼이나 가위로 오린다. 오려 낸 모양을 하드보드지나 마닐라지와 같은 두꺼운 종이 위에 재미있게 배열해 본다.

② 여러 가지 오려 낸 모양을 풀이나 본드로 판지 위에 붙여 말린 다음 롤러로 잉크를 고르게 칠한다.

③ 잉크를 칠하고 나서 판지 위에 종이를 덮고 롤러나 프레스기로 찍어낸다. 모양을 오려 내고 남은 종이를 도화지 위에 놓고 롤러로 잉크를 밀어 넣어 스텐실과 같은 방법으로 찍어도 좋다.

④ 모양을 오릴 때에는 재질이 매끄러운 종이보다 약간 두꺼운 골판지나 와트만지 등을 사용하는 것이 재질감이 잘 나타나서 재미있다.

08 고무 판화 rubber printing

판화는 크게 볼록판화, 오목판화, 평판화, 공판화 등으로 나뉜다. 볼록판화는 목판화, 고무 판화, 리놀륨 판화, 종이 판화, 직판화 등으로 볼록한 부분에 잉크가 묻어 찍혀 나오는 것을 말하고, 오목판화는 에칭(동판화), 드라이포인트 등으로 오목한 부분에 잉크가 묻어 찍혀 나오는 것을 말한다. 그리고 평판화는 석판화, 아연 판화, 모노타이프 등으로 평면 위에서 찍어내는 기법을 말하며, 공판화는 스텐실, 실크스크린, 세리그래피 등으로 구멍이 난 부분으로 잉크가 찍혀 나오는 기법을 말한다. 판화는 원판을 하나 완성하면 똑같은 작품을 여러 장 찍어낼 수 있는 특징을 가지고 있다

고무 판화는 볼록판화에 속하는 것으로 고무 판 위에 나타내고자 하는 주제를 조각도로 파낸 다음 롤러로 잉킹하여 프레스기나 바렌으로 찍어내는 것을 말한다. 고무 판화의 특징이 잘 나타날 수 있도록 연구해 보자.

준비물 고무 판, 연필, 판화지, 조각도, 롤러, 잉크, 프레스기

지도 방법

① 고무 판 위에 나타내고자 하는 주제를 연필로 스케치한다.

② 흑, 백의 관계를 생각하며 조각도로 파낸다.

③ 고무 판 위에 롤러로 잉킹하여 프레스기로 찍어낸다.

09 스탬핑stamping 기법

'stamping'은 원래 우표 소인이나 도장 등을 종이 면에 누르는 것에서 나온 말인데 일상 생활에서 접촉되는 여러 가지 단면 또는 부분을 눌러 찍음으로써 병렬한 형의 반복과 깊이를 느끼게 한다.
고구마, 감자, 당근 등을 평평하게 절단하고 그 평면 위에 여러 가지 재미있는 모양을 조각도로 파서 스탬프 잉크나 물감을 묻혀 도화지 위에 자유롭게 찍어낸다.

준비물 감자, 고구마, 당근, 연근, 고무 지우개, 도화지, 수채 물감, 스탬프 잉크, 조각도 등

지도 방법

① 감자, 고구마, 당근 등을 평면으로 자르게 한다. 어린이들이 칼을 사용하기 힘들어하면 선생님이 재료를 모아 잘라서 나누어 준다.

② 조각도나 칼을 이용하여 재미있는 모양을 새기도록 한다. 단독 무늬나 사람, 동물, 꽃 등을 새겨서 재미있게 찍도록 한다. 칼을 사용할 때는 손을 다치지 않게 조심해서 다루도록 지도한다.

③ 모양을 다 새기고 나서 수채 물감이나 스탬프 잉크를 묻혀 도화지에 찍어내도록 한다. 같은 모양을 연속해서 찍거나 모양을 바꾸거나 색깔을 다르게 하여 찍어도 좋고, 어떤 풍경을 생각하며 찍어 나가면 재미있는 작품이 될 수 있다.

10 스텐실stencil 기법

두께가 얇은 필름이나 트레팔지 또는 종이 등에 그리고자 하는 그림을 스케치하고 칼로 오려 내 형지를 만든 다음, 도화지 위에 얹어 물감이 스며들게 찍고 형지를 벗겨 내면 형지와 똑같은 모양이 도화지 위에 나타난다.

스텐실이란 글자나 무늬 등을 찍어내는 원판을 뜻하며, 스텐실 기법은 복잡하고 변화 있는 패턴을 만드는 데 매우 적합한 기법이다. 상품이나 나무 상자의 문자나 도안, 염색물의 날염, 공판화의 일종인 실크스크린의 제판법 등에 폭 넓게 이용되고 있다.

같은 문자와 도형을 되풀이하여 사용해서 찍거나, 또는 형지를 가로나 세로로 조금씩 밀어내면서 찍든가, 각도를 바꾸어 겹쳐 찍어 보자.

준비물 도화지, 트레팔지, 켄트지, 칼, 잉크, 수채 물감, 스펀지, 롤러 등

지도 방법

① 트레팔지나 켄트지 위에 연필로 세모, 네모, 동그라미 또는 동물 모양, 물고기 모양, 곤충 모양, 꽃 모양 등 예쁜 모양의 밑그림을 그리게 한다.

② 나타내고자 하는 재미있는 모양을 스케치하고 칼로 오려 낸다. 칼을 사용할 때는 항상 안전지도에 유의해야 한다.

③ 모양을 오려 낸 판지를 도화지 위에 놓고 스펀지나 롤러, 붓 등에 물감을 묻혀 오려 낸 부분에 물감이 들어가도록 찍은 다음 판지를 들어내면 도화지에 찍혀 나온다.

11 롤러 roller 기법

롤러의 폭에 따라 각각 크고 작은 면의 처리를 할 수 있다. 사용 방법은 묘사화의 붓 사용법과 같은 요령으로 각각의 물감을 자유롭게 롤러에 묻혀 자유자재로 굴리는 감각적이고도 직접적인 표현 방법과, 가로 · 세로로 몇 번이고 굴려서 롤러 선의 교차와 색의 겹침 효과를 재미있게 표현하는 방법이 있다. 이러한 방법 중 어느 것이나 용구에 익숙해지면 붓 이상으로 능률적으로 작업을 진행시킬 수 있게 한다.

롤러에 의한 색의 겹침 효과는 물감의 두께가 얇은 데도 불구하고 중후한 마티에르의 효과가 나타난다. 또 색채에서 받는 효과도 쓰이는 물감의 종류에 따라서는 인쇄 잉크의 윤기 있는 투명한 겹침, 수성 물감의 건조한 겹침 등 재료의 특성이 강하게 나타난다.

준비물 켄트지(4절), 롤러, 유리판, 책받침, 물감

지도 방법

① 책받침이나 유리판에 유성 잉크 또는 포스터 컬러나 아크릴 물감을 나이프로 떠 놓고 롤러를 반복하여 움직여 고르게 묻힌 다음 도화지에 여러 가지 방향으로 문질러 본다.

② 롤러의 크기를 바꾼다거나, 물감의 색을 바꾸어 가면서 롤러의 방향에 변화를 주어 문질러 보면 색과 색이 겹치는 효과와 혼색의 효과를 얻을 수 있다.

③ 붓으로 칠했을 때와 롤러로 문질렀을 때의 차이점을 말하게 하여, 재료의 특성에 따라 재질감이나 느낌이 다르게 나타나는 것을 이해시킨다.

12 모노타이프monotype 기법

모노타이프(monotype)란 유리판, 아크릴 판, 책받침과 같은 매끈한 표면에 직접 잉크 또는 물감을 칠하고 손가락, 송곳, 나이프 등으로 여러 가지 형태의 그림을 그린 다음, 그 판지 위에 종이를 덮고 롤러나 바렌 또는 프레스기로 찍어낸 것을 말한다. 이때 판에 새긴 그림은 지워져 버리기 때문에 두 번 다시 재생시킬 수 없다. 모노타이프는 여러 번 찍어낼 수 없는 유일한 판화 형식이며 또한 대단히 흥미 있고 실험적인 것이 특징이다.

준비물 유리판, 아크릴 판, 책받침, 수채 물감, 판화 잉크, 나이프, 롤러, 켄트지

지도 방법

① 유리판이나 아크릴 판, 책받침 등에 잉크나 물감을 칠하고 나이프나 붓 또는 신문지 같은 종이를 구긴 것으로 닦거나 터치를 살린 다음 화선지나 켄트지를 덮고 롤러로 눌러 찍어낸다.

② 판지 위에 수채 물감을 직접 짜 놓거나 붓으로 그림을 그린 다음 종이를 덮어 롤러로 눌러 찍어내면 데칼코마니처럼 색깔이 번지거나 혼합되어 재미있는 문양이 나타난다.

③ 유리판이나 흡수성이 약한 종이 등에 잘 마르지 않는 물감으로 그림이나 무늬, 터치 등의 효과를 낸 다음, 그 위에 종이를 덮어 전사하는 방법으로 찍어내면 붓으로 직접 그렸을 때와는 다른 효과를 얻을 수 있다.

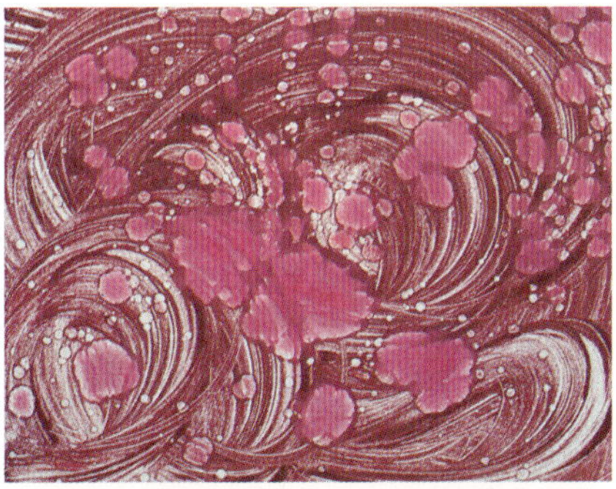

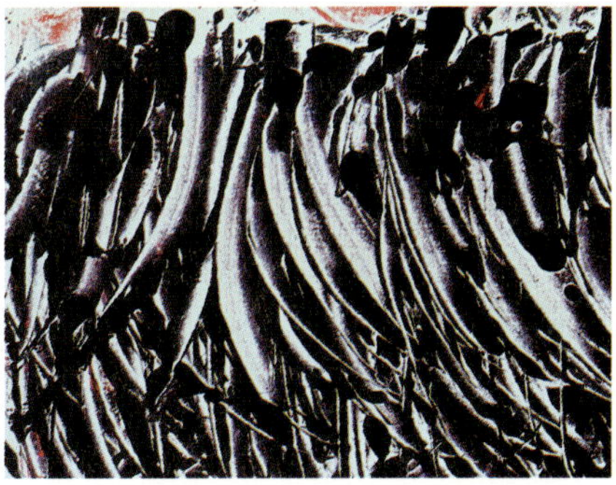

13 엠보싱 embossing 기법

엠보싱 기법은 직감적인 외양의 전체적인 인상은 약하지만, 형의 바깥쪽에서 빛의 음영이 가해지면 고상하고 섬세한 아름다움을 표출시킬 수 있는 기법이다.
엠보싱의 가벼운 릴리프(relief) 상의 표면에 음영이 생기지만 그 요철이 약하기 때문에 형의 외향이 흐려서 근거리의 경우만 그 효과가 나타나게 된다. 그리고 거기에서 섬세하고 고상한 아름다운 인상을 받게 된다.
이러한 기법은 판화, 안내장 등 비교적 소형이고 근거리에서도 충분히 역할을 해낼 수 있는 대상에서 그 효과를 발휘할 수 있다.

준비물 요철이 있는 철판, 나무판, 철망, 스티로폴, 조각도, 한지, 켄트지, 타월 등

지도 방법

① 철판이나 나무판 중에서 요철이 있는 것을 모아 놓는다. 요철판이나 도화지에 색깔로 찍어 내는 것이 아니라, 물체의 울퉁불퉁한 부분을 도화지 위에 자국으로 나타나게 찍는 방법을 이해시킨다.

② 도화지를 물에 적셔 찍어내고자 하는 요철판 위에 얹어 놓고 스펀지나 타월 등으로 가볍게 두들겨 오목한 부분에 종이가 오목하게 들어가도록 하여 말린 다음 종이를 들어내 보면 요철이 그대로 찍혀 나온다.

③ 스티로폴이나 나무판 등에 조각도로 홈을 파거나 무늬를 새기거나 하여 요철의 효과를 낸다. 한지나 부드러운 종이를 물과 풀로 반죽을 하여 요철판 위에 전체적으로 덮어 말린 다음 걷어 내면 엠보싱 효과가 잘 나타난다.

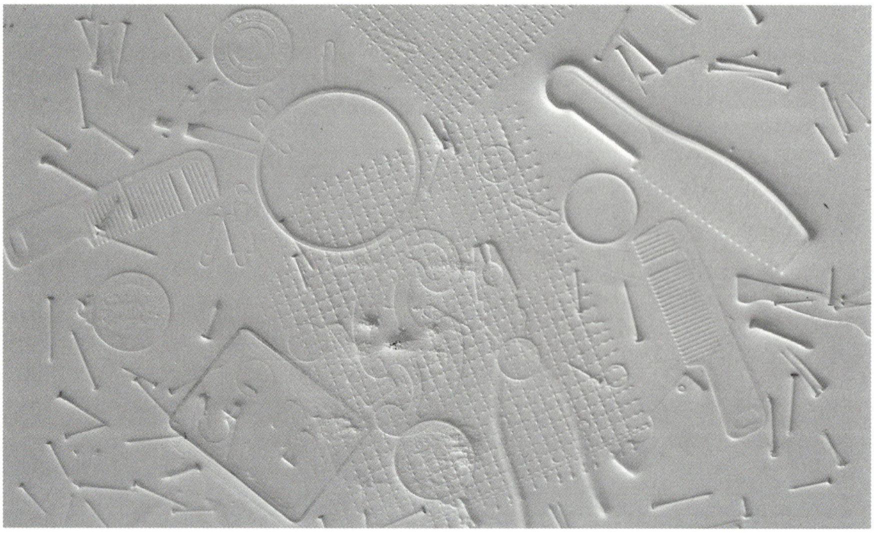

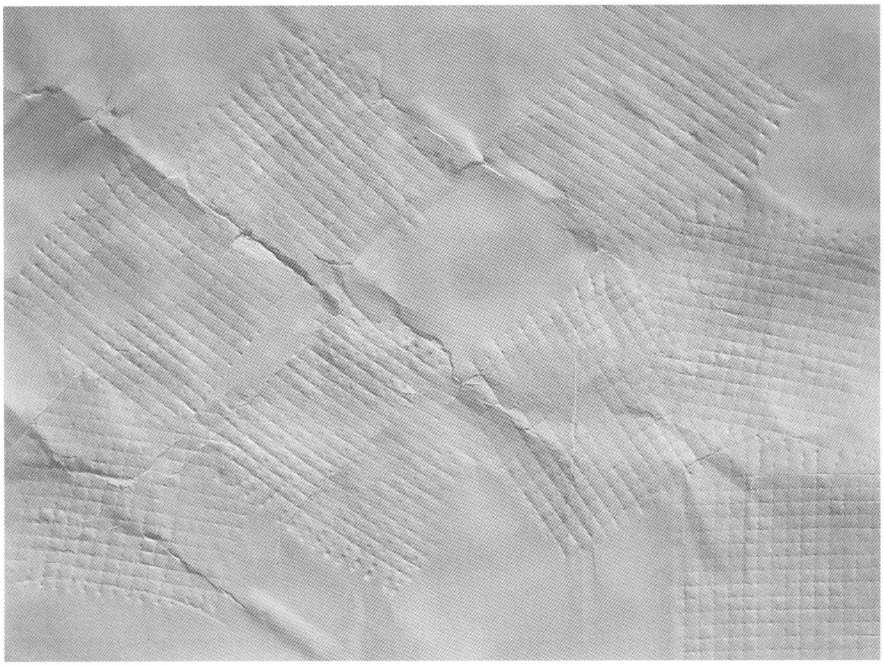

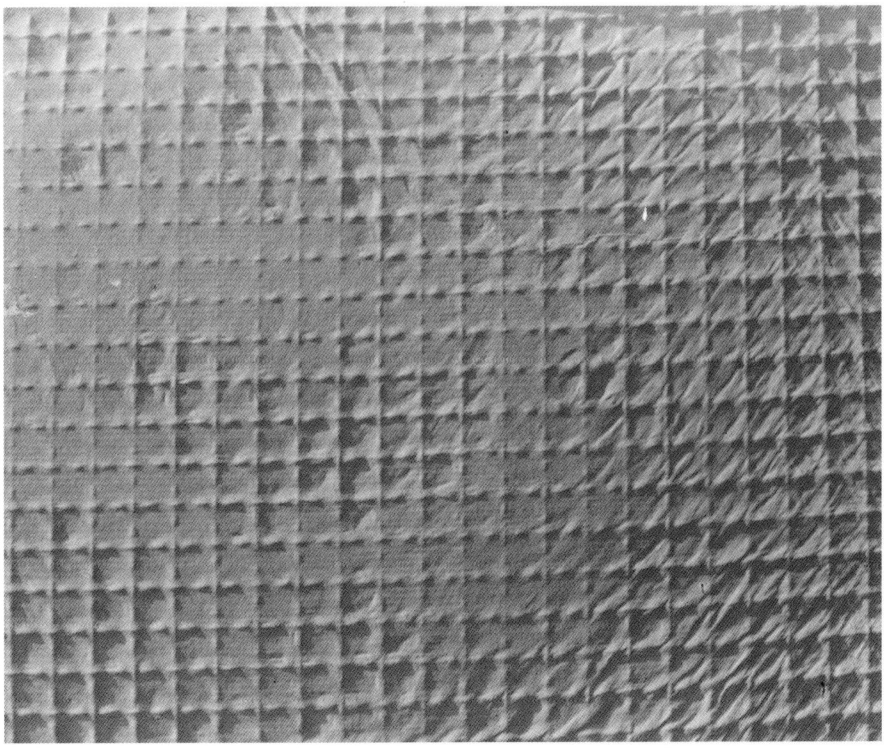

14 콜라그래피 collagraphy 기법

콜라그래피는 우리들 주변에서 볼 수 있는 금속, 목재, 석재, 끈, 고무, 종이, 헝겊, 실 등의 재료를 베니어 합판이나 하드보드지 위에 접착제(본드)로 붙이고, 그 판 위에 롤러로 잉크를 칠한 다음 종이를 덮어 롤러 또는 프레스기로 찍어내는 방법이다.

재료에 따라서 재질감의 강약이나 소재가 지니고 있는 입체감, 색조 등이 가해져서 재질 효과를 강하게 나타내 주며, 물체가 지닌 생생한 효과와 상호의 개성적 재질의 조화로 서로간에 영향을 미치기도 한다.

준비물 하드보드지, 베니어 합판, 풀, 본드, 실, 천 조각, 다양한 재질의 종이, 제소, 롤러, 바렌, 잉크, 수채 물감, 화선지, 한지, 켄숀지 등

지도 방법

① 하드보드지나 베니어 합판 등 두꺼운 판지 위에 실이나 천 조각, 재질이 다른 종이 등을 오리거나 찢어서 본드로 붙인 다음 그 위에 롤러로 잉크를 칠하고 종이를 덮어 찍어낸다.

② 판지 위에 다른 물질을 붙일 때는 요철이 강한 것보다 요철이 약한 실이나 천, 종이 같은 재료를 사용하는 것이 좋다. 요철이 강하면 찍어내는 종이가 찢어질 우려가 있다.

③ 찍어내는 종이는 딱딱한 종이보다 부드러운 한지나 화선지, 켄숀지가 잘 찍힌다. 찍을 때에는 프레스기로 찍어야 잘 찍히나 롤러 또는 바렌으로 눌러서 찍어내도 된다.

3장

붙이기

01 색종이 구성

여러 가지 색종이를 예쁘게 오려서 화면에 재구성하게 한다. 형태와 색채에 대한 감각을 길러 주고 장식적 표현 욕구를 충족시켜 주는 데 좋은 학습 활동이 될 수 있다.

직선형이나 곡선형, 동그라미, 세모, 네모 등의 모양을 오려서 화면에 놓고 모양별 · 색깔별로 구분하게 하여 인지력이나 수 개념을 키워 줄 수도 있다. 도입 단계에서 여러 가지 방법으로 학습 활동을 전개시킨 다음 본학습으로 전개시켜 나가면 다양한 학습 효과를 얻을 수 있다.

표현 방법에 있어서 기하학적인 형태뿐만 아니라 사물의 형태나 풍경 등 어떤 주제가 있는 내용을 스케치해 놓고 거기에 맞게 색종이를 오려 붙여도 재미있는 표현이 될 수 있다.

준비물

켄트지, 색종이, 색 켄트지, 풀, 가위, 핑킹 가위 등

지도 방법

① 여러 가지 색깔의 색종이에서 세모, 네모, 동그라미 등의 모양을 가위로 오리게 한다. 이때 가위 사용법을 시범 보이고 설명한다.

② 색종이를 오려서 만든 크고 작은 여러 가지 모양을 도화지 위에 재미있게 배열하여 풀로 붙이게 한다.

③ 어린이들에게는 복잡한 모양보다 단순한 모양을 오려 붙이게 지도한다. 여러 가지 기하형을 도화지 위에 재미있게 배치해 봄으로써 구성 능력을 향상시킬 수 있다.

02 셀로판지 구성

셀로판지(cellophane paper)는 색이 곱고 투명하여 여러 가지 방법으로 구성 활동을 할 수 있다. 사각형, 삼각형, 원, 별 모양 등 여러 가지 모양을 가위로 오려서 도화지에 풀로 붙인다. 또는 여러 가지 색의 셀로판지를 겹쳐 붙임으로써 색의 겹침에 따른 명도, 색상 등의 변화와 색의 조화를 경험할 수 있는 학습 활동이 될 수 있다.
이러한 셀로판지 구성을 잘 이용하면 스테인드 글라스의 효과를 낼 수도 있다. 여러 가지 색의 셀로판지를 기하형이나 자연형의 모양으로 오려 재미있게 붙여 보자.

준비물 켄트지, 검정 색지, 셀로판지, 풀, 칼, 가위

지도 방법

① 셀로판지를 여러 가지 모양으로 가위를 사용해 오려 놓는다. 오려 놓은 셀로판지에 풀칠을 하여 도화지에 재미있게 배치하여 붙인다.
② 세모, 네모, 동그라미, 별, 꽃, 나비 모양 등 재미있는 모양을 생각하여 오리도록 지도한다. 셀로판지에 풀을 너무 많이 칠하게 되면 마르고 나서 우글쭈글해지므로 조심해서 풀칠을 해야 한다.
③ 검정 색지 위에 연필로 여러 가지 모양을 스케치한 다음 칼로 오려 내고 뒷면에 셀로판지를 붙여 보면 스텐인드 글라스처럼 예쁘게 보인다.

03 여러 가지 종이 오려 붙이기

도화지 위에 색종이나 신문지 등을 재미있게 오려 붙이게 함으로써 재료의 가용성과 화면 구성 능력을 기르고 창의력을 키울 수 있게 된다. 신문지, 잡지, 색종이, 한지 등의 재질이 다른 종이를 가위로 오려 재미있게 붙이도록 지도한다. 여러 가지 재질이 다른 종이를 오려 붙이고 여백은 크레파스나 수채 물감으로 칠하여도 좋다. 종이를 오려 붙일 때는 사진 자체의 모양만을 오려 붙이지 말고 종이의 모양, 질감, 색채, 구성 등을 생각하며 붙이도록 한다.

준비물 도화지, 색종이, 잡지, 신문지, 한지, 풀, 가위, 크레파스, 물감 등

지도 방법

① 어린이들에게 자기가 사용하고 싶은 재료를 마음껏 사용하게 함으로써 재료 지배 능력과 도구 사용 능력을 길러 줄 수 있으며, 자주적인 창작 의욕을 길러 줄 수 있다.

② 신문지 위에 여러 가지 색종이를 오려 붙이고 색종이 위에 크레파스로 그림을 그려 넣게 한다.

③ 이와 같은 표현 활동을 통해 자기의 생각을 자유롭게 표현할 수 있는 기회가 되게 하고 조형적인 욕구와 기능을 신장시키는 동시에 표현의 다양성을 이해하게 한다.

감사원과 한판 승부' 예고

04 여러 가지 종이 구겨 붙이기

여러 가지 색의 두께나 재질감이 다른 종이를 자유롭게 구겨 판지 위에 붙여 놓고 보면 입체감을 느낄 수 있는 구성 학습이 된다. 모조지, 색종이, 색 켄트지, 색 한지 등을 손으로 구기면서 종이의 질감을 느낄 수 있도록 지도한다. 여러 가지 재질이 다른 종이를 자유롭게 구겨서 판지 위에 풀이나 본드 등으로 붙여서 감상하자. 평면 위에서 나타낼 때와는 다른 느낌의 조형미를 맛볼 수 있다.

준비물 모조지, 색 켄트지, 색 한지, 풀, 판지 등

지도 방법

① 재질이 다른 여러 가지 종이와 판지를 준비하도록 한다. 판지는 4절 또는 전지를 준비하게 한다.

② 판지를 사용할 때는 5~6명이 공동 작품으로 제작하게 하여 협동심과 사회성을 기르게 한다.

③ 여러 가지 종이를 다양한 크기로 구긴 크고 작은 덩어리를 판지 위에 풀로 붙이게 한다.

05 색실로 나타내기

여러 가지 색의 굵기나 질감이 다른 실들을 이용하여 화면에 재미있게 나타내도록 한다. 어떤 모양을 나타낼 것인가를 생각하여 도화지 위에 연필로 희미하게 스케치해 놓고 그 모양과 실의 색깔 등이 잘 어울리도록 적당한 실을 골라 붙인다. 필요에 따라서 헝겊을 이용하면 더욱 효과적인 표현이 될 수 있다.

준비물 여러 가지 색실, 도화지, 풀 등

지도 방법

① 도화지에 나타내고자 하는 그림을 연필로 스케치하도록 한다.
② 스케치한 모양을 따라 풀칠을 하고 적당한 실을 골라 붙인다.
③ 실의 굵기와 질감을 생각하며 창의적인 표현이 될 수 있도록 지도한다.

06 찢어 붙이기 tear plastering

색종이나 신문지, 잡지 등을 찢어서 판지에 붙이는 방법이다. 수직 방향으로 찢어 붙이기, 수평 방향으로 찢어 붙이기, 방사형으로 찢어 붙이기, 동물 · 사람 모양 등 자유로운 모양을 손으로 찢어서 재미있게 붙이기 등으로 표현한다. 판지는 색 켄트지를 사용해도 효과가 좋다. 어린이들에게 색의 변화와 조화의 아름다움을 느끼게 할 수 있고, 구성 능력과 재료에 대한 지배 능력을 길러 줄 수 있다.
여러 가지 재질이 다른 종이를 자유롭게 찢어 붙여 표현의 즐거움을 느끼게 한다.

준비물 색종이, 신문지, 풀, 켄트지, 색 켄트지 등

지도 방법

① 색종이를 찢을 때의 질감을 느끼고 소리를 들으면서 종이의 성질을 이해하도록 하고, 여러 가지 색깔이나 모양에 대하여 흥미를 갖도록 이야기해 준다.

② 여러 가지 모양의 색종이를 도화지에 가득 차게 붙이는 동안 색종이가 겹치게 하여 색채의 조화와 대비, 모양의 통일과 변화를 느낄 수 있도록 지도한다.

③ 색종이를 크고, 작고, 길고, 짧고, 넓고, 좁은 등의 다양한 모양이 되도록 해서 이용하도록 한다. 추상적인 모양으로 찢어 붙일 수도 있고 물고기, 곤충, 동물, 사람 등 사물의 형태를 생각하며 찢어 붙이는 방법도 좋다. 이러한 찢어 붙이기 방법은 쉽게 즐거운 마음으로 나타낼 수 있으므로 어린이들에게 표현의 성취감을 맛볼 수 있게 해준다.

07 붙이고 뜯어내기 stick & take down

전봇대의 광고지를 뜯어낸 자국, 도배지를 뜯어낸 벽, 게시판이나 벽의 포스터를 뜯어낸 자국, 작은 자갈들이 엿보이는 금이 간 아스팔트 노면, 껍질을 벗기면 부드러운 속이 보이는 과일류와 야채류 등의 인위적 혹은 자연적으로 생긴 내부의 노출 부분을 관찰해 본다. 그러면 변화 있는 유기 형체의 정취 있고 복잡한 색채나 요철감이 있는 텍스처 등 서로의 요소가 뒤섞여, 늘 보던 것이라 할지라도 새롭게 조형의 아름다움을 발견하게 된다. 뜯어내거나 깎아 내어 오목하게 들어간 면적의 색이나 모양, 질감 등을 시각화하여 아름답게 나타내 보자.

준비물 켄트지, 하드보드지, 색 켄트지, 색종이, 신문지, 풀, 칼 등

지도 방법

① 켄트지 위에 여러 가지 색종이를 풀칠하여 겹쳐 바른다. 이때 풀칠은 대충 하는 것이 좋다. 켄트지 위에 붙인 색종이가 마른 후 그 위에 칼로 자국을 내어 뜯어낸다. 자연스럽게 뜯긴 자국에서 재질감이나 새로운 조형미를 발견할 수 있도록 지도한다.

② 하드보드지 등에 여러 가지 종이를 풀로 붙인 다음 칼로 자국을 내어서 뜯어낸다. 색종이가 붙어 있는 부분과 뜯긴 부분이 자연스럽게 어울려 재미있는 표현이 될 수 있다는 것을 설명한다.

③ 완성된 작품을 앞에 세워 놓고 서로 다른 사람의 작품을 감상할 수 있게 지도한다.

마이크로
150mmX150mm
W 500

08 태워 붙이기 burning

이 기법은 촛불에 종이를 태워서 재미있게 붙이는 방법이다. 여기에서는 타서 뭉개진 면, 일그러진 외곽선, 변화된 색채, 열의 강도에 따른 면의 구김, 타서 사라져 가는 형태 등 태우는 행위에 따라 여러 가지로 변화하는 요소를 조형적 관점에서 추출해 내어 시각화한다.
일반적 방법으로서 모기향, 부집게, 담배, 성냥 등을 사용하여 종이를 태우면 그 부분에 흑갈색의 선이 재미있는 형을 이룬다. 따라서 이 기법은 재료와 태움의 상호 관계에서 생기는 것이므로 제작에 있어서는 재료의 선정과 태우는 방법을 충분히 고찰해야만 좋은 작품을 만들 수 있다.

준비물 켄트지, 신문지, 잡지, 색종이, 양초, 성냥, 풀 등

지도 방법

① 도화지 위에 어떤 모양을 나타낼 것인가를 생각하게 한다. 신문지, 켄트지, 색종이 등에 불을 붙여 태우다가 손으로 흔들거나 다른 종이로 덮어 불을 끈다.
② 태우다가 꺼 놓은 여러 가지의 모양을 도화지 위에 재미있게 붙여 본다. 띄엄띄엄 붙이거나 겹치게 붙이면 독특한 표현의 맛을 느낄 수 있다.
③ 산이나 나무 모양, 혹은 여러 가지 사물의 모양을 생각하여 의도적으로 태워서 재미있게 붙여 보자.

09 나뭇잎 붙이기

여러 가지 나뭇잎을 수집하여 도화지 위에 놓고 잎의 모양을 관찰하여 구성해 본다. 나뭇잎의 모양별로 나누기, 색깔별로 나누기 등을 전개시킴으로써 상상력과 수 개념 및 인지 능력을 길러 주게 된다.
나뭇잎으로 여러 가지 모양을 구성한 다음 풀이나 본드를 칠하여 도화지에 붙이게 한 후, 남는 공간은 크레파스나 물감으로 효과를 내어 칠해도 좋다.

준비물 여러 가지 나뭇잎, 도화지, 풀, 본드, 수채 물감, 붓

지도 방법

① 여러 가지 예쁜 나뭇잎을 수집하여 테이블 위에 늘어놓는다. 초록색, 연두색, 노란색, 빨간색 등의 나뭇잎을 관찰하고 자연의 아름다움을 생각하게 한다.
② 나뭇잎의 모양을 보고 사물의 형태를 연상하도록 한다. 기본 형태를 보고 여러 가지 사물의 모양을 생각하게 함으로써 어린이들의 창의력이나 상상력을 향상시킬 수 있다.
③ 나뭇잎의 뒷면에 풀칠을 하여 도화지 위에 재미있게 붙이도록 지도한다. 물고기 모양, 사람 모양, 나비 모양, 새 모양, 동물 모양 등 여러 가지 모양을 만들어 아름답게 배치한다. 수채 물감으로 배경 효과를 낸 다음 그 위에 나뭇잎을 붙이면 더욱 효과적인 작품이 될 수 있다.

10 모래그림 sand picture

도화지에 그리고 싶은 그림을 풀로 그리고 난 다음, 그 위에 모래를 뿌려 풀이 묻지 않은 곳의 모래를 털어 내면 풀 묻은 자리에는 선명하게 모래그림이 나타난다. 이 학습 활동은 실내에서보다 야외에서 자연과 더불어 즐겁게 표현 활동을 한다면 더욱 효과적일 수 있다. 여러 가지 자연물을 조형 활동에 이용할 수 있다는 것을 경험시켜 준다.

준비물 켄트지(4절), 풀, 모래

지도 방법

① 나타내려고 하는 주제를 생각하여 켄트지 위에 희미하게 스케치를 한 다음 필요한 부분에 풀을 칠한 후 모래를 뿌리고 바로 세워 들면 풀이 묻은 부분에만 모래가 붙어 모래그림이 선명하게 나타난다.

② 켄트지와 풀을 들고 어린이들과 함께 모래가 있는 야외에 나가서 자연의 아름다움을 감상하게 한다. 나타내고 싶은 그림을 도화지에 풀로 그리게 한 후, 풀이 마르기 전에 모래를 한 주먹 도화지 위에 놓고 이리저리 움직이다가 바로 세워 들면 모래그림이 나타난다.

③ 모래와 나뭇잎을 같이 사용하여 나타내도 재미있다. 야외에 나가서 자연과 더불어 즐거운 조형 놀이가 되도록 지도하자.

11 모자이크 mosaic

모자이크는 작은 단편들을 늘어놓아 일정한 형상이나 모양을 표현하는 예술로서 원래 돌, 색유리, 금속, 타일 등의 조각을 벽면이나 유리 창문 또는 바닥에 붙여 그림이나 모양을 꾸민 것으로 특히 중세 비잔틴 시대의 사원 건축에서 많이 발달되었다.

모자이크 예술은 그 역사가 장구하며 최근에 와서는 혁신적인 창의력이 뒷받침되어 널리 이용되고 있다. 현대의 공예가들은 과거처럼 건축에만 사용하는 것이 아니라 테이블, 벽면, 창문, 기타 가정 용품에까지도 이 기법을 사용하고 있다. 이 방법은 도제 타일의 욕실을 만드는 것과 비슷하다.

평면을 자유로이 분할하여 색색으로 붙이거나 스케치된 판지 위에 풀칠을 한 다음 색종이를 갖다 대고 연필로 눌러 찢어 붙이는 방법도 재미있다.

준비물 판지, 색종이, 풀, 가위, 곡식류, 타일, 병 뚜껑, 유리 조각, 본드 등

지도 방법

① 색유리, 금속류, 타일, 병 뚜껑, 단추, 곡식, 색종이 등 재료를 수집한다.

② 나타내려고 하는 문양이나 그림을 판지 위에 연필로 스케치한다.

③ 스케치한 그림 위에 알맞은 재료를 아름답게 배치하여 붙인다.

④ 색종이를 붙일 때는 판지로서 켄트지도 무방하나 금속이나 타일 같은 것을 붙일 때는 패널 같은 것이 좋다.

〈친구〉 박혜미, 12세

〈허수아비〉 임선진, 7세

〈허수아비〉 이석환, 9세

〈여인상〉 서봉희, 14세

〈풍년 놀이〉 신정민, 12세

〈나무〉 백옥성, 13세

12 콜라주 collage

회화의 사생적 표현에 있어서 물감만이 절대적인 것처럼 생각되던 것에서 서서히 이탈하여 생활 주변에 있는 재료를 물감과 같은 표현 소재로 취급하여 붙여서 만드는 것이다. 콜라주란 풀 바르기, 붙여 바르기란 뜻이다. 일상 생활에서 쉽게 접할 수 있는 헝겊, 실, 나뭇잎, 목재, 플라스틱, 금속, 곡식 등 여러 가지 재료를 자유롭게 선택하여 조형 표현의 소재로 붙이는 것으로써 나타낸다.
원래 콜라주는 종이나 인쇄물, 헝겊 조각 등을 접착제로 붙인 다음 일부는 붓으로 그리는 방식의 구성에 의한 작품으로 다다이즘에서 초현실주의 과정에 성행한 표현의 한 형식이다.
모자이크는 장식적이고 구성적인 데 비하여 콜라주는 회화적인 면을 강조하여 나타내는 것으로, 예상 밖의 충돌이 생기게 하여 새로운 세계를 만들어 낼 목적으로 표현한다.

준비물 여러 가지 종이, 천 조각, 실, 타일 조각, 단추, 곡식, 본드, 가위, 패널 등

지도 방법

① 하드보드지나 패널 위에 먼저 나타내고자 하는 그림의 내용을 생각하여 연필로 스케치한다.
② 재료의 선택이나 배치 등을 잘 생각하여 전체의 조화나 균형, 통일과 변화의 느낌이 잘 나타나게 한다.
③ 전지 패널을 이용하여 여러 어린이들이 공동으로 제작하는 즐거운 표현 활동이 될 수 있다. 이렇게 공동 작품을 제작하게 되면 소극적인 성격과 적극적인 성격, 열등감과 자신감 등의 성격이 잘 나타난다.

13 포토몽타주 photomontage

'photomontage' 란 프랑스어로 '조립, 부분의 결합' 을 의미한다. 이 기법은 이미 만들어진 사진을 소재로 하여 여러 가지 각도에서 합성하여 다른 사진으로 재구성하는 방법이다. 눈, 코, 입, 얼굴 형을 각각 짜 맞추어서 만드는 몽타주 사진을 범죄 수사에서 활용하고 있는 것은 이미 잘 알려져 있는 사실이다.
몽타주 기법은 초현실주의 회화에서 여러 종류의 사진을 합성하여 붙임으로써 현실에 없는 기묘한 풍경과 이미지를 구체화해 나갔다.
포토몽타주는 표현 내용의 폭이 넓고 작업의 진행 방법에 따라 다양한 작품이 만들어질 수 있다.

준비물 잡지, 사진, 가위, 풀, 켄트지

지도 방법

① 잡지에서 재미있는 사진을 충분히 가위로 오린다. 이때 선생님은 가위 사용법의 시범을 보이면서 설명해 준다.

② 어린이들은 가위를 사용하여 종이를 오리며 풀로 붙이는 활동을 좋아한다. 가위로 사진을 정확하게 오린다는 것은 어려운 일이므로 쉬운 모양부터 오리도록 한다.

③ 여러 가지의 사진을 있는 그대로 붙이는 것보다 몸통과 얼굴 등을 분리해서 짜 맞추어 재미있고 우스꽝스럽게 합성시켜 즐거움을 느끼게 한다.

IBM
이끌어갑니다

14 합성적으로 나타내기 shifting

서로 다른 사진이나 색종이로 오린 모양을 수평 또는 수직으로 가늘게 절단하여 두 개의 모양을 번갈아 가면서 붙여 보면 두 개의 모양이 합성적으로 나타난다.

합성적으로 나타내기 기법은 띠 모양으로 자른 형을 조금씩 밀어 가면서 구성하는 것으로 원래의 그림과는 다른 형으로 옮겨져 바뀌는 기법이다. 따라서 옮기는 방법의 연구에 따라 여러 가지 다양한 모양으로 만들어 내는 것이 가능하다.

구체적으로는 지면에 그려진 줄무늬와 동심원의 패턴, 또는 인쇄된 여러 가지 무늬와 사진을 소재로 한다. 이것을 구상에 따라 직 · 곡선으로 잘라서 본래의 형이 가지고 있던 관계를 잘라 떼고, 그 하나하나 떨어진 띠 모양의 것을 옮기거나 다른 종류의 그림과 번갈아 짜 맞추는 방법을 이용하여 지면에 풀을 발라 붙인다.

준비물 켄트지, 잡지, 신문, 색종이, 자, 칼, 가위, 풀 등

지도 방법

① 잡지나 신문 등에서 서로 다른 사진을 찾아내어 수평 또는 수직으로 자를 대고 칼로 깨끗하게 절단하여 가는 띠 모양을 만든다. 절단된 두 가지 모양을 사이사이 번갈아 가면서 풀로 붙여 보면 두 가지의 사진이 합성적으로 나타나는 것을 볼 수 있다.

② 색깔이 다른 두 가지의 색종이로 똑같은 모양을 오린 다음 가는 띠 모양으로 자를 대고 잘라 판지에 풀칠을 하고 절단한 모양을 순서대로 번갈아 붙인다.

③ 같은 모양의 패턴이나 사진이 여러 개의 모양으로 합성되어 나타나는 효과를 발견하게 하여 상상력을 길러 준다.

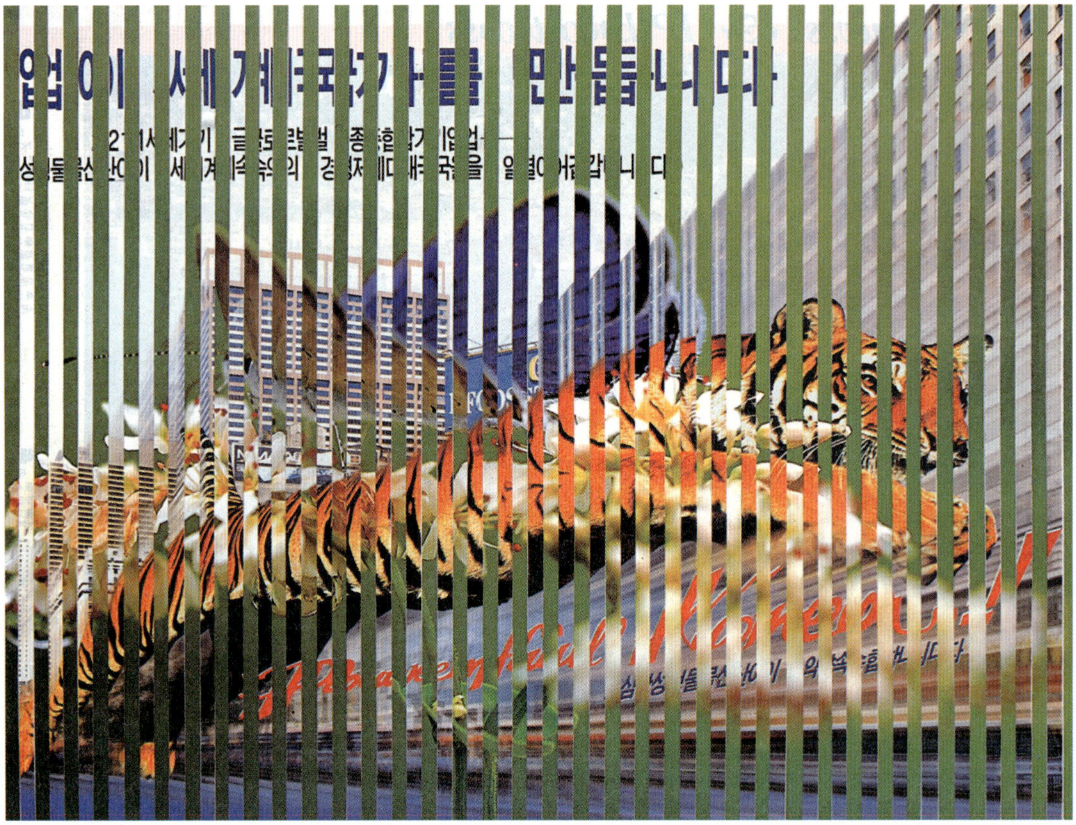

15 한지로 나타내기

한지는 우리 조상들이 직접 만들어 사용하던 민족 고유의 종이로서 부드럽고 질겨 문을 바르거나 일용품을 만들어 사용하는 데 좋은 재료이다. 요즈음은 여러 가지 색 한지가 만들어져 매우 편리하게 사용되고 있다.
한지를 찢어 붙이거나 또는 말거나 꼬거나 구겨서 여러 가지의 형태를 재미있게 나타낼 수 있다. 자기가 나타내고 싶은 모양을 연필로 스케치하고 그 위에 한지를 재미있게 붙여 보자.

준비물 여러 가지 색의 한지, 풀, 도화지

지도 방법

① 나타내고자 하는 모양을 도화지 위에 스케치한다.
② 나타내고자 하는 형태에 따라 찢어 붙이거나 꼬아 붙이거나 구겨 붙여서 재미있게 나타낸다.
③ 완성된 작품을 서로 감상하고 한지의 특성을 이해한다.

〈농악 놀이〉 안신영, 11세

〈차전놀이〉 남성식, 11세

4장

꾸미기

01 색종이로 무늬 오리기

우리 선조들은 취미 생활이나 자기 욕구를 충족시키는 수단으로서 생활 주변에 있는 나뭇잎, 나무껍질, 종이 등을 자연스럽게 접거나 붙여서 재미나는 모양을 만들어 몸에 붙이기도 하고 던지며 놀기도 하여 흥미를 보여 왔다.

모든 자연적 요소들은 그림으로 묘사되고, 조각으로 표현되고, 장식 무늬로 상징화되었으며, 인류는 일찍이 문자와 같은 무늬를 질그릇이나 기와, 문살, 공예품 등에 새기고 만들어 붙여 생활에 활용해 왔다.

오늘날 유치원이나 가정에서도 색종이를 이용하여 여러 가지 재미있는 모양을 만들어 환경을 아름답게 꾸미고 있다. 간단히 완성시킬 수 있는 모양들을 만들어 보자. 색종이를 접어서 가위로 오려 내고 펼쳐 보면 아름답고 재미있는 무늬가 나타난다.

준비물 색종이, 풀, 가위, 핑킹 가위, 켄트지 등

지도 방법

① 색종이를 여러 번 접어서 가위로 오려 낸 다음 펼치면 재미있는 단독 무늬가 나타난다.

② 다 오린 색종이를 바탕 색종이를 깔고 붙이거나, 겹치게 포개 놓고 풀로 붙이면 한 가지를 놓고 볼 때와 전혀 다른 모양을 감상할 수 있다.

③ 색종이를 포개 놓을 때에는 따뜻한 색끼리의 대비, 차가운 색끼리의 대비, 보색끼리의 대비 등을 설명해 준다.

02 색종이로 모양 접기

종이의 성질을 알고 재미있는 모양을 계획적으로 만들어 꾸미도록 한다. 단순하고 평면적인 종이로 여러 가지 입체적인 모양을 만들 수 있다. 접기, 꺾기, 휘기, 오리기 등의 기초적인 능력을 익히고 자기가 의도한 모양을 만들도록 한다. 이렇게 색종이로 접어서 만든 모양을 도화지 위에 아름답게 배치하여 붙여 놓으면 재미있는 작품이 될 수 있다.

준비물 색종이, 색 켄트지, 자, 칼, 가위, 풀, 테이프

지도 방법

① 참고 작품을 보여 주고 만드는 방법을 설명한다. 만들고자 하는 모양을 접는 데 어려움이 생겼을 때는 개별 지도를 하며, 칭찬을 해주어 창작 의욕을 북돋워 주어야 한다.

② 평면적으로만 사용했던 종이도 오리고 꾸미면 입체적으로 활용될 수 있다는 것을 알게 한다.

③ 종이 오리기는 가벼운 마음으로 시작할 수 있어 창의력을 기르는 데 적합하다. 칼과 가위를 사용할 때는 안전 지도를 세심하게 해야 한다.

④ 큰 작품을 꾸밀 때는 색종이는 얇고 작아서 좋지 않으므로 두껍고 넓은 색 켄트지를 사용하면 편리하다. 색종이를 길게 잘라 자유롭게 말아서 평면 위에 늘어놓고 보면 재미있는 입체감을 느낄 수 있다.

⑤ 토끼, 곰, 사자, 호랑이, 쥐, 닭, 가재, 물고기, 악어, 방게, 가재, 새우, 나비, 꽃 등의 여러 가지 모양을 색종이로 접고 오리고 만들게 함으로써 지능을 계발하고 창의력을 기를 수 있다.

03 수족관 꾸미기

종이 상자를 이용하여 앞면과 옆면을 오려 내고 그 안에 여러 가지 물고기 모양을 만들어 실로 매단다. 골판지 상자나 화장지 통, 과자 통 등 크기가 알맞은 종이 상자를 준비하여 수족관 틀을 만들고, 그 안에 들어갈 물고기 모양을 색종이로 오리거나 접어서 또는 컬러믹스 등으로 만들어 실로 매단다. 바닥에는 모래나 자갈 등으로 바다 밑 분위기를 꾸민다. 시간이 많이 소요되는 작품은 공동 작업으로 제작하면 시간이 단축될 뿐만 아니라 협동심과 사회성을 기를 수 있다.

준비물 종이 상자, 색종이, 실, 가위, 테이프, 컬러믹스, 자갈, 모래, 비닐 등

지도 방법

① 종이 상자를 이용해서 만든 수족관을 보여 주고, 새로운 아이디어를 생각해 낼 수 있도록 상상력을 자극시키고 학습 의욕을 북돋워 준다.

② 종이 상자의 옆면을 오려 내고 수족관 모양을 만들고, 여러 가지 물고기 모양을 접거나 만들어서 매단다. 상자 바닥에는 모래, 자갈 등으로 바다 밑과 같이 꾸민다.

③ 바닷속 풍경이 다 꾸며지고 나면 종이 상자에 비닐이나 셀로판지 등을 씌워 테이프로 붙인다.

04 크리스마스 카드 만들기

해마다 크리스마스 때가 되면 많은 사람들이 카드를 주고받는다. 선생님, 친척, 가족 그리고 가까운 친구들에게 자기가 직접 만든 카드를 보낸다면 받는 사람의 마음은 더욱 흐뭇해질 것이다.

여러 가지 재료와 기법을 이용하여 예쁜 크리스마스 카드를 직접 만들어 봄으로써 조형의 실용성과 가치를 이해할 수 있게 한다.

준비물 켄트지, 색종이, 색 켄트지, 천 조각, 풀, 가위, 칼, 포스터 컬러, 붓 등

지도 방법

① 다양한 재료와 기법을 사용하여 만들도록 한다. 평면적으로 간단하게 만들려면 색 켄트지 등을 알맞은 크기로 잘라 반으로 접고 재미있는 기법의 그림을 오려 붙이면 된다.

② 카드를 접었다가 펼치면 재미있는 모양이 입체적으로 돌출되는 방법으로 만들어 보자. 받는 사람에게 동적인 느낌을 주어 인상적인 카드가 될 수 있다.

③ 여러 가지 재미있는 카드를 직접 만들어 사람들에게 보내게 함으로써 조형의 실용성을 생각하게 한다.

To You, You, You!

Merry X-mas
새해
Merry Christmas

Merry christmas

MERRY CHRISTMAS
MERRY
CHRISTMAS

05 문자 꾸미기

우리는 일상 생활에서 문자를 편리하게 사용하고 있지만, 아름답고 효과적으로 나타내기 위한 노력은 부족하다. 교실의 환경이나 게시판, 그리고 입학식, 졸업식, 안내 표지판 등을 예쁘고 아름답게 장식적으로 꾸며서 사용한다면 보는 이의 마음을 즐겁게 해줄 뿐만 아니라 관심을 갖게 하는 방법이 된다. 교실 환경을 꾸밀 때도 문자를 평면적으로 단순하게 쓰는 것보다 색종이, 색 켄트지, 우드락 등에 문자를 써서 입체적으로 오려 붙인다면 새롭게 보인다. 이때 판지를 여러 가지 동물, 식물, 곤충, 물건 등의 재미있는 모양으로 이용하면 더욱 아름답게 보인다.
재미있는 문자 꾸미기로 새로운 환경을 만들어 유아들의 창작 의욕을 일깨우고 명랑하고 즐거운 생활이 되도록 해보자.

준비물 색종이, 색 켄트지, 풀, 가위, 칼, 자 등

지도 방법

① 문자는 의미의 전달뿐 아니라 문자의 모양에 따라 이미지와 설득력이 다르게 나타난다.
② 명조체, 고딕체 등의 글씨체의 특징을 설명해 주고 색종이 위에 글자를 오려 붙이거나 붓으로 예쁘게 써서 나타내도록 한다.
③ 색종이로 여러 가지 모양을 재미있게 만들고 그 위에 글자를 예쁘게 오려 붙여서 실내 환경을 아름답게 꾸며 보자.

둘
리

생
일

아
기

미
소

꽃
씨

가
을

06 실내 환경 꾸미기

1 | 환경 구성의 의의

환경이란 우리를 둘러싸고 있는 외계라고 할 수 있으며, 학습 환경이란 학습 활동이 행해지고 있는 주변 공간을 일컫는다. 환경은 물질적인 대상물뿐만 아니라 무형적이고 정신적인 차원의 분위기까지도 내포하고 있다.

학습 환경은 역동적이며 다면적이고 주관적인 성질을 가지고 있다. 유아들의 교육 환경은 전체적이고 조화로워야 하며, 유아들의 생활과 밀접한 관계가 있어야 한다. 유형적으로는 조명, 환기, 음향, 냉 · 난방, 색채 효과, 학습 자료 등이 적절해야 하며, 학습 환경은 사회적, 민족적, 개인적 특성에 맞게 구성되어야 한다.

2 | 학습 환경의 조건

유치원의 학습 환경은 유아들의 학습 동기나 능률을 향상시킬 수 있도록 갖추어져야 한다. 밝고, 즐겁고, 깨끗하고, 아름답게 구성되어 학습 활동에 조력할 수 있는 분위기여야 한다. 학습 내용이나 생활 내용이 풍부하고 다양하며 균형과 조화가 있어야 한다.

학습 환경의 조건은 다음과 같다.

01_역동성: 유아들의 생활 및 학습의 장으로서 유아와 환경의 상호 작용으로 인간 교육을 위한 모체가 되어야 한다.

02_균형성: 유아의 언어, 신체, 인지, 사회, 정서 등의 내용에 균형 있게 활용되어야 한다.

03_유용성: 유아의 모든 활동과 사고에 유용해야 하며 여러 가지 재료를 활용해야 한다.

04_건강성: 형태, 색채, 명암 등이 유아의 심신 건강에 조력할 수 있는 것이어야 한다.

05_심미성: 창의적이고 아름답게 구성되어 즐겁고, 예쁘고, 다정다감한 느낌을 갖게 하여야 한다.

06_입체성: 평면적인 것보다 입체 또는 반입체의 성질을 가진 것으로 실물, 사진, 모형, 그림 등을 통한 입체감이 있어야 한다.

07_능률성: 학습 동기, 학습의 발상 · 전개, 문제 해결 등에 도움이 될 수 있는 내용이어야 한다.

08_안정성: 유아들에게 불안감을 주거나 신체적 위험을 주어서는 안되며 안전

하게 구성되어야 한다.

3 I 교실 환경의 교육적 기능

유치원 교실의 모든 환경은 유아들의 성장과 발달에 커다란 영향을 준다. 유아들은 유치원 일과 중 대부분의 시간을 교실에서 보내고 있기 때문에 항상 새롭고 즐거운 분위기로 꾸며져야 한다. 이러한 환경이 성장하고 있는 유아들에게 끊임없이 작용하고 있음을 유념해야 한다.

생동하는 교실, 살아 있는 교실, 즐거움을 느낄 수 있는 교실로 꾸미기 위해서는 교사의 끊임없는 연구와 노력이 뒤따라야 한다. 교사는 항상 새로운 분위기의 환경을 만들기 위해 창의적이고 탐구적인 생활 태도를 지녀야 한다. 유아들이 교실 안에서 생활하는 시간 동안 언제나 부드럽고 따뜻하며, 정돈되고 안정감을 줄 수 있는 교실이 되어야 한다. 오랫동안 같은 게시물이 붙어 있거나 울긋불긋 산만하게 붙어 있다면 유아들의 정서에 나쁜 영향을 줄 것이다. 교실의 분위기나 교실에서 풍기는 느낌은 바로 교사의 얼굴인 것이다.

학습의 개성이나 특성이 충분히 발휘되며 일관성 있는 계획하에서 조직적이고 체계적인 교실 환경을 구성해야 한다.

4 I 환경 게시물의 관점

교실의 주인은 유아들이다. 모든 시설이나 게시물은 유아의 심신 발달을 고려해야 하며, 그들의 정상적인 성장 발달을 위하여 능률적인 것이 되어야 한다.

01_ 유아들의 성장 발달에 알맞아야 하며 학습 의욕을 북돋워 줄 수 있는 교육적인 게시물이어야 한다.

02_ 매월 또는 매주 게시물을 바꾸어 신선하고 새로운 분위기가 될 수 있도록 한다.

03_ 유아들의 교실은 유아로 하여금 풍부한 교육적 경험을 할 수 있는 게시 장소가 되어야 한다.

04_ 유아들이 환경 구성원으로 활동해야 하고 그들이 흥미를 가지고 동참할 수 있어야 한다.

05_ 시설은 고정되어서는 안되며 언제나 움직일 수 있게 제작되어야 한다.

06_ 게시판은 교실 뒤나 복도 쪽이 좋으며 유아들이 쉽게 볼 수 있는 위치여야 한다.

5 I 색채 조절과 배색

생활 공간 속에서 색채 조절과 배색을 어떻게 하느냐에 따라 생활의 즐거움을 느낄 수도 있고 불안감을 느낄 수도 있다. 유아들이 좋아하는 색이 있고 어른들이 좋아하는 색이 있다. 따라서 유치원 환경 구성시 학습 능률을 향상시켜 줄 수 있도록 색채 조절에 관심을 기울이고 색채가 가지고 있는 성질, 즉 주목성, 명시성 등 색채의 심리적 · 생리적 성질을 적절하게 이용해야 한다.

이러한 색채의 성질을 다음과 같이 알아본다.

01_ **난색과 한색**: 순색의 경우, 노랑, 주황, 빨강, 자주 등은 따뜻한 느낌을 주기 때문에 난색이라 하고 청록, 파랑, 남색 등은 차가운 느낌을 주기 때문에 한색이라고 한다. 연두, 녹색, 보라는 중간이어서 중성색이라고 한다.

02_ **진출색과 후퇴색**: 노랑, 주황, 빨강 등 난색계는 자극적이고 앞으로 튀어나와 보이기 때문에 진출색이라 하고 청록, 파랑, 남색 등 한색 계통의 색은 침착하게 멀리 보이기 때문에 후퇴색이라고 한다. 유채색은 무채색보다 진출 경향이 높으며, 배경이 어두울 때는 밝을수록 튀어나와 보이지만 배경이 밝으면 오히려 어두운 색이 튀어나와 보인다.

03_ **팽창색과 수축색**: 진출색에 해당하는 난색 계통의 색이나 밝은 색은 실제보다 크게 보인다. 이것을 팽창색이라 하고, 후퇴색인 한색 계통의 색이나 어두운 색은 실제보다 작게 보이기 때문에 수축색이라고 한다.

04_ 색상을 주로 한 배색

· 색상차가 작은 배색: 동색조(부드럽고 통일된 온화한 느낌)

 난색끼리의 배색: 따뜻하고 활동적인 느낌. 노랑-주황

 한색끼리의 배색: 시원하고 침착하며 정숙한 느낌. 파랑-청록

 같은 색상의 배색: 명도, 채도의 변화를 주면 잘 조화된다.

· 색상차가 중간인 배색: 색상환에서 두 색의 관계가 90° 에 가까운 배색

· 색상차가 큰 배색: 색상환에서 두 색의 관계가 180° 에 가까운 배색

 보색끼리의 배색: 강한 자극, 강렬하고 화려한 느낌. 빨강-청록(색상환에서 180° 에 위치한 색)

 난색과 한색의 배색:변화 있고 쾌활한 느낌. 주황-파랑

05_명도를 주로 한 배색

· 명도차가 작은 배색: 온화하고 통일된 느낌

· 명도차가 중간인 배색: 무난한 느낌

· 명도차가 큰 배색: 강하고 확실한 느낌

06_채도를 주로 한 배색

· 고채도끼리의 배색: 강하고 싱싱한 느낌

· 저채도끼리의 배색: 수수하고 침착한 느낌

봄이 왔어요

5장

만들기

01 찰흙으로 사람 · 동물 만들기

찰흙으로 만들기 작업은 어린이들의 그림 발달 단계와 같이 입체적으로 나타내기도 하고 크레파스로 그림을 그리듯이 찰흙을 빚어서 길게 하여 얼굴의 윤곽을 만들고 그 안에 눈, 코, 입을 만들어 붙여서 나타내기도 하는 등의 과정을 보인다. 어린이들은 찰흙을 주무르는 활동을 통하여 재료의 특성을 이해하며 입체적인 모양 만들기를 좋아한다. 찰흙은 가소성(可塑性)이 강하여 어린이들의 조형놀이 재료로 적합하다.

찰흙은 어린이들이 마음대로 만지고, 주무르고, 비비고 하여 모양을 쉽게 만들 수 있기 때문에 조형 놀이의 적합한 재료이며 조형 감각을 기르는 데도 좋다.

준비물 판지, 찰흙, 조각도, 신문지

지도 방법

① 어린이들에게 처음부터 무엇을 만들도록 강요하는 것보다 찰흙을 마음대로 주무르게 하여 찰흙에 대한 촉감이나 특성을 느끼게 한다.

② 찰흙을 뭉쳐서 손바닥으로 비비거나, 굴리거나, 납작하게 만들어 모양을 찍어 내기도 하고 모양을 입체적으로 만들어 보도록 하여 조형 활동의 즐거움을 알게 한다.

③ 찰흙으로 여러 가지 사람의 모양이나 동물의 모양을 재미있게 만들고, 세밀한 부분은 조각도로 효과를 내도록 한다.

④ 형태가 클 경우에는 철사로 기본형을 만들어 실로 감고 그 위에 찰흙으로 살을 붙여 만든다.

정재훈, 11세

02 지점토로 연필꽂이 만들기

조형 활동에 있어서 눈으로 보고 손으로 만질 수 있는 다양한 재료의 개발은 회화와 같이 평면적인 표현 활동이나, 조소와 같이 입체적인 표현 활동을 창의적으로 발전시킬 수 있게 하므로 중요하다고 할 수 있다.
어린이들은 손으로 만지며 만드는 것을 좋아하기 때문에 찰흙이나 지점토는 어린이들의 조형 놀이에 적합하다. 지점토를 손으로 비비고 붙이고 쌓고 해서 창의적인 모양을 만들도록 한다. 컵이나 빈 캔을 이용하여 지점토를 입히고 재미있는 모양을 만들어 붙여서 예쁜 연필꽂이를 만들어 보자.

준비물 판지, 지점토, 컬러믹스, 병, 조각도, 포스터 컬러, 붓, 래커(니스)

지도 방법

① 지점토를 뭉쳐서 손바닥으로 둥글게 비비거나 바닥에 놓고 굴리거나 납작하게하여 여러 가지 모양을 생각하며 만들도록 한다.

② 사용하지 않는 컵이나 빈 캔을 이용하여 지점토를 입히고 재미있는 모양을 만들어 붙이거나 새겨서 예쁜 연필꽂이가 될 수 있도록 만든다.

③ 지점토는 흰색으로 된 것도 있고 여러 가지 색으로 된 컬러믹스도 있다. 컬러믹스는 색깔이 곱고 손에 묻지 않아 사용하기에 편리하다. 흰색인 경우 모양을 완성하여 말린 후 포스터 컬러로 색을 칠하고 래커를 뿌려 두면 광택이 나고 오래 보관할 수 있어 좋다.

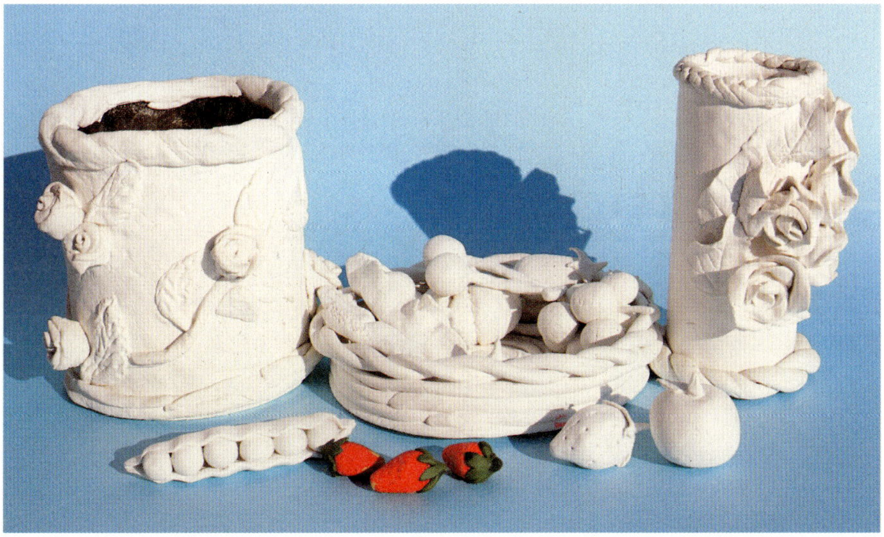

03 지점토로 장식품 만들기

지점토로 반죽을 하여 나타내려고 하는 모양을 손으로 빚고, 새김으로써 재료의 특징과 재질감을 체험하고 창의성을 기르도록 한다. 어린이들은 손으로 만지는 것을 좋아하기 때문에 지점토는 어린이에게 흥미 있는 재료가 될 수 있다. 여러 가지 모양이나 색깔로 회화나 조소 표현, 그리고 인테리어에도 활용할 수 있도록 지도한다.

준비물 지점토, 컬러믹스, 조각도, 포스터 컬러, 붓

지도 방법

① 먼저 지점토 판에 만들려고 하는 모양을 새기거나 반입체로 만들어 붙인다. 붙인 모양이 떨어지지 않도록 조각도로 손질한 다음 벽에 거는 끈을 낄 수 있도록 못이나 이쑤시개 등으로 구멍을 뚫어서 말린다.

② 사람, 동물, 일용품, 채소, 과일 등의 입체적인 모양을 만들 수도 있고 납작한 판을 만들어 새기거나 붙여서 반입체적으로 재미있는 모양을 만들 수도 있다.

③ 물감이 완전히 마른 다음 래커를 뿌려서 벽걸이로 사용하면 실내를 아름답게 꾸미는 장식품이 될 수 있다. 어린이가 만든 작품을 생활에 활용함으로써 표현에 자신감을 길러 준다.

사과 100

04 종이 컵으로 만들기

종이 컵은 우리들 생활 주변에서 쉽게 구할 수 있는 물건이다. 사용하고 난 종이 컵을 이용하여 가위로 오리고 색종이를 붙이고 해서 여러 가지의 모양을 생각하여 만들게 함으로써, 어린이들의 지능 계발은 물론 재활용의 가치를 높여 주고 창의력을 키운다.

준비물 종이 컵, 색종이, 가위, 칼, 접착제 등

지도 방법

① 종이 컵을 이용해서 만든 다양한 작품을 보여 주고 무엇을 만들 것인지를 생각하게 한다. 같은 종이 컵을 사용하더라도 다양하고 재미있는 모양을 만들 수 있다는 사실을 이야기해 준다.

② 인형, 고깔모자, 물고기, 동물 모양 등 각기 다른 모양을 만들다 보면 가위, 칼 등 도구 사용에 따른 예상치 못했던 문제가 발생할 수도 있다. 선생님은 전체 어린이를 잘 관찰하여 개별 지도를 해줄 필요가 있다.

③ 완성된 작품을 서로 감상하면서 자신이 미처 생각해 내지 못했던 기발한 아이디어를 통해 창의적인 자극을 받도록 지도한다.

05 우유 팩으로 만들기

우유를 다 마시고 남은 빈 팩을 이용하여 색종이를 붙이거나 꾸며서 재미있는 모양을 만들도록 함으로써, 어린이들에게 생활 용품의 재활용 의식을 길러 주고 조형 활동의 즐거움을 맛보게 해준다. 어린이가 상상력을 발휘할 수 있도록 충분히 생각하여 구상하게 한다.

준비물 종이 컵, 색종이, 가위, 칼, 접착제 등

지도 방법

① 우유 팩을 이용하여 만든 여러 가지 작품을 보여 주고 무엇을 만들 것인지를 생각하게 한다. 만들기에 필요한 재료들이 준비되어 있는지를 점검해 본다.

② 각자 구상에 따라 인형, 동물, 탈 것, 집 모양 등을 재미있게 만들도록 하고 색종이, 털실, 빨대 등의 기초 재료를 사용하여 구체적인 부분을 꾸미도록 한다.

③ 완성된 작품을 다 함께 감상하도록 하고 자기 작품에 대하여 사용 방법이나 용도 등을 여러 어린이들 앞에서 설명하게 함으로써 자기 작품에 대한 자긍심과 표현에 대한 자신감을 길러 준다.

06 인형 만들기

빈 병, 빈 캔, 종이 컵, 스티로폴 공 등으로 재미있고 예쁜 인형을 만들도록 한다. 어린이들은 예쁜 인형을 만들 때 엄마의 모습이나 언니나 동생 등 예쁜 사람을 상상하며 만들기 때문에 정서적으로 도움이 되는 학습 활동이라 할 수 있다. 주변의 여러 가지 재료를 사용하여 자기가 좋아하는 인형을 만들어 보도록 한다.

준비물 빈 병, 빈 캔, 종이 컵, 스티로폴 공, 천 조각, 색종이, 색실, 풀, 테이프 등

지도 방법

① 주변에서 사용하고 버린 빈 병이나, 빈 캔, 종이 컵 등으로 여러 가지의 인형을 생각하여 재미있게 구상하도록 한다.

② 인형을 만들기 위한 기본 재료에다 색종이, 천 조각, 색실 등의 재료를 사용하여 아름답고 예쁜 인형이 되도록 꾸며 본다.

③ 완성된 인형을 교탁이나 진열대 위에 진열해 놓고 다른 어린이들의 작품과 서로 비교해서 감상하도록 한다.

07 스티로폴 그릇으로 만들기

이 작업은 똑같은 재료를 사용하더라도 작품의 결과가 매우 다양하게 나타날 수 있으므로 어린이들이 나름대로 독창적인 것을 구상할 수 있도록 지도해야 한다. 여러 가지 은박 접시나 스티로폴 그릇의 특징을 살려 만들고 싶은 모양을 만들도록 한다. 만드는 과정보다 재료를 수집하는 과정이 계획적이어야 학습 목표를 달성할 수 있다.

준비물 은박 접시, 스티로폴 그릇, 색종이, 색실, 양면 테이프, 풀, 칼, 가위 등

지도 방법

① 집이나 슈퍼마켓에서 쓰고 버린 은박 접시나 스티로폴 그릇을 수집하여 무엇을 만들 것인가 구상하게 한다.

② 만들려고 하는 모양에 따라 필요한 부재료가 준비되었는지 확인해 보고 은박 접시나 스티로폴 그릇, 부재료를 사용하여 적합한 모양을 만들도록 한다.

③ 가면, 무당벌레, 게, 물고기, 시계, 해바라기 등 재미있는 모양을 만들어 서로 감상하게 하여 상상력과 창의력을 길러 준다.

④ 만들기 수업도 즐거운 놀이 시간이 되도록 해준다. 일상 생활의 모든 폐품은 어린이들에게 무한한 꿈을 심어 줄 수 있으며, 재미있는 조형 놀이의 재료가 될 수 있다는 것을 체험하게 한다.

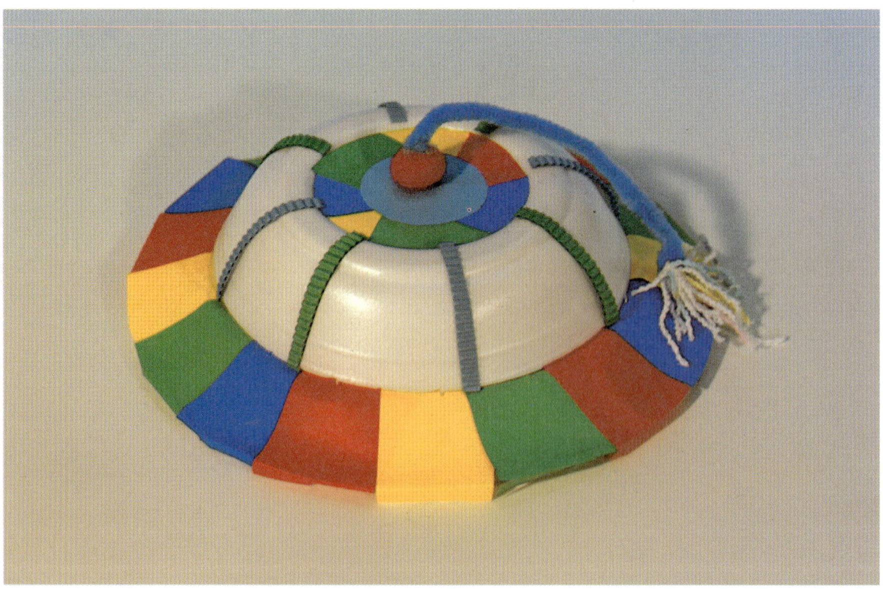

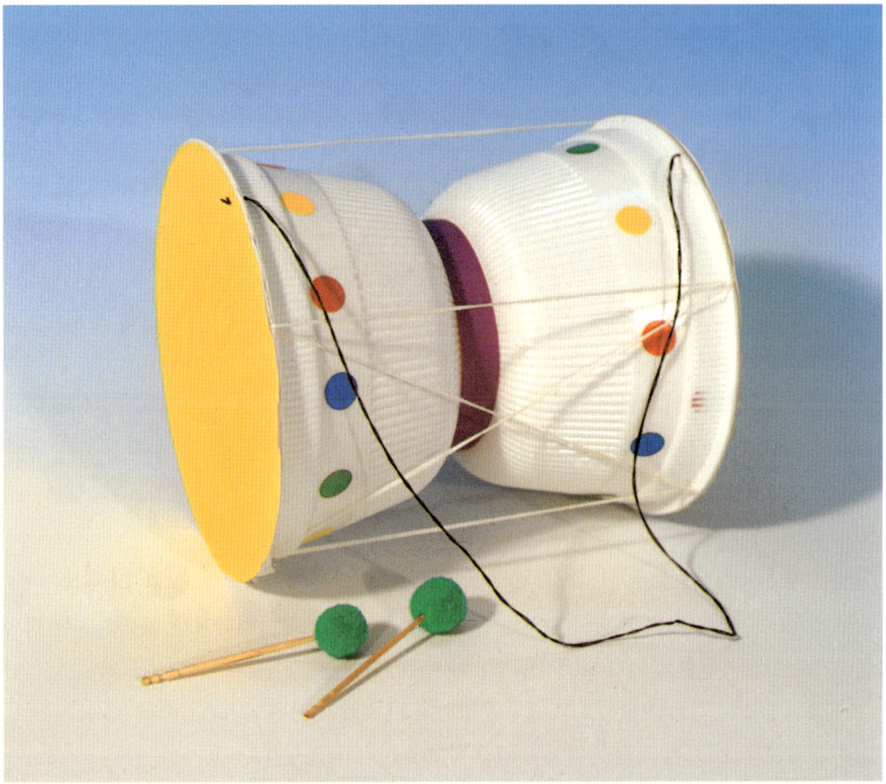

08 나무젓가락 쌓기

나무젓가락을 많이 준비하여 여러 어린이가 함께 만들도록 한다. 나무젓가락을 사용하여 만든 작품을 보여 주고, 어린이들이 같이 의논하고 생각하여 새로운 모양을 만들도록 창작 의욕을 북돋워 준다. 어린이들이 서로 의논하여 역할을 분담하도록 한다. 그렇게 함으로써 조직 사회의 역할을 배우게 된다. 한 사람은 나무젓가락에 색을 칠하고 한 사람은 본드를 바르고 한 사람은 쌓아 올리고 하여 높이 쌓는 작업을 하게 되면 집중력이 발달된다.

준비물 나무젓가락, 포스터 컬러, 붓, 본드

지도 방법

① 4~5명이 한 조가 되어 젓가락을 많이 모아 놓고 서로 의논하여 역할을 분담하도록 한다. 세모, 네모, 오각형, 자유형 등의 모양을 생각하며 어떻게 쌓아 올릴것인가, 올라가면서 점점 돌아가도록 쌓아 올릴 것인가 아닌가를 의논하여 결정하도록 한다.

② 모양과 방법이 결정되면 서로 역할을 분담하여 한 사람은 나무젓가락에 색을 칠하고, 한 사람은 본드를 바르고, 한 사람은 쌓아 올리고 하여 높이 쌓아 가도록 한다.

③ 완성된 작품을 늘어놓아 서로 감상하게 하여 다른 사람의 작품과 비교하여 보고 느낀 점을 말하도록 한다.

09 채소와 과일로 만들기

일상 생활에서 자주 접할 수 있는 채소와 과일을 이용하여 여러 가지 동물의 모양을 생각하며 만든다. 채소나 과일의 모양을 보고 어떤 동물의 모양을 연상하게 한다. 주어진 소재를 보고 닮은 모양을 연상하게 함으로써 창의력과 응용력을 발달시킬 수 있다.

준비물 무, 오이, 참외, 가지, 당근, 콩, 사과, 귤, 도토리, 호두, 밤, 솔방울, 나뭇잎, 이쑤시개, 칼 등

지도 방법

① 여러 가지 채소 및 과일을 살펴보고 무엇과 닮았는지, 무엇을 만들 것인지를 생각해 보도록 하고 연상되는 동물의 이름과 특징을 이야기해 준다.

② 인형, 곰, 돼지, 사자, 토끼, 부엉이, 코끼리, 기린, 악어, 뱀 등 재미있는 모양들을 생각하고 나뭇잎이나 이쑤시개 등 기초 재료를 이용하여 만들게 한다.

③ 한자리에 모아 놓고 재미있는 부분을 서로 칭찬하면서 감상하도록 한다. 가능한 한 특정 어린이만 칭찬하지 말고 모든 어린이를 작품의 특징을 찾아 칭찬해 주도록 한다.

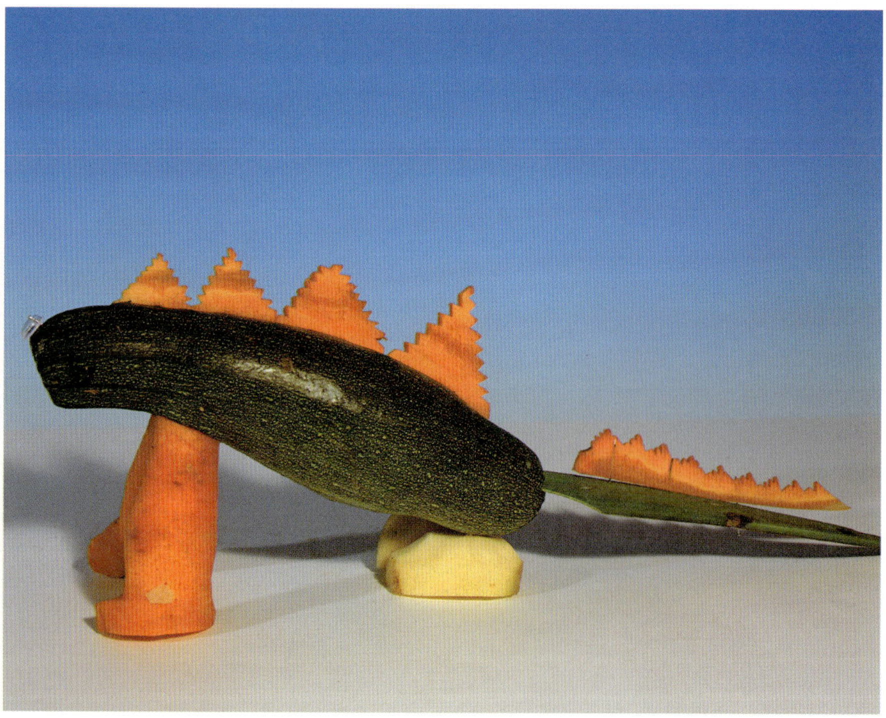

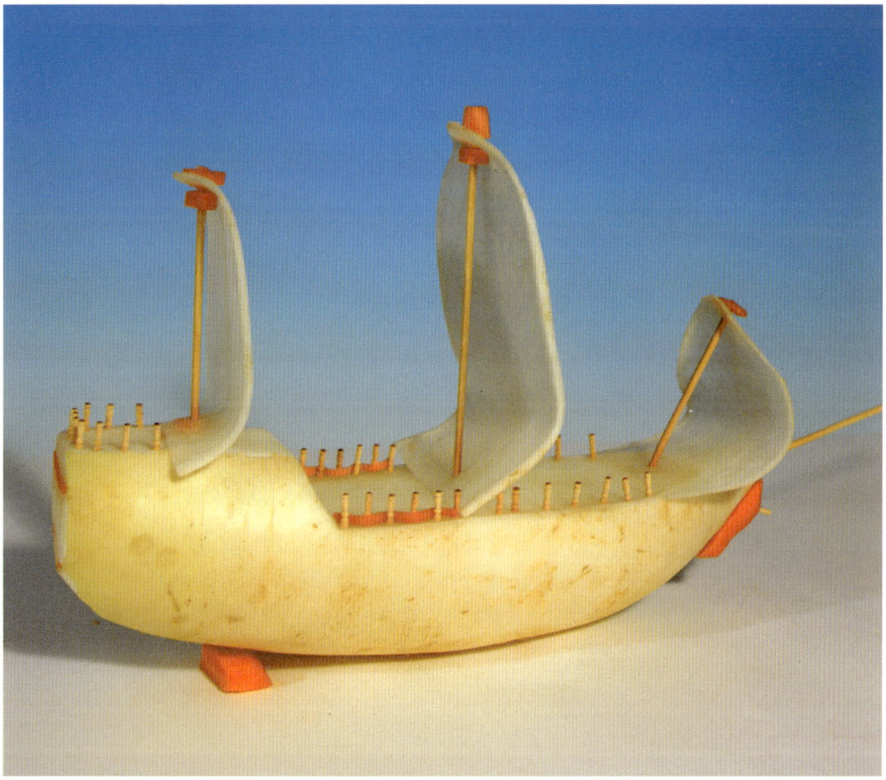

10 빨랫비누 깎아서 만들기

깎아서 만들 수 있는 소재 중 나무나 돌 같은 것은 단단하여 깎아 내기가 어렵지만 빨랫비누는 물러서 어떠한 모양이나 쉽게 깎아 만들 수 있다. 사람, 동물, 집, 자동차 등 여러 가지 모양의 특징을 관찰하여 여러 방향의 모양을 비누 위에 스케치하고 조각도로 깎아 낸다.

준비물 빨랫비누, 조각도, 신문지

지도 방법

① 비누로 만든 완성 작품을 보여 주고 재미있는 모양을 창작할 수 있도록 상상력을 자극시켜, 육면체의 빨랫비누 안에 어떤 모양을 나타내면 좋을지를 연상하게 한다.

② 나타내고자 하는 모양의 입면도와 평면도를 비누 위에 스케치하고, 조각도로 조금씩 깎아 내어 입체감을 나타내도록 한다.

③ 앞면, 뒷면, 옆면 등을 돌려 가면서 나타내고자 하는 모양이 바르게 나타나도록 생각하면서 깎아 낸다. 완성된 작품을 모아 놓고 서로 감상하게 하여 미적 감각을 길러 준다.

11 우리 집 만들기

지점토는 가소성이 강하여 무슨 모양이든 자유자재로 만들 수 있다. 이러한 가소성이 강한 지점토나 찰흙, 또는 수수깡 등 여러 가지 재료를 이용하여 아름다운 집을 만들어 보자. 여러 가지 재료를 사용할 때는 여러 사람이 협동하여 만드는 것이 재료 사용에 대한 부담감을 없애 주고 협동심을 길러 줄 수 있어 좋다. 다양한 재료를 사용하여 여러 사람이 협동해서 살기 좋고 아름다운 우리 집을 만들어 보자.

준비물 지점토, 컬러믹스, 자갈, 모래, 수수깡, 나무젓가락, 천 조각, 색종이 등

지도 방법

① 2~4명이 한 조가 되어 어떤 모양을 어떻게 만들 것인가와 지점토, 컬러믹스, 수수깡, 천 조각, 골판지 등의 재료를 어떻게 이용할 것인가를 서로 의논하여 만들도록 한다.

② 기본 재료 이외에 모래, 자갈, 나무젓가락, 색종이 등을 보조 재료로 같이 사용하여도 재미있는 작품을 만들 수 있다.

③ 공동 작품으로 만들 때는 하드보드지나 4절지 정도의 패널 위에 만들도록 하면 보관하기가 편리하여 좋다.

12 조형물 만들기

조형물이란 공간과 형태의 아름다움을 나타내는 예술품으로서 우리들의 생활 환경을 자연과 함께 잘 어울리도록 만들어 주는 것이다. 휴지통, 과자통, 약통, 필름 통 등 사용하고 버린 빈 종이 상자를 모아 접착제나 양면 테이프로 붙여 재미있는 입체형이 되도록 만들어 본다.
색지를 말아서 붙이거나, 스티로폴 공이나 컬러믹스 등을 철사에 꽂거나 하여 재미있는 조형물이 되도록 만들어 보자. 이러한 조형 활동은 어린이들의 계획성이나 사고력을 신장시키는 데도 좋다.

준비물 휴지통, 과자 통, 약통, 필름 통, 켄트지, 색 한지, 컬러믹스, 스티로폴 공, 가위, 칼, 양면 테이프, 철사 등

지도 방법

① 한 사람이 빈 종이 상자 여러 개를 모으는 데는 어려움이 있으므로 5~6명이 한 팀이 되어 협동하여 만들도록 한다.
② 어떤 모양을 만들 것인가에 대하여 서로 토론하여 구상하고 종이 상자를 색 켄트지나 색 한지 등으로 재포장하기도 하고, 있는 그대로를 붙이기도 하고, 혹은 어떤 사물의 모양을 만들기도 하고, 추상적 형태를 만들기도 하여 재미있게 만들도록 한다.
③ 크고 작은 색지를 말아서 붙이기도 하고 스티로폴 공을 가는 철사로 연결하여 재미있는 조형물이 되도록 지도한다.

참고문헌

김정, 『미술교육총론』, 학연사, 1988.

김정규 외 8인, 『유아미술 활동』, 동문사, 1986.

김정희,『미술교육입문』, 형설출판사, 1998.

노은호 · 민경일, 『교수 · 학습방법론』, 동문사, 2000.

예상진, 『실기교육방법론』, 학문사, 1986.

오정현, 『아동미술』, 형설출판사, 1989.

오종숙, 『유아미술의 이론과 실제』, 백록출판사, 1988.

이정환, 『미술교육』, 교문사, 1984.

차동채 · 김춘일, 『아동미술의 지도와 이해』, 미진사, 1996.

최종인, 『아동미술지도』, 형설출판사, 1983.

최중옥, 『특수아동의 이해와 교육』, 교육과학사, 2000.

최혜숙 · 오근재, 『표현기법』, 미진사, 1980.

Kellogg, R. *Analyzing Children' s Art*, Mayfield Publishing Company, 1970.

Lowenfeld, V. *The Nature of Creative Activity*, Low and Brydone Ltd., 1958.

Read, H. *Education through Art*, Faber and Faber, 1958.